PREMIERS PRINCIPES

D'ÉCONOMIE POLITIQUE

PAR

CHARLES PÉRIN

Correspondant de l'Institut de France

———— ✦◆◆◆◆◆◆◆◆✦ ————

PARIS

LIBRAIRIE VICTOR LECOFFRE

RUE BONAPARTE, 90

—

1895

PREMIERS PRINCIPES

D'ÉCONOMIE POLITIQUE

PARIS, IMPRIMERIE LAHURE

rue de Fleurus, 9

PREMIERS PRINCIPES

D'ÉCONOMIE POLITIQUE

PAR

CHARLES PÉRIN

Correspondant de l'Institut de France

———————

PARIS

LIBRAIRIE VICTOR LECOFFRE

RUE BONAPARTE, 90

—

1895

AU LECTEUR

—

Nous avons à l'heure présente plus d'un groupe d'économistes catholiques, plus d'un système d'économie politique prétendant s'inspirer d'une pensée chrétienne; avons-nous une école d'économie politique catholique, purement et simplement catholique? Et cependant, nos questions les plus menaçantes sont des questions économiques, et chaque jour les faits montrent, avec plus d'évidence, qu'une franche application du principe catholique à la vie sociale peut seule nous sauver.

Il semblait que l'Encyclique *Rerum novarum* dût établir l'unité entre les catholiques sur les questions sociales. Elle n'a fait que mieux marquer les divisions et aggraver les dissidences. Ce mémorable document contient pourtant tous les éléments constitutifs de la science économique, suivant les principes dirigeants de la vie chrétienne. Mais, par les interprétations que

les commentateurs lui ont fait subir, il a produit tout
le contraire de ce qu'on en pouvait attendre.

Tandis que certains, qui se donnent comme des
initiateurs dans le mouvement social catholique, et
qui ne sont en réalité que des opportunistes, jettent la
science économique dans les témérités du socialisme,
d'autres, catholiques aussi, préoccupés de lutter
contre les excès des premiers, semblent tout disposés
à ramener la science économique au point où elle
était il y a une quarantaine d'années.

En cet état des esprits, il est urgent de dégager les
premiers principes de l'ordre économique tels que les
catholiques peuvent les concevoir en méditant les
enseignements de l'Évangile. Faute de ces principes,
tout reste dans le vague, et l'action catholique court
risque de se perdre dans l'impuissance, ou d'aller
s'égarer dans les aberrations du socialisme.

Lorsque se produisirent les premières tentatives de
restauration catholique de la science économique, la
nécessité de réfuter des erreurs accréditées dans
l'opinion du grand nombre, et de combattre des préjugés qui faussaient les esprits, imposa à ceux qui
travaillaient à cette restauration des développements
philosophiques et historiques, sans lesquels les principes mêmes auraient été repoussés de parti pris.
Mais, au milieu de cette abondance de développements,

il n'était pas toujours facile, pour le grand nombre, de discerner et de saisir, dans leur simplicité, les principes et les lois générales. Aujourd'hui, la situation n'est plus la même. Sous la pression des événements les intelligences se sont ouvertes à bien des vérités qui n'auraient trouvé accès autrefois ni dans le monde de la science, ni dans le monde du travail. Le plus grand service que l'on puisse rendre présentement à la science catholique de l'économie politique, et aux œuvres qu'elle doit éclairer, c'est de mettre en évidence ses principes essentiels.

Pénétré de cette conviction, je vais reprendre dans ses traits généraux, en la complétant sur les questions du jour, la théorie de l'économie politique, telle que je l'ai exposée durant un long enseignement, dans ma chaire et dans mes écrits. Pour répondre à un désir qui m'a été souvent exprimé depuis quelque temps, je donnerai à mon travail la forme d'un précis. On y trouvera, en sa dernière expression, la pensée d'un homme qui, depuis plus de cinquante ans, n'a pas un instant détourné son attention de nos difficultés sociales, et qui a pu, au milieu des vicissitudes de ce demi-siècle si profondément agité, beaucoup voir et beaucoup observer.

A ceux qui abordent, dans l'ordre des idées chrétiennes, les problèmes économiques, cet écrit pourra donner une orientation plus nécessaire que partout ailleurs dans ce champ si vaste et si accidenté. A la lumière des principes, ils se reconnaîtront plus facilement au milieu des détours de la science économique, science si haute dans les vérités morales qui lui donnent sa règle supérieure, si étendue dans les faits que sa recherche embrasse, si compliquée dans ses applications.

J'aime à espérer que, dans le trouble présent des esprits sur les questions sociales, ce précis de la science chrétienne de l'économie politique contribuera à fixer les idées et à préserver des utopies.

PREMIERS PRINCIPES
D'ÉCONOMIE POLITIQUE

CHAPITRE PREMIER

DÉFINITIONS, MÉTHODE, VUES GÉNÉRALES

I

PRÉLIMINAIRES

Les principes et la méthode. — En économie politique comme en toute science, il y a les principes et la méthode.

Les principes sont les vérités supérieures et générales qui constituent les règles de la science. Ils dérivent : ou bien des notions morales qui dominent toute la vie humaine et dont nous tirons, par voie de déduction, des conséquences s'appliquant à tout ce que la science embrasse; ou bien ils dérivent des faits que nous constatons par l'observation et dont nous établissons, par la voie de l'induction, le caractère de persistance et de généralité qui doit nous les faire accepter comme lois.

Chaque science a sa méthode propre déterminée par son objet. La méthode établit d'abord les principes dont elle développe ensuite les applications. Entre les principes et la méthode, il y a une étroite affinité, les principes étant intimement et nécessairement liés à l'objet de la science.

Définition de la science économique. — L'économie politique s'occupe de ce qu'on appelle l'ordre matériel, c'est-à-dire de l'ordre dans lequel l'homme exerce son activité sur les choses du monde extérieur pour en tirer sa subsistance.

Quand on traite de l'ordre économique et de la science qui en expose les lois, il y a à signaler tout d'abord ce caractère particulier : que dans cet ordre on se trouve placé aux confins des deux mondes entre lesquels se partage la création : le monde de l'esprit et le monde de la matière. L'économiste, pour atteindre l'objet de sa recherche, a donc à considérer en même temps les lois qui régissent le monde moral et les lois qui régissent le monde physique. Ces lois, il ne les étudie point en elles-mêmes, il les prend telles que la nature les lui offre ; il se borne à en exposer les applications, à en signaler les effets, quant à la prospérité des sociétés dans l'ordre matériel, à montrer comment elles agissent sur le travail producteur de la richesse et sur la distribution de la richesse créée par le travail.

Le but que poursuit la science économique est un but tout pratique. Elle cherche le moyen d'assurer aux hommes réunis en société le plus grand bien-être possible, de leur procurer la plus grande richesse possible, dans les conditions où cette richesse peut leur servir pour l'accomplissement de leur destinée, laquelle est au-dessus de l'ordre matériel et réside essentiellement dans l'ordre moral.

La fin que l'homme peut légitimement se proposer dans l'ordre économique n'est réalisable qu'à deux conditions : 1° de subordonner toute son activité à la loi de l'ordre moral par laquelle toute vie humaine est réglée; 2° de mettre en œuvre, dans le cercle d'action tracé par la loi morale, toutes les forces, toutes les utilités que le monde extérieur peut offrir au travail.

Tout relève de la loi du monde moral dans cette œuvre de l'humanité appliquée à tirer des choses sa subsistance, parce que le travail, qui fait tout ici par l'intelligence et la volonté, est de sa nature une force morale. C'est donc premièrement aux doctrines, aux principes qui régissent l'ordre moral, que nous avons à demander les solutions économiques. Ceci est le trait capital de la vraie méthode économique, celui qu'il faut avant tout faire ressortir.

Les écoles et les doctrines. — Dans la vie contemporaine, dans les troubles qui agitent nos sociétés, dans les périls qui les menacent, tout nous révèle la puissance et l'opposition des doctrines. C'est particulièrement sur le terrain économique que les écoles, qui aujourd'hui sont des partis, se rencontrent et se combattent. La bataille se livre, dans le monde entier, entre le christianisme et la société qu'il a formée, d'un côté, et, de l'autre, la prétention humanitaire incorporée à la révolution et formulée dans les revendications socialistes.

Il semblerait que les catholiques, qui ont des convictions arrêtées sur toutes les vérités fondamentales, devraient demander leurs solutions à leurs principes, c'est-à-dire aux lois de l'ordre social, aux règles de la vie catholique, que l'Église leur donne d'autorité. Mais, chose étrange! beaucoup d'entre eux vont les demander à des expédients.

Certains, empruntant à l'adversaire son principe, embrassent la doctrine du libéralisme économique. Ils ne voient pas que cette voie trompeuse d'une liberté absolue conduit au triomphe d'un individualisme dont la conséquence fatale sera, ou la dissolution sociale par l'anarchie, ou l'absorption de toutes les forces sociales par le pouvoir despotique d'un César. Du reste, de moins en moins nombreux, les tenants catholiques du libéralisme ne représentent plus guère, dans le monde économique, qu'un souvenir.

D'autres plus nombreux et plus forts aujourd'hui, tout en rejetant comme principes les conceptions subversives de l'ennemi commun, lui empruntent comme expédients plusieurs de ses pratiques sociales. Sous apparence de retour à un passé trop facilement et trop absolument rejeté il y a un siècle, se couvrant d'un certain système d'archaïsme économique, ils s'approprient quelques-unes des pires inventions des novateurs socialistes, et, sous prétexte de justice, ils nous poussent à la suprême injustice.

Il en est enfin qui cherchent le salut dans la coutume des ancêtres et ramènent tout à une sorte d'atavisme social. Croyant trouver des principes là où il n'y a que des faits, ils n'obtiennent de leurs laborieuses constatations qu'une approximation de vérité dépourvue de toute autorité, c'est-à-dire de ce qui nous manque le plus dans la crise où toute vie sociale semble près de se dissoudre. On a porté très loin dans cette école les perfectionnements de la statistique. Mais la statistique, si ingénieuse, si consciencieuse, si fidèle qu'elle soit, ne nous sauvera pas. Les faits sont utiles lorsqu'ils viennent appuyer les principes et en éclairer les applications; mais les principes, critérium nécessaire des faits, peuvent seuls nous rendre la vie morale qui s'éteint parmi nous.

Les principes catholiques. — Pourquoi aller nous consumer dans cette vaine recherche des principes, nous catholiques, à qui l'Église les donne d'autorité, avec toute l'évidence d'une doctrine venue du ciel, élucidée, confirmée, développée en toutes ses conséquences par une longue tradition, par une constante pratique dans la vie individuelle et dans la vie sociale? Ces principes, cette tradition, cette constante pratique, doivent servir de point de départ à toute science chrétienne de l'économie politique ; ils nous guideront dans tout ce que nous allons dire de cette science.

Remarque. — Dans le cours de ce premier chapitre, je tirerai, des écrits que j'ai publiés à diverses époques depuis trente ans, les solutions que je propose sur les principes fondamentaux et la méthode de la science économique. J'indiquerai par des guillemets ces citations et je donnerai les titres des publications d'où elles sont tirées.

II

LE PRINCIPE SUPÉRIEUR DE LA SCIENCE ÉCONOMIQUE

L'école rationaliste et utilitaire. — Lorsque j'entrepris, il y a cinquante ans, d'exposer les principes de l'économie politique au point de vue chrétien, je me trouvai en présence d'une tradition rationaliste et utilitaire dont aucun économiste classique ne s'était départi. Elle

datait des physiocrates et s'était perpétuée, en passant par
Smith et Malthus, jusqu'à J.-B. Say, qui en donne la dernière
formule dans son *Traité* et dans son *Cours complet.* ·

« L'état de société, dit le célèbre économiste, en développant nos facultés, en multipliant les rapports de chacun
de nous avec les autres hommes, a multiplié tout à la fois
nos besoins et les moyens que nous avons de les satisfaire.
Nous avons pu produire et consommer d'autant plus que
nous étions plus civilisés, et nous nous sommes trouvés
d'autant plus civilisés que nous sommes parvenus à produire et à consommer davantage. C'est le trait le plus saillant de la civilisation.... On ne fait pas attention que, en
cherchant à borner nos désirs, on rapproche involontaire-
ment l'homme de la brute. En effet, les animaux jouissent
des biens que le ciel leur envoie, et, sans murmurer, se
passent de ceux que le ciel leur refuse. Le Créateur a fait
davantage en faveur de l'homme; il l'a rendu capable de
multiplier les choses qui lui sont nécessaires ou seulement
agréables. C'est donc concourir au but de notre création
que de multiplier nos productions plutôt que de borner
nos désirs. »

Dunoyer nous donne, dans son livre sur *la Liberté du
travail,* le dernier mot de la doctrine du maître, lorsqu'il
dit : « De toutes les vertus privées, celle qui est la plus
nécessaire à l'homme industrieux, celle qui lui donne successivement toutes autres, c'est la passion du bien-être. »

Stuart Mill, le dernier des grands économistes de l'école
classique, met dans son sensualisme plus d'élévation que
ses devanciers; sa doctrine est d'un utilitaire raffiné, mé-
prisant les jouissances vulgaires, portant ses vues au
delà de ce que J.-B. Say et la plupart des économistes an-

glais appellent l'*utile*. Mais c'est toujours, d'après lui, l'intérêt seul qui doit guider l'homme dans toutes ses actions, et la poursuite des satisfactions de la vie est le seul but proposé à notre activité : « La fin dernière en vue de laquelle, et pour l'amour de laquelle, toutes les autres choses sont désirables (soit que nous considérions notre bien propre ou le bien des autres), est une existence aussi affranchie que possible de toute peine, et aussi bien fournie que possible de toutes les satisfactions, tant pour la qualité que pour la quantité. »

La doctrine du renoncement. — A ces affirmations de l'école sensualiste et utilitaire je répondis par l'affirmation claire et nette de la doctrine catholique sur le renoncement. Les événements qui s'accomplissent sous nos yeux, les progrès du socialisme, suite naturelle, conséquence pratique du sensualisme économique, justifient assez l'audace de mon affirmation.

Il y a une apparente contradiction entre le principe du renoncement et le progrès matériel. Au premier abord, on pourrait s'y tromper et beaucoup s'y sont trompés. J'ai montré, au début de mon traité sur *la Richesse dans les sociétés chrétiennes*, qu'une considération sérieuse du problème économique conduit à reconnaître que, loin d'être en contradiction avec le développement de la prospérité matérielle des sociétés, la pratique du renoncement en est la première condition.

« Si le renoncement est la loi du chrétien, si le mépris des richesses est dans l'esprit du christianisme, comment se fait-il que les peuples qui suivent cette loi, et qui s'inspirent de cet esprit, dépassent tous les autres en puissance et en prospérité matérielles ? Il semble à beaucoup d'hommes de

notre temps qu'une religion fondée sur de pareils principes,
si elle est acceptée par les peuples encore dans leur premier âge, doit les maintenir dans une éternelle pauvreté ;
et que, si des peuples déjà parvenus à un haut degré de
civilisation viennent à l'embrasser, elle ne peut manquer
de les ramener, par une décadence plus ou moins prompte,
à l'existence étroite et précaire des sociétés encore dans
l'enfance. Pourtant, la supériorité des peuples chrétiens
dans l'ordre matériel est un fait aussi évident que la lumière, et que personne ne songe à contester....

« Par quelle étrange contradiction les peuples qui, plus
que tous les autres, sont détachés de la richesse, ont-ils
réussi, mieux que tous les autres, à la créer, à l'accroître
et à la conserver? La vie des peuples chrétiens est pleine
de ces apparentes contradictions. Le christianisme lui-
même n'est, pour ceux qui le considèrent seulement à la
surface, qu'une continuelle contradiction. Dans le christianisme, c'est de la mort que naît la vie, c'est par le renoncement à soi que l'homme acquiert la pleine possession de soi, c'est de l'humilité que sort la grandeur ; de
même, c'est le mépris des richesses qui engendre la richesse.

« Si nos sociétés veulent rester en possession des bienfaits du christianisme, il faut qu'elles sachent se soumettre
à son joug et porter son fardeau. Ce joug et ce fardeau sont
légers à qui sait résolument les accepter. Ce n'est pas le
temps des demi-convictions ni des demi-vertus; il nous
faut des convictions franches et des vertus fortes. Il importe,
aujourd'hui plus que jamais, que l'on soit bien pénétré de
ces vérités : que le renoncement est dans l'ordre social la
force cachée qui meut et retient tout, que la prospérité,
même matérielle, des sociétés et l'éclat de leur civilisation

sont toujours en proportion de leur vertu, et que la vertu a pour première condition le renoncement; que, faute du renoncement, nous verrons décliner rapidement cette richesse dont nous sommes si vains et que nous ne devons qu'aux vertus chrétiennes de nos pères.

Questions à résoudre. — « Qu'est-ce que la richesse? Qu'est-ce que le progrès matériel? Quel sens le christianisme donne-t-il à ces mots? En les prenant comme les prend le christianisme, répondent-ils à l'idéal de puissance, de grandeur, de dignité que le genre humain n'a cessé de poursuivre de ses efforts dans l'ordre matériel? Comment le renoncement de l'homme à soi, à ses instincts pervertis, à ses passions, à son égoïsme, le sacrifice de soi pour Dieu et le prochain, tel que l'Église nous le prêche, comment le renoncement chrétien est-il la condition première de toute prospérité matérielle véritable? Telles sont les questions qui se présenteront d'abord à notre examen. Sans nous écarter de notre sujet, nous aborderons les problèmes les plus élevés de notre existence.

« Nous prendrons notre point de départ dans les vérités premières sur lesquelles repose tout l'ordre de la vie humaine. Qu'on ne s'étonne pas de nous voir, à propos de la richesse, pénétrer dans les profondeurs du monde spirituel, et demander à la vie de l'âme ses plus intimes secrets. N'est-ce pas l'esprit qui imprime le mouvement à la matière? et n'est-ce pas à l'image du monde spirituel que le monde matériel est fait? Quand l'homme agit sur le monde matériel, quand son travail transforme les choses pour leur imprimer le double sceau de la beauté et de l'utilité, toutes les constructions qu'il élève, tous les produits qu'il crée, sont-ils, et peuvent-ils être autre

1.

chose que l'expression des principes de l'ordre spirituel qui impriment l'impulsion et donnent la direction à la volonté? C'est par l'ordre spirituel que les sociétés vivent : c'est par lui qu'elles se soutiennent et se développent. Leur puissance de conservation et de progrès est en raison de leur puissance de vie spirituelle. » (*La Richesse*, t. 1, p. 19 et suiv., 5ᵉ édition.)

III

LES PRINCIPES ET LES FAITS DANS LA SCIENCE ÉCONOMIQUE L'ÉCOLE DOGMATIQUE ET L'ÉCOLE HISTORIQUE

Principes et applications. — Partant des principes supérieurs que nous donne l'enseignement catholique sur notre destinée, sur nos devoirs, sur nos droits, l'économiste chrétien les appliquera à toutes les éventualités de l'ordre matériel. A suivre ce procédé, la science économique, science essentiellement pratique, ne perdra rien de son importance. Prenant les choses par leur côté variable, les considérant soit dans la succession des temps, soit dans les diversités de la vie contemporaine, suivant les climats, les situations politiques, la tradition des mœurs, l'état des caractères, elle étudie les conditions d'application des lois fondamentales de l'ordre moral en vue d'assurer au grand nombre, en chaque peuple, les meilleures conditions de vie matérielle. N'est-ce pas une assez vaste et noble tâche?

J'ai procédé d'après cette conception de la science économique, lorsque j'ai montré, dans mon étude sur les Doctrines économiques depuis un siècle, comment le problème du travail s'offre à notre recherche.

Le problème du travail. — « Le pain par le travail est, pour l'immense majorité des hommes, dans l'ordre des intérêts temporels, la première des questions. Quand les sociétés étaient chrétiennes, elles pratiquaient la justice de Dieu et s'en remettaient aisément à la Providence pour le succès des labeurs par lesquels la race humaine accomplit la condamnation portée sur elle après la prévarication de son premier père. Aujourd'hui que les masses n'ont plus qu'une vague notion de la Providence, et que l'homme attend tout de lui-même et d'une justice dont il prétend être seul l'auteur, le travailleur s'étonne que la peine de tous les jours ne donne pas la certitude, non seulement du nécessaire, mais encore de la jouissance de chaque jour.

« De là le problème du travail, problème rempli d'obscurités, d'incertitude et de périls, qu'une science née avec la Révolution, et malheureusement trop imprégnée de ses erreurs, prétend résoudre sans Dieu, tandis que l'école qui a nettement brisé avec la Révolution en demande la solution au respect et à la pratique des commandements divins.

Connexité de l'ordre moral et de l'ordre matériel. — « Il n'est pas au monde de vérité qui soit plus claire, mieux établie par les faits, que ne l'est aujourd'hui la connexité intime qui rattache l'ordre matériel à l'ordre moral. Jamais le problème du travail n'a tant occupé et alarmé les esprits, et jamais on n'a mieux compris que, dans ce problème, c'est la question de la destinée humaine qui s'agite.

« Si nous regardons autour de nous, nous voyons que, suivant que l'homme se croit fait seulement pour cette terre, ou qu'il a foi en des réalités supérieures et en un

avenir dont son existence terrestre n'est que la prépara-
tion, ses vues, ses prétentions en matière économique, sont
absolument différentes. Si nous écoutons ce qui se dit, si
nous lisons ce qui s'écrit partout de nos jours sur la situation des classes qui travaillent, sur les améliorations que
leur sort réclame, nous trouvons que les théories diffèrent
comme les aspirations populaires, et qu'elles diffèrent par
les mêmes motifs et de la même façon.

« Ce n'est pas sans raison qu'on résume en ces mots de
question sociale tout ce qui tient au problème si violem-
ment débattu de la position de l'ouvrier dans notre ordre
social, de la portée et de la réalité de ses griefs, de ce qu'il
y a lieu de faire pour lui donner satisfaction et rendre
moins lourd le fardeau de sa rude existence. C'est qu'en
effet la société, avec toutes ses forces, avec toutes ses institutions, avec l'ordre même sur lequel elle repose, se trouve
engagée en cette question.

« La personne humaine est constituée sur un principe
d'unité substantielle qui ne permet pas, lorsque l'on étudie
notre vie dans sa réalité et dans ses expansions diverses, de
séparer des choses faites pour rester étroitement liées. Sans
doute l'analyse scientifique peut distinguer et étudier séparément, pour s'en mieux rendre compte, chacun des éléments, chacune des forces particulières dont le concours
forme l'être humain; mais, lorsqu'on arrive à la réalité
vivante et qu'il s'agit de reconnaître les lois suivant lesquelles l'homme doit user de ses facultés pour l'accomplissement de sa destinée, c'est la nature humaine dans son
intégrité qu'il faut considérer. Tout procédé différent conduirait à d'inévitables et dangereuses méprises.

« Que d'erreurs philosophiques doivent leur origine à

ces conceptions étroites qui, au lieu d'envisager notre nature dans son harmonieuse et puissante unité, la mettent en pièces sous prétexte de la mieux comprendre !

« Quand il s'agit de questions sociales, le vice de ces procédés est plus marqué encore et il n'a pas de moins graves conséquences. Il faut chercher, pour une grande part, dans la fausse méthode que suivit Adam Smith, l'origine des déviations de la science qui poursuit la solution du problème économique. Le père de l'économie moderne s'était imaginé qu'il parviendrait à établir plus nettement les lois de l'ordre matériel en faisant abstraction des lois de la morale, en étudiant la nature et les causes de la richesse, sans aucun souci des nécessités plus hautes qui s'imposent à l'homme dans la vie de l'âme. La science économique ne s'est pas encore relevée de l'abaissement où les vues rétrécies du célèbre économiste écossais l'ont jetée, et nous savons ce que nos sociétés en ont eu à souffrir.

L'ordre politique et l'ordre économique. — « La question sociale comprend deux problèmes : le problème du gouvernement de la société et le problème du travail. Séparer l'un de l'autre, c'est s'exposer à fausser les solutions des deux côtés. On sentira par le fait l'évidence de cette proposition, si l'on remarque que les gouvernements qui reposent sur l'idée révolutionnaire et qui relèvent du suffrage universel, qu'ils aient pour chefs des Césars ou des présidents de république, manifestent tous, directement ou indirectement, des tendances vers le socialisme; qu'au contraire les gouvernements qui se fondent sur l'autorité des lois imposées par Dieu à l'homme et sur la tradition sociale, trouvent, dans le respect et la pratique des vieux principes, le moyen de pourvoir au bien-être des masses,

et qu'ils savent être des pouvoirs populaires sans cesser
d'être des pouvoirs conservateurs.

« Mais on ne se rendrait pas compte de ce phénomène
politique, si l'on oubliait que l'harmonie de l'ordre politique
avec l'ordre économique a sa raison dans la nécessaire et
légitime domination qu'exercent, sur l'un et sur l'autre,
les principes supérieurs de la vie morale. D'un côté, les
mêmes égarements qui mettent le droit souverain dans l'individu y mettent aussi le germe des cupidités qui troublent
l'ordre social; et ces cupidités, il faut bien qu'on les tienne
pour légitimes, puisqu'elles sont l'expansion naturelle d'une
liberté qui ne se connaît point de maître; il faut bien
qu'elles fassent loi pour des pouvoirs qui sont, du fait de
leur origine, les serviteurs de la foule et de ses appétits
souverains. De l'autre côté, du côté des sociétés où la paix
et l'activité féconde règnent également dans les régions de
la politique et dans celles du travail, c'est du respect de
l'autorité divine que découlent ces bienfaits; c'est sous
l'empire du devoir, règle commune que Dieu impose à tous,
que les gouvernants prennent à cœur les intérêts des gouvernés, et que les gouvernés pratiquent la soumission à un
ordre qui n'est exempt ni de gêne ni même de souffrance,
mais qu'ils acceptent parce que c'est l'ordre même imposé
à la vie humaine par la volonté créatrice.

**Ce que comprend le problème du travail. La science
économique.** — « Il faut considérer, dans le problème du
travail et dans la science qui en poursuit la solution, trois
choses qu'il est impossible de séparer : d'abord la morale
qui vient de Dieu et qui règne partout; après la morale, la
politique et l'économie, domaines que Dieu a livrés aux
hommes sous la condition qu'en y déployant leur libre

activité, ils lui rendraient l'hommage de fidèle obéissance
que la créature doit à son auteur. A y regarder de plus
près, on verrait peut-être qu'au lieu de trois choses, il n'y
en a en réalité que deux, puisque l'économie n'est de sa
nature qu'une partie et une dépendance de la politique, et
que toutes les deux, la politique et l'économie, relèvent
également du suprême empire de la morale.

« Partant de ces vues générales, nous avons à fixer les
termes dans lesquels se pose le problème du travail. En ce
problème, c'est l'économie politique tout entière qui se
présente à nous. A la question du travail viennent aboutir
toutes les questions particulières dont s'occupe la science
économique; pour la résoudre, il faut tenir compte de tous
les principes et de tous les faits qui constituent l'ordre
matériel. On n'en peut négliger aucun, si l'on veut arriver
à savoir comment s'accroît la puissance du travail dont
l'homme tire tous ses moyens d'existence, et suivant quelles
conditions de vie individuelle et sociale le travailleur trouvera, dans sa peine rendue plus féconde, le nécessaire que
réclament la dignité et la liberté d'un être créé à l'image
de Dieu et fait pour le posséder.

« Avant tout examen et toute discussion il faut que nous
soyons fixés sur les grandes lignes de l'ordre économique ;
il faut qu'entre bien des routes où s'est égarée la recherche
économique, nous ayons reconnu celle par laquelle on peut
espérer d'arriver à des solutions vraiment pratiques.

« Au milieu des abstractions d'un tel sujet, il n'est pas
toujours aisé d'introduire la lumière. Les obscurités naturelles de la question se trouvent accrues de tous les
sophismes dont on l'a chargée, dans le dessein d'en bannir
le principe divin. Par la force même des choses, en toute

question sociale, ce principe s'impose. C'est en vain que
l'esprit humain se flatte de réussir à se soustraire, sans
dommage pour lui-même, à la vérité vivante qui le presse
de toutes parts. Il s'en trouve d'autant plus embarrassé et
obsédé qu'il fait plus d'efforts pour lui échapper. D'elle-
même, l'erreur est toujours compliquée et elle aime à se
voiler de nuages. Fuyant la simplicité qui la ferait trop
facilement reconnaître, elle se perd en formules vaines.
Par ces raffinements prétentieux, la science qu'elle crée
peut très souvent justifier la qualification assez dure de
littérature ennuyeuse qu'un des esprits les plus nets de ce
siècle adressait à l'économie politique.

Le travail est un fait social. — « Il est une remarque
qu'il faut faire tout d'abord : ce qu'on appelle l'ordre
économique, ou bien, en termes plus généralement usités,
l'ordre matériel, présente essentiellement le caractère d'un
fait social. C'est dans les relations de la vie sociale que le
travail déploie ses forces. Séparés les uns des autres par
un individualisme absolu, les hommes ne conserveraient
presque plus rien de leur puissance productive. Pour que
leurs labeurs soient féconds, il faut qu'ils s'accomplissent
dans les liens d'une étroite solidarité, sous la loi de la
division du travail.

« L'œuvre du travail, dans l'ordre économique, est,
d'une autre façon encore, marquée du caractère social.
Elle suppose l'action simultanée, et du groupe social avec
toutes ses forces individuelles, et de l'autorité politique
qui régit ce groupe. On se placerait en dehors de toute
vérité théorique, aussi bien qu'en dehors de toute vérité
pratique, si l'on prétendait, avec le radicalisme, fermer à
toute intervention des pouvoirs publics le domaine de

l'activité économique, ou si l'on voulait, avec le socialisme, mettre tout entier ce domaine sous la direction et sous l'impulsion de l'État.

Principes et faits généraux dans l'ordre économique. — « Le vaste mouvement du travail social s'offre à notre étude avec des complications qui pourraient, à la première vue, sembler inextricables. Si l'on s'arrêtait à la superficie, on serait tenté de croire qu'au milieu de la diversité infinie et de la continuelle mobilité des entreprises et des transactions particulières, il est impossible de dégager aucun système de lois générales. Mais si l'on considère attentivement les choses, on voit bientôt qu'il y a en ceci, comme partout en ce monde, l'unité dans la multiplicité. On reconnaît qu'au-dessus de ce qui passe et change, il y a ce qui demeure toujours et se reproduit partout. Où l'on ne voyait d'abord que variété, divergence, confusion, on constate l'universalité et la persistance de certains faits qui répondent évidemment à des lois générales.

« De ces faits persistants, les uns tiennent à la constitution de la personne humaine, les autres à la disposition des forces dans le monde extérieur. Le travail, agent nécessaire de toute production ; les bornes assignées par la nature à la puissance des agents physiques que le travail emploie ; la préoccupation, naturelle à chaque travailleur, d'obtenir le plus grand résultat possible avec le moindre effort ; l'accroissement de fécondité que le travail reçoit, dans la plupart de ses applications, lorsqu'il est convenablement divisé ; le haut prix des marchandises rares, le bas prix des marchandises abondantes ; tous ces faits, et bien d'autres non moins persistants, contribuent à donner une base fixe à l'ordre économique.

« Au premier rang des choses qui durent, dans l'ordre économique, il faut mettre les lois de la vie morale. Ces lois donnent la règle pratique de toute activité humaine suivant les croyances et les idées qui règnent dans la société, et elles déterminent d'autorité la direction que prend le travail dans l'œuvre économique. Il serait superflu de rappeler quelles profondes différences se sont introduites dans la vie économique des peuples, selon qu'ils ont pratiqué le paganisme, le bouddhisme, l'islamisme ou le christianisme.

« Lorsque la morale repose sur la vérité que Dieu a donnée au monde par sa révélation et par son Église, elle possède un caractère de fixité duquel résulte, dans toute la conduite humaine, aussi bien pour l'ordre matériel que pour l'ordre moral, une unité d'action, une suite, une persistance qui font la force des sociétés et donnent la consistance à tous les intérêts.

« Lorsque la morale dérive de croyances mêlées d'erreurs, tout l'ordre économique s'altère dans les proportions de l'altération de la vérité; si ces croyances s'affaiblissent, on voit s'affaiblir avec elles les vertus qui donnent la puissance au travail et assurent l'équitable répartition de ses fruits. Alors le désordre économique s'accroît avec le désordre moral.

Le côté variable dans l'ordre économique. — « Des diversités et des changements dans la constitution économique des peuples peuvent donc s'introduire, aussi bien par l'effet des égarements de la société dans l'ordre moral, que par suite des diversités de situation qui ont pour cause la différence des aptitudes personnelles et la différence des conditions extérieures où les peuples sont placés.

« Le degré d'avancement des peuples dans la vie sociale est encore, pour l'ordre économique, une source de diversité qu'il ne faut pas négliger.

« Comme les individus, les peuples traversent différents âges. Aux jours de leur enfance, lorsqu'ils sortent de la vie de famille, et que leurs habitudes et leurs institutions conservent encore plusieurs des caractères de l'état domestique, leur vie économique n'a pas la forme qu'elle prendra plus tard, lorsqu'ils seront pleinement développés dans l'état public. Une certaine communauté des biens, des prestations personnelles au profit de la communauté, la répartition discrétionnaire, en une certaine mesure, des fruits du travail, sont des coutumes propres à la vie primitive; elles disparaissent par l'accroissement du nombre des hommes composant la société, par l'extension et la complication des relations dans le groupe social agrandi par les progrès de la liberté personnelle. Essayer de restaurer, dans une société parvenue à un grand développement, des coutumes et des lois propres aux sociétés moins avancées, serait une entreprise aussi injustifiable et aussi dangereuse en économie qu'en politique.

« Il y a ceci encore à remarquer : lorsque les nations ont accru leur puissance et que les rapports économiques qu'elles entretiennent entre elles se sont multipliés et étendus, non seulement les échanges se font dans d'autres conditions, mais le travail, même à l'intérieur de chaque société, ressent l'influence des changements survenus dans les transactions internationales. Il arrive alors que le mode d'exercice des diverses industries se trouve notablement changé. Des complications jusque-là inconnues naissent de toutes parts, des difficultés nouvelles surgissent, et la vie économique, en même temps qu'elle est devenue plus intense, est aussi devenue plus laborieuse.

Dogmatisme et positivisme. — « On voit par ces considérations comment la science qui vise à établir les lois du travail pourrait s'égarer, soit qu'elle eût l'idée de se baser exclusivement sur des règles absolues et de procéder par la seule méthode déductive, soit qu'elle ne voulût prendre pour fondement que les faits considérés comme toujours variables, et qu'elle procédât par la méthode du positivisme. Des deux erreurs en sens contraire sont nées, dans la science économique, deux écoles opposées.

« Pour les économistes de la première école, les lois de l'ordre économique ont toutes un caractère absolu, et les applications que la logique en tire ont presque la certitude des solutions mathématiques. L'un deux, N. W. Senior, un maître, a dit : « L'économie politique repose beaucoup plus « sur le raisonnement que sur l'observation des faits ». Ceux de l'autre école nient qu'il y ait des lois économiques. Ils n'admettent que des théories dont la vérité est toute relative aux temps dont elles reflètent la situation, et ils ne leur accordent qu'une valeur tout historique. Les premiers, en se renfermant dans le champ de l'absolu et des abstractions, s'exposent à recevoir à chaque instant de la pratique les plus cruels démentis; les autres vont se perdre dans un empirisme étroit et rempli de périls. Tant il est vrai qu'on ne peut, dans la vie, atteindre à aucune solution vraiment bonne et utile si l'on ne tient compte en même temps des principes et des faits.

« Ces égarements de la science économique ne sont pas seulement affaire d'école et de pure théorie. En ce moment, ils exercent, sur l'ordre général de nos sociétés et sur la direction de leur activité, la plus funeste influence.

« Lorsque les économistes de l'école des abstractions bâtissent, sur les données de la science utilitaire dont ils sont en général les adeptes, un édifice de déductions aussi fausses à les prendre en pratique qu'elles sont rigoureuses à les juger par la logique, ils trouvent par leur procédé la facilité de déguiser, sous des apparences de justesse rationnelle, des conceptions matérialistes dans lesquelles les impossibilités et les contradictions abondent. En un siècle enclin au matérialisme comme le nôtre, on aime à se payer de ces semblants de raison, et l'on fait passer dans la pratique, où elles répandent les plus graves désordres, des théories qui ne doivent leur succès qu'au mirage des abstractions.

« D'autre part, l'erreur des positivistes n'est pas moins dangereuse, puisqu'en écartant ou en voilant tous les principes, elle réussit à faire passer comme vérités toutes les convenances utilitaires de l'époque, et à faire, de ce qui répond aux caprices, et peut-être aux vices du siècle, une règle de moralité et de justice sociales.

« L'erreur est dangereuse partout, elle ne l'est nulle part autant qu'en économie politique. Dans cette science, qui se permet tant de hardiesses, crée tant de principes arbitraires, hasarde tant de conclusions peu réfléchies et nullement justifiées, il s'agit du travail, c'est-à-dire du fait qui remplit chacune des journées de l'homme et duquel dépendent la prospérité de la société comme le bien-être des individus. En pareille matière, des disputes de méthode et des subtilités, qui ailleurs prêteraient à rire, peuvent mener à des ruines et à des misères qui feront verser dans le peuple bien des larmes. » (*Les Doctrines économiques depuis un siècle*, Paris, 1880, p. 172.)

L'école historique. — Aujourd'hui le danger n'est plus, pour la science économique, de se perdre dans les abstractions de l'école dogmatique. Par l'influence des théories positivistes, les idées ont pris une direction toute différente. L'erreur positiviste nous menace présentement bien plus que l'erreur dogmatique. Dès 1858, l'école historique pouvait à cet égard donner des craintes. Les conceptions de cette école envahissaient de plus en plus les universités allemandes, tandis que l'école dogmatique dominait encore en Angleterre et en France. A cette époque, j'eus l'occasion de caractériser la méthode de l'école historique, en rendant compte du magistral traité que venait de publier le chef de cette école en Allemagne, M. Roscher. Un éminent économiste français, M. Wolowski, avait donné une traduction de ce livre en l'accompagnant de commentaires qui rectifiaient ce qu'avait d'excessif le système du célèbre professeur allemand. Les vues que j'émis alors pourront servir à faire mieux comprendre dans quelle mesure j'entends que les lois générales posées par l'école dogmatique et [l'observation des faits pratiquée par l'école historique doivent fournir à la science économique ses éléments essentiels.

La méthode historique. — « La méthode historique s'offre si naturellement à tout esprit droit, comme la seule qui réponde à l'objet même de l'économie politique, qu'il est besoin de réflexion pour comprendre comment on a pu lui substituer les procédés abstraits et la méthode de déduction *a priori*. Deux raisons expliquent cette aberration : d'abord, la préférence accordée à la science facile sur la

science difficile; ensuite, l'intérêt qu'ont les sectateurs du
sensualisme à se renfermer dans le monde imaginaire des
formules, où il leur est loisible de tout disposer pour les
besoins de leur doctrine, sans craindre les démentis que lui
donnent les faits.

« Étudier l'économie politique au point de vue des faits
est chose longue et difficile. Ses principes généraux sont
faciles à saisir: ils reposent d'abord sur les grandes lois de
l'ordre moral, lesquelles sont, grâce à l'enseignement
chrétien, à la portée de tous. Ils tiennent ensuite à ce qu'il
y a d'essentiel dans les rapports de l'homme avec la nature,
c'est-à-dire aux faits les plus élémentaires de notre vie de
chaque jour. Mais le plus important n'est pas de connaître
ces lois générales, qui comptent sans doute parmi les données essentielles de la science, mais qui, par elles seules,
ne fournissent aucune solution. Il faut les voir en action et
les étudier dans leurs conséquences. Ces lois se combinent
avec tous les accidents et toutes les diversités de la vie
sociale, qui ont leur source dans l'expansion du libre arbitre
de l'homme et dans l'action des causes naturelles sur le
mode d'existence des peuples.

« Les principes sont communs, mais les conditions dans
lesquelles il faut les appliquer varient considérablement
d'époque à époque et de contrée à contrée. Les principes
généraux tracent le cercle dans lequel se meut l'activité des
peuples; mais ce cercle est vaste, et laisse à l'activité
propre de chaque société une immense latitude. La mission
de l'économiste est précisément de reconnaître les conditions
particulières dans lesquelles doivent s'appliquer les lois
générales, et de déterminer, d'après ces conditions, la
direction qu'il convient d'imprimer aux volontés pour les

conduire aux meilleures solutions possibles, dans l'état donné des choses.

« C'est ici l'éternelle question des rapports de l'absolu et du variable, qui se rencontre partout dans le monde et dans la vie humaine. Mais comme l'économie politique tient par son objet, qui est la richesse, à l'ordre où dominent le relatif et le variable, ses principes et toutes les questions dont elle cherche la solution se trouveront toujours profondément compliqués de cet élément changeant et divers. Le tact de l'économiste consistera à démêler, au milieu des mille accidents qu'embrasse l'existence d'un peuple à une époque déterminée, les intérêts dominants, les chances de l'avenir, les progrès compatibles avec son caractère et sa position parmi les autres peuples. Prétendre se renfermer dans des solutions générales applicables à des hommes et à des sociétés qu'on n'a vus nulle part et qui seraient dépouillés de tout ce qui fait le mouvement et la réalité même de la vie, ce sera faire peut-être une théorie ingénieuse, où brilleront la subtilité et la fécondité d'esprit de l'auteur; mais ce sera n'avoir rien fait, ou très peu de chose, pour parvenir à tracer les lois du développement de la richesse sociale. Car la richesse est essentiellement relative à l'homme, elle n'a de valeur qu'autant qu'elle l'aide à accomplir sa destinée dans les conditions diverses où la Providence le place en ce monde. La science pure de la richesse ne sera donc pas la science vraie et complète de l'économie politique, pas plus que l'anatomie et la physiologie ne sont la science réelle et complète de la médecine.

« Mais ce tact de l'économiste, cette entente de la vie et du mouvement même des sociétés, il faudra, pour l'acquérir, des observations longuement et péniblement répé-

tées, une étude à la fois d'analyse et de synthèse, qui est
une des plus difficiles auxquelles l'intelligence puisse s'appliquer. Ce n'est pas seulement le présent qu'il faut considérer et approfondir. Ce ne sera qu'en scrutant le passé
qu'on parviendra à se rendre compte du cours probable des
faits contemporains; à se fixer sur ce qu'il faut craindre ou
espérer, accepter comme possible et utile, rejeter comme
impossible et dangereux; à reconnaître si, de ces deux
forces qu'on ne peut jamais séparer dans la vie sociale,
l'autorité et la liberté, il faut faire intervenir activement
la première, ou bien se contenter de laisser l'autre accomplir seule et spontanément son œuvre. Pour celui à qui
l'histoire a révélé quelles sont en pareille matière la multiplicité et la complication des faits, la profondeur et l'obscu-
rité des causes, l'inattendu et la gravité des résultats, ces
questions semblent n'avoir jamais été assez étudiées, et les
efforts accomplis pour en saisir tous les éléments jamais
assez énergiques ni assez complets.

La méthode dogmatique. — « Tout autre est l'œuvre
de l'économie politique pure. — Elle est aussi simple et
aussi facile que celle de la science sérieuse est rude et
longue. Ayez le talent de vous emparer de quelques axiomes
clairs comme deux et deux font quatre et que personne ne
conteste; tirez de ces axiomes, à tort et à travers, des
conclusions absolues; appliquez-les, avec une impertur-
bable logique, à tous les faits et à toutes les situations, en
déclarant que, hors de ces conséquences de la pure doctrine, il n'est point de salut : aiguisez le tout d'une certaine
pointe de mépris railleur pour tout ce qui ne subit pas le
joug de l'école, et on vous délivrera, parmi les adeptes, un
brevet de haute science économique. Cette science ne vous

aura pas coûté grand'chose, mais que vaudra-t-elle? La science véritable est à plus haut prix. Mais on comprend que beaucoup hésitent devant les sacrifices qu'elle impose, et qu'ils trouvent plus commode le chemin tout uni des abstractions et des chimères.

« Il est une autre cause, plus sérieuse et plus profonde que la première, qui retient un grand nombre d'économistes attachés à la science pure. La doctrine du développement indéfini des satisfactions domine la plupart des théories économiques. Il y a des exceptions, mais elles sont rares. La passion du bien-être comme mobile, l'intérêt personnel comme règle, une progression indéfinie dans les jouissances de cette terre comme destinée suprême de l'humanité, tel est le fond de la philosophie tacitement acceptée, ou expressément formulée, dans presque tous les livres d'économie politique.

« Mais tous ces rêves de progrès matériel, incessant et indéfini, ne supportent pas un instant la confrontation avec les faits. L'histoire nous montre, depuis six mille ans, l'humanité courbée sous la peine et en lutte continuelle avec la misère. Tout ce qu'elle a pu faire, aux époques les plus heureuses, ç'a été d'alléger le joug sans parvenir jamais à s'en affranchir. Les annales humaines ne sont que le récit des souffrances de toutes les générations. Si un peu de repos est accordé aux hommes, c'est que le sacrifice volontaire de la vertu a payé la dette qui, à son défaut, sera acquittée par des misères et des calamités toujours d'autant plus lourdes que l'orgueil et la sensualité font plus d'efforts pour s'y soustraire. Souffrance, sacrifice, expiation, voilà les mots que nous trouvons écrits à toutes les pages de l'histoire. Ceux de jouissance et de glorification de l'humanité dans les choses matérielles ne s'y rencontrent que comme l'annonce des calamités destinées à rappeler les hommes au sentiment des infirmités et des épreuves de leur exil. Le matérialisme économique sent d'instinct que la méthode historique n'a pour lui que des démentis, et c'est pourquoi il la repousse avec tant d'obstination. » (*Les Doctrines économiques*, p. 354.)

IV

NOTION DE LA RICHESSE ET DE L'ORDRE ÉCONOMIQUE SUIVANT LA CONCEPTION CHRÉTIENNE DE LA VIE INDIVIDUELLE ET SOCIALE

La définition de la richesse. — La définition de la richesse a fort occupé et souvent embarrassé les économistes. Que peut faire, en effet, la science de la richesse si elle n'a défini tout d'abord l'objet de sa recherche? La notion de la richesse diffère totalement suivant l'idée qu'on se fait de la destinée humaine. Le chrétien a de la richesse une notion qui ne peut pas être la même que celle de l'utilitaire.

« La richesse n'est pas, ne peut pas être pour le chrétien cet instrument de jouissance et de domination que se disputent sous nos yeux les cupidités d'un siècle où les masses ne voient plus rien au delà de cette terre. Pour lui, c'est une force dont il use sans la priser plus qu'elle ne vaut, en vue d'une fin qui exclut à la fois l'orgueil de l'esprit et les jouissances des sens. Que de fois, dans ses aspirations aux pures joies de l'âme, il laisse échapper cette plainte de l'esprit captif sous les liens de la matière qu'exprime si éloquemment Bossuet : « Pour-« quoi m'es-tu donné, ô corps mortel? Fardeau accablant, « soutien nécessaire, ennemi flatteur, ami dangereux, avec « lequel je ne puis avoir ni guerre, ni paix, parce qu'à « chaque moment il faut s'accorder et à chaque moment « il faut rompre..... Je ne sais pourquoi je suis uni à ce « corps mortel, ni pourquoi, étant l'image de Dieu, il « faut que je sois plongé dans cette boue. Je le hais « comme mon ennemi mortel, je l'aime comme le com-« pagnon de mes travaux; je le fuis comme ma prison, « je l'honore comme mon cohéritier. »

« Ce que dit Bossuet de l'homme, de la guerre que se livrent en lui l'esprit et le corps, de la chaîne étroite et de la mutuelle dépendance qui les tiennent attachés l'un à l'autre et, pour ainsi dire, confondus dans l'unité de la personnalité humaine, nous le pouvons dire pareillement des sociétés. La vie sociale est une comme l'homme est un. Aussi bien que l'homme, c'est par l'âme que les sociétés vivent.

Conception chrétienne de l'ordre matériel. — « De même que le corps n'existe que pour l'âme, l'ordre maté-riel dans la société n'existe que pour l'ordre moral. C'est dans l'ordre moral qu'est le but; en lui est la vie même des peuples. L'ordre matériel n'a de prix que parce qu'en y déployant son activité l'homme y fait rayonner quelque chose de la splendeur dont Dieu illumine son âme. Les besoins matériels, qui semblent se rapporter au corps seulement, si l'on y regarde de près, ont une raison plus haute. C'est par eux que l'homme est sollicité à cette transformation du monde qui associe, en quelque sorte,

la matière inerte au mouvement et aux magnificences de
l'esprit. Il est de fait encore que les besoins sont un des
liens de la société humaine. A lui seul, l'homme ne pourra,
dans son isolement, satisfaire qu'à peine les plus rigoureux
de ses besoins. Associé à ses semblables, sa puissance
d'appropriation des choses aux usages de la vie grandit, au
point d'être prise par quelques-uns pour une domination
souveraine sur le monde extérieur. Il sera donc vrai de
dire, en un certain sens, avec Platon, que si l'on remonte
par le passé à l'origine de la société, on la voit sortir de
nos besoins. Les besoins sont un des moyens dont se sert
la Providence pour retenir les hommes dans cette communauté de vie et de pensées, dans cette unité spirituelle
qui est la raison vraiment profonde et la fin dernière de
la société.

« L'ordre matériel n'est donc, pour ainsi parler, que
l'ombre de l'ordre moral. L'ordre moral, ou, pour mieux
dire, l'ordre spirituel, crée l'ordre matériel à son image.
La vie matérielle doit, par conséquent, trouver dans la vie
spirituelle son principe et sa règle. Là-dessus le bon sens
public ne s'est jamais trompé. Pour les peuples comme
pour les individus, la richesse n'est quelque chose, elle ne
donne quelque grandeur, que s'il en est fait un noble
emploi. Bornée à la simple jouissance, elle ne rencontre
que l'indifférence sinon le mépris.

« La richesse qui ne se spiritualise pas, en quelque
sorte, par son application aux fins supérieures de l'homme,
n'est pour la société qu'un fardeau dont le poids l'accable
et souvent la tue. Mais les conquêtes de l'homme sur la
nature, la puissance matérielle qu'il en tire tant qu'elles
restent sous le gouvernement de l'esprit, servent merveil-

2.

leusement à l'accomplissement des destinées divines de l'humanité. » (*La Richesse*, tome I, p. 28.)

V

COMMENT PROCÈDE LE TRAVAIL POUR LA RÉALISATION DE LA DESTINÉE SOCIALE DE L'HOMME QUANT A LA RICHESSE

LA FAMILLE ET L'ÉTAT, LA LIBERTÉ ET LA PROPRIÉTÉ DANS L'ORDRE ÉCONOMIQUE

Énoncé de la question. — Les principes étant établis, nous avons à rechercher comment, sous leur empire, l'activité humaine réalise son but quant à la richesse, quel est son mode légitime d'action dans tout le domaine des faits économiques, suivant quelle mesure les forces individuelles et les forces collectives de la société concourent à l'œuvre de la prospérité commune dans l'ordre matériel.

On retrouvera ici certaines notions auxquelles je me suis déjà arrêté, mais qu'il est nécessaire de rappeler pour la suite logique et la clarté de mon exposé :

« L'ordre matériel embrasse tout le déploiement de l'activité humaine pour la production et la répartition des richesses, c'est-à-dire des biens matériels qui servent aux besoins de l'homme. Le travail, et, depuis la chute, le travail pénible, est la condition de notre existence et de toutes nos conquêtes dans l'ordre moral et dans l'ordre matériel. La Providence a ordonné la vie humaine en vue d'y réaliser l'unité dans la diversité. Fait pour vivre et se développer dans la société, l'homme n'est rien et ne peut rien, au moral comme au physique, que par le concours de ses semblables. Le travail par lequel il pourvoira à ses besoins matériels sera donc une œuvre essentiellement collective, où chacun des membres de la société aura un rôle, et pour laquelle tous se trouveront, les uns à l'égard des autres, en des rapports de mutuelle dépendance.

Le travail est une œuvre d'ordre social. — « Je n'admets en aucune façon que le travail soit une fonction sociale. Cette proposition est un des axiomes de l'école socialiste; une fois qu'on l'admet, on est forcément entraîné à accepter l'organisation des rapports économiques telle que le socialisme la veut. Le travail est une œuvre d'ordre social, ce qui est tout différent.

« Cette œuvre collective de la création des richesses s'accomplira sous l'empire de certaines lois générales résultant de la nature morale et physique de l'homme et de ses relations avec le monde extérieur. Ces lois ne sont, quant à l'ordre spécial de la vie matérielle, que les conditions de la réalisation de la fin supérieure de l'homme. Elles reproduisent en tous leurs traits les grands principes qui dominent le monde moral dans lequel l'homme poursuit ses véritables destinées. Par elles-mêmes, les combinaisons de la vie matérielle qui constituent l'ordre des intérêts, n'ont pas plus de fixité, pas plus de généralité que les faits toujours divers et changeants auxquels elles correspondent. Les goûts, les affections de l'homme n'ont, dans cet ordre de choses, rien de constant. On peut dire que la mobilité en est la seule règle. D'ailleurs, les conditions extérieures qui s'imposent ici aux déterminations de l'homme varient avec le sol, avec le climat, avec la position géographique. Mais ce qui est vraiment universel,

c'est l'idéal de perfection morale qui domine toute notre
vie. Le besoin de croître en intelligence, en liberté, en
dignité, de dilater tout ce que nous sentons en nous de
puissance pour le vrai et le bien : tel est le fond invariable
de la nature humaine, tel est le but que l'homme poursuit
sous toutes les latitudes et à toutes les périodes de son
existence. A ce but suprême correspond tout ce qu'il y
a de durable et de général dans la vie matérielle. Aussi,
chaque fois qu'on aperçoit dans l'ordre matériel un fait
constant et universel, de nature à être pris comme loi, on
peut dire avec certitude que ce fait a sa raison dans
l'ordre supérieur.

« Le problème pour l'ordre matériel, c'est de ramener
constamment les intérêts multiples et toujours flottants de
cet ordre aux fins générales vers lesquelles gravite toute
l'existence de l'humanité. Là est l'idéal, là est le critérium,
là est l'enchaînement des principes et des conséquences,
sans lequel il ne peut y avoir, dans la théorie, aucun
caractère scientifique, dans la pratique aucun dessein
suivi, ni aucun succès assuré.

« Le christianisme donne à l'homme les conditions de
la perfection ; il nous trace l'idéal de notre destinée et par
là nous fournit, en même temps, la règle de l'ordre moral
et la règle de l'ordre matériel. Mettre en relief cet idéal,
faire voir que, pour toutes les questions qui touchent au
développement de la richesse, le principe chrétien satisfait
aux légitimes exigences de l'humanité, telle est notre
tâche. » (*La Richesse*, t. I, p. 152.)

La Famille et l'État. — L'ordre de la vie humaine
comprend essentiellement deux sociétés sans lesquelles
l'homme ne pourrait naître, se conserver, se développer en

tout ce que comporte son existence morale et matérielle.
Dans le monde où règne la loi chrétienne, ces deux
sociétés, la société domestique et la société publique, la
famille et l'État, sont établies suivant les vrais principes,
poursuivent chacune leur fin sous une loi de coopération,
d'harmonie et de mutuelle assistance. A tous les âges de
l'histoire et sous toutes les latitudes, on trouve l'homme
lié à l'une comme à l'autre pour l'exercice de son activité
économique. L'observation la plus élémentaire des faits
sociaux montre que les conditions d'existence de la famille
influent autant que les conditions d'existence de l'État sur
la production et la répartition de la richesse. L'indissolu-
bilité de la société conjugale, la puissance de l'autorité qui
régit la famille, les mœurs et les traditions qui règlent sa
vie, tout ce qui forme, en un mot, la constitution de la
société domestique, est à considérer en première ligne
dans les questions économiques. On ne peut donc se dispenser de mettre les principes qui président à la vie de la
famille, les lois particulières auxquelles elle obéit, au
nombre des données supérieures sur lesquelles repose la
science économique. Par la force des choses, s'il s'agit de
l'ordre économique d'une société chrétienne, lors même
que ces lois ne seraient pas expressément rappelées, leur
existence est toujours implicitement admise, et les règles
de la vie économique s'établissent en conséquence.

Les vertus de la famille sont les vertus génératrices du
travail, les vertus qui forment et conservent le capital.
C'est d'elles que vient la fécondité du travail producteur de
la richesse, ce sont elles qui assurent le bon et fructueux
emploi de la richesse produite. Troubler l'ordre de la
famille, c'est troubler tout l'ordre économique. Qui aujour-

d'hui songerait à le nier, à la vue des ravages que produisent dans notre existence économique les attentats de la
Révolution contre la famille !

**L'ordre matériel ne peut se passer des vertus de
la famille.** — « La société est un tout fortement lié où
l'ordre domestique et l'ordre politique, l'ordre civil et
l'ordre public se touchent par tous les côtés et se pénètrent
intimement. Tous ceux qui travaillent à affermir et à pacifier
la société travaillent à faire respecter la famille. Tous ceux
qui visent à troubler et à renverser la société s'attachent
à abaisser la famille. Nous sommes témoins de ce que fait
la Révolution pour détruire la famille sous prétexte de
l'émanciper, et chaque jour nous voyons ce que les défaillances et les corruptions de la famille démocratique prêtent de force à la Révolution. La Révolution s'attaque à la
famille dans l'ordre moral et dans l'ordre matériel; par
l'une et l'autre voie, elle attente au bon ordre, au bien-être,
à la vie même de la société politique. L'entreprise capitale
de la Révolution contre la famille, c'est la sécularisation du
mariage. En sécularisant la famille, la Révolution la désor-
ganise et la tue.... L'attentat que commet la Révolution
contre la famille, en la privant de son caractère religieux,
est le plus grave de ses attentats contre l'ordre social. La
plus profonde et la plus honteuse des plaies de la famille
sécularisée, c'est la stérilité. Comment les époux résisteront-
ils aux conseils de la prudence utilitaire, s'ils n'ont plus foi
au commandement divin ? Qui leur persuadera de s'imposer
la charge toujours pesante d'une nombreuse famille, s'ils
croient que l'homme n'est en ce monde que pour accroître
ses jouissances, et si la loi de l'intérêt a remplacé, dans les
habitudes domestiques, la loi chrétienne du sacrifice ? La

société ne sera-t-elle point en danger de périr sous l'action de ce mal dont les ravages frappent aujourd'hui les moins prompts à s'effrayer, et qu'on pourrait appeler le mal rationaliste?

« La société ne vit, ne grandit, ne se conserve que par ses vertus. Lorsque la Révolution aura restauré le paganisme dans la famille, où la société ira-t-elle puiser les forces morales qui lui sont indispensables pour s'élever à la perfection, dans l'ordre matériel aussi bien que dans l'ordre moral? Qui ne voit que c'est dans la famille chrétienne que naissent et se fortifient la probité, l'amour du travail, l'économie, l'abnégation, l'empressement à secourir autrui, toutes ces vertus qui sont la source de la grandeur et du bien-être des nations? Que reste-t-il de ces vertus dans le peuple, là où les doctrines de la démocratie révolutionnaire ont, non pas absolument éteint, mais seulement affaibli et comme suspendu la vie catholique des familles? Les nombreuses enquêtes, privées et publiques, faites depuis quarante ans, sur la condition des classes ouvrières, répondent catégoriquement à cette question. » (*Les Lois de la société chrétienne*, Paris, 1879, livre III, chap. v.)

Autorité et liberté. — L'ordre, dans notre société publique aussi bien que dans notre société domestique, suppose deux principes dont le christianisme a progressivement tiré les conséquences, la liberté et l'autorité. En exposant les lois de l'ordre matériel dans les sociétés chrétiennes, nous partirons toujours de ces deux principes indissolublement liés.

« La création des richesses étant une œuvre essentiellement collective, accomplie par le concours de tous les organes, et de toutes les forces de la société, rattachée par

les lois les plus intimes de la vie humaine à l'œuvre plus
élevée du perfectionnement moral, il s'ensuit que l'intervention du pouvoir dans cette œuvre, pour des circonstances données et dans des limites déterminées, est un
fait dont la légitimité ne saurait être contestée.... Quant à
l'ordre économique, nous admettons, comme principe général, que partout où la liberté sera assez droite, et assez
énergique pour se suffire à elle-même, c'est d'elle qu'il
faut attendre le progrès; considérant le concours de l'autorité comme nécessaire dans tous les cas, en tant que cette
autorité donne à la société le principe d'unité nécessaire
tout organisme, mais déterminant l'étendue et l'intensité
de son action en raison inverse de l'énergie et de la rectitude des forces propres de la liberté. » (*La Richesse*, t. I,
p. 155.)

Réglementation et liberté. — Cette question de la
pondération entre la liberté et la réglementation officielle,
de la juste mesure dans laquelle la réglementation doit être
contenue pour ne point dégénérer en socialisme, si vivement débattue de nos jours même entre catholiques, demande des explications. Je les ai données dans un écrit
publié en 1879. En voici le résumé :

La liberté du travail. — « Le spectacle d'impuissance
que nous donne actuellement la liberté, les égarements
auxquels elle se laisse entraîner sous l'empire du principe
libéral, conduisent aisément à considérer la liberté comme
une puissance habituellement et inévitablement dangereuse, contre laquelle il faut s'armer d'une ferme et constante tutelle. De ce que les pentes naturelles de l'homme
tombé l'inclinent vers le mal, on conclut, non sans raison,
que le principe de la liberté absolue du travail ne peut être

qu'un principe révolutionnaire. Mais c'est forcer la conséquence que de prétendre que la nature morale de l'homme
exige la réglementation du travail, et qu'une réglementation
restreignant la libre concurrence doit trouver sa place
dans toute législation régulière.

« Une fois qu'on est entré dans cette route, on se laisse
aller, sans trop s'en apercevoir, à soutenir que dans la
conception chrétienne de l'ordre économique, la liberté
n'est que l'exception tandis que la réglementation tutélaire
doit être la règle. Cela étant admis, on appliquerait à la
liberté du travail la distinction devenue célèbre entre la
thèse et l'hypothèse. Mais si l'on a raison de dire que la
réglementation tutélaire du travail est la thèse, et la liberté
du travail l'hypothèse, n'aurait-on pas également raison d'affirmer que, l'homme étant exposé à faire des faux pas et à
se blesser en tombant, il est naturel qu'il ne marche qu'ap-
puyé sur des béquilles ou soutenu par des lisières? Béquilles
et lisières seraient alors la thèse, et l'habitude, si générale
parmi les hommes faits et bien portants, de marcher tout
seuls, sur leurs deux pieds, ne serait plus que l'hypothèse !

« C'est tomber dans une erreur grossière que de confondre la liberté du travail avec la liberté de l'erreur et
du mal condamnée par l'Église. La liberté de faire le mal,
et de propager l'erreur qui engendre le mal, ne peut jamais
être admise qu'en fait et elle doit, autant que possible,
être exclue des lois. Ici il est très vrai de dire que la répression et la réglementation constituent la thèse, et que la
liberté n'est que l'hypothèse ; mais quand il s'agit de choses
qui ne sont pas mauvaises en elles-mêmes, comme la
liberté du travail, c'est-à-dire la liberté de travailler comme
on veut, et avec qui on veut, pour ces choses-là, c'est la

liberté qui est de règle générale et la réglementation n'est que l'exception ; c'est alors la liberté qui est la thèse, et la réglementation est l'hypothèse.

« Toutefois, il est important d'en faire la remarque pour éviter tout malentendu, dans le dernier cas, quand il s'agit de choses en elles-mêmes indifférentes, on n'est pas, comme dans le premier cas, sous l'empire d'une loi absolue de l'ordre moral, loi dont on ne peut restreindre ou suspendre l'application que par des considérations tirées elles-mêmes de l'ordre supérieur et absolu de la morale. C'est un idéal, sans doute, que la liberté en matière contingente, mais un idéal qui est simplement d'équité, de convenance et d'utilité sociale. C'est le bien social, l'intérêt de tous, et non la justice absolue, qui l'imposent, et les raisons tirées du bien social et de l'intérêt général, lorsqu'elles atteignent un certain degré de gravité, peuvent demander que l'on s'en écarte. » (*Le Socialisme chrétien*, Paris, 1879, p. 10.)

Justice et charité. — Là où règne la liberté, c'est la charité qui est le grand ressort ; mais la charité doit agir de concert avec la justice, laquelle est dans l'ordre de la loi et de l'action des pouvoirs publics. Tout demander à la liberté, même tempérée et guidée par la charité, serait un procédé de libéralisme qui aurait ses dangers. Étant donnée la faiblesse de la nature humaine, il serait peu pratique de s'en remettre uniquement, pour la solution du problème économique, aux influences, aux impulsions de la charité. D'un autre côté, résoudre le problème par la justice seule, ce serait tomber dans le socialisme. L'alliance de la charité et de la justice donne la vraie solution.

Ni libéraux, ni socialistes. — Prenant les choses suivant la juste mesure, nous ne sommes ni libéraux, ni socialistes. Le libéralisme demande tout à la liberté, le socialisme demande tout à l'État et à la loi qu'il porte. Nous faisons, nous, la part de la liberté par la charité, et nous ne demandons aux pouvoirs publics que ce que la charité ne peut faire dans un état donné de société. C'est par l'association que nous organisons l'action charitable, et c'est par l'association que nous disciplinons la liberté en même temps que nous accroissons sa puissance. C'est à l'association libre que nous recourons. Aux pouvoirs publics nous ne demandons, par la garantie de la loi, que la liberté et l'efficacité de l'action associée.

Un appel aux pouvoirs publics, en de telles conditions, ne peut jamais justifier l'accusation de socialisme que l'école libérale aime à jeter à la tête des catholiques. Nous ne pouvons être confondus de ce chef avec les socialistes qui réclament l'association obligatoire sous la suprême conduite de l'État. Je me suis expliqué à ce sujet dans les conclusions de l'écrit où j'ai étudié la question *du socialisme chrétien.*

« Nous demandons la solution de la question ouvrière, en laquelle de nos jours la question économique se trouve concentrée, nous la demandons à toutes les forces que nous offre l'organisme social, à la liberté et à la puissance publique, dans la juste mesure de leur droit et de leur influence. Si l'on est socialiste parce qu'on réprime la liberté du mal, et que l'on protège par la réglementation légale les faibles contre l'injustice des plus forts, les catholiques sont des socialistes. Ils le sont aujourd'hui comme ils l'ont été dans tous les temps, parce qu'ils obéissent aujourd'hui comme dans tous les temps à l'impulsion de l'Église, qui ne cesse de réclamer de la puissance publique des lois protectrices des faibles et qui, en tous lieux et toujours, a suscité, organisé, patronné l'association, sous la règle de justice et de charité donnée aux hommes par l'Évangile.

« La Révolution, qui est en toutes choses l'antagoniste du christianisme, livre les faibles aux plus forts, sous prétexte de liberté individuelle et d'émancipation de toutes les forces productives. Elle a pu faire croire un instant que cette émancipation désordonnée, qu'elle prétend opérer sous la loi de l'intérêt individuel, réalise la libre expansion du bien dans l'ordre économique. Mais l'expérience n'a pas tardé à montrer qu'il y a à distinguer entre les libertés que 89 nous vante, et qu'il faut, en fait de liberté économique comme ailleurs, conserver à la justice et à la morale leurs droits imprescriptibles. »

La démocratie dans l'ordre économique. — Souvent de nos jours, à la question de l'amélioration du sort des classes ouvrières et de la liberté du travail, on a mêlé la question des revendications démocratiques, dont l'excès menace l'ordre fondamental et essentiel des sociétés. Je m'en suis expliqué dans un écrit publié en 1891, sur les libertés populaires.

« Pour la démocratie pure, celle qui instinctivement, et par la logique de ses principes, va au socialisme, il ne peut y avoir dans la société que deux choses : des individus, et l'État constitué par la libre volonté des individus. Entre l'État et l'individu, cette démocratie ne tolère rien. Toute la liberté consiste pour elle dans le droit qu'ont les individus de concourir à la volonté générale, que l'État impose à tous au nom du droit absolu de la majorité. Elle dénie aux membres de la société le droit de constituer, par leur libre initiative, des associations distinctes des personnes qui les composent, et destinées à leur survivre. Dans de telles combinaisons, elle ne voit qu'une révolte contre la souveraineté inaliénable et essentiellement mobile du peuple. Là où elle est maîtresse de faire des lois à son gré, elle les proscrit absolument. Là où la législation conserve encore certaines traces des vieilles libertés chrétiennes, les tribunaux qu'anime l'esprit de la démocratie torturent les lois, pour en tirer des prohibitions conformes aux exigences de la liberté nouvelle.

« Triste liberté pour le peuple que cette liberté démocratique, qui n'est autre chose que la liberté de tout renverser à certains moments, par l'exercice inconsidéré d'une souveraineté impossible, avec la liberté de lutter sans appui, à chaque jour et à chaque heure, au milieu de crises sans cesse renaissantes, pour les premières nécessités de l'existence. Quand les illusions seront tombées, quand les préjugés seront évanouis, le peuple reconnaîtra que cette liberté démocratique par laquelle on veut le faire souverain, n'est, en fait, qu'impuissance et servitude ; il ira demander à l'autorité des principes que rejette la démocratie, les libertés auxquelles il aspire et auxquelles il a droit.

« Le peuple a conservé, bien plus que les classes moyennes, le respect de la tradition et le sentiment de sa nécessité. C'est des classes moyennes que la Révolution est descendue jusqu'à lui et il est bien loin d'avoir été, autant qu'elles, imprégné de ses doctrines. Le peuple a naturellement le sens droit. Toutes les aptitudes natives de l'homme sont en lui plus fortement accusées ; la vie artificielle lui

répugne; ses mœurs sont l'expression fidèle des besoins
durables et profonds de la race humaine. Là où il n'est
point comme dans les grandes villes et les grands centres
d'industrie, travaillé par la propagande athée des classes
lettrées, il a gardé l'intelligence instinctive des lois générales
et indestructibles de la vie sociale. Il va de lui-même à
toutes les institutions qui mettent l'ordre idéal dans son
véritable équilibre, lorsque la compression inintelligente du
pouvoir et la séduction de l'erreur démocratique ne
l'écartent point de ses voies propres. Il va alors aux vraies
libertés, aux libertés populaires, c'est-à-dire à la saine
démocratie, bien différente de ce qu'on appelle la démocratie pure.

Individualisme et association. — « A mesure que le
peuple parvient à la liberté, il va chercher dans l'association un refuge contre les oppressions qui le menacent.
N'est-ce pas ainsi qu'ont été fondées toutes les grandes corporations qui, au moyen âge, prirent leur rang au milieu
des institutions féodales. L'instinct du peuple, guidé par
l'Église, avait compris dès lors cette nécessité de l'union
des forces individuelles pour résister aux abus de la puissance. Or, cette union est tout aussi nécessaire, en nos
temps de despotisme démocratique, qu'elle pouvait l'être
au temps où le peuple avait à se défendre des vexations
féodales. La démocratie redoute l'association lorsqu'elle est
indépendante de l'État, autant qu'elle affectionne l'individualisme et la déplorable mobilité qu'il imprime à toute
chose. Ce que veut aujourd'hui la démocratie ouvrière,
c'est l'organisation du droit au travail, c'est-à-dire du droit
au salaire, à l'aide de corporations dans lesquelles les
rapports du maître et de l'ouvrier seraient réglés par le

suffrage universel. C'est l'absolutisme démocratique qui
prétend s'imposer dans l'ordre des transactions purement
civiles.

« Rien de plus légitime au fond que cette aspiration
des ouvriers à l'association, en vue de défendre en commun
leurs légitimes intérêts; mais rien de plus chimérique, de
plus pernicieux et de moins légitime que les appels à la
contrainte qui accompagnent les prétentions ouvrières. Le
seul moyen de ramener ces prétentions à leurs tendances
utiles et justes, est d'aider les ouvriers à restaurer, parmi
eux, l'association fondée sur les principes d'une saine
liberté et d'un sincère respect pour tous les droits, et de
reconnaître à ces associations, louables par leur but et par
les moyens qu'elles emploient, tous les droits nécessaires
au développement de la vie collective.

« Les libertés populaires (opposées aux prétendues libertés de la démocratie) sont les libertés de tout le monde.
Sous le régime qui les consacre, il faut que les maîtres
usent de la liberté aussi bien que les ouvriers. Que les
maîtres s'associent pour traiter en commun de leurs intérêts; que les ouvriers s'unissent, hors de toute préoccupations politique et de toute exigence démocratique, pour
constituer des syndicats qui feront valoir, auprès des
maîtres, les réclamations du travail. Bien des prétentions
irréfléchies et irréalisables tomberaient, devant les franches
explications des uns et des autres. L'esprit démocratique
rend ces explications amiables difficiles. Mais quelle
réforme, quelle institution serait possible avec l'esprit
démocratique? Il faut tout d'abord lutter contre cet esprit
de subversion, et l'un des moyens d'en guérir les populations ouvrières, c'est de leur assurer la liberté de produire

régulièrement et pacifiquement, leurs légitimes réclamations. Dans les commencements, la pratique pourra être difficile; il y aura des froissements et des mécomptes du côté des maîtres et du côté des ouvriers. Il faudra entourer l'usage du droit de bien des précautions. Mais préférerait-on à ces difficultés l'état de guerre sociale dans lequel vivent la plupart des industries?

« Il faut que l'association ouvrière renonce à la prétention de dominer par le nombre; qu'elle se borne à garantir par l'assistance mutuelle les intérêts du travail, tout en respectant sa hiérarchie naturelle, et qu'elle s'abstienne scrupuleusement d'entreprendre jamais sur le droit d'autrui. Dans ces conditions, on pourrait obvier aux abus de la libre concurrence, sans en rejeter le principe, qui est le principe même de la liberté.

« Ces relations d'assistance mutuelle ne s'établiront pas seulement d'ouvrier à ouvrier; elles pourront aussi être nouées entre les classes supérieures et les classes inférieures. Toutes les associations par lesquelles s'organise la mutuelle assistance, soit des ouvriers entre eux, soit des maîtres avec les ouvriers, profiteront des combinaisons de la mutualité et de la coopération pour rendre l'accomplissement de leur tâche plus facile. Elles fortifieront la moralité du peuple, en même temps qu'elles accroîtront son bien-être. Quand le peuple les verra à l'œuvre, il y reconnaîtra bientôt l'association, telle qu'il l'a longtemps pratiquée, et à laquelle il n'est resté si fortement attaché que parce qu'elle répond aux sentiments vrais de la nature humaine. L'illusion démocratique cédera devant la réalité des bienfaits de l'association où règne la charité qui s'inspire de la foi. Le peuple jeté par l'individualisme démocratique dans un isolement qui lui pèse, retrouvera avec bonheur, dans les associations auxquelles présidera la liberté, ces foyers d'union et d'action que la démocratie ne lui offre que par les ténébreuses machinations des sociétés secrètes, ou par les combinaisons de la vie officielle, et sous la main toujours lourde de l'État. Il trouvera surtout, dans l'association qui a pour but de fortifier sa moralité et d'étendre son intelligence, ce calme de la vie et ce sentiment de la véritable dignité personnelle sans lequel la liberté dégénère en agitation incurable et les droits les plus utiles en une arrogante indiscipline. » (*Les Libertés populaires*, Paris, 1871, p. 64.)

La corporation. — « Des formes diverses que peut prendre l'association dans la vie du travail, la corporation est la plus complète, la plus puissante, celle qui saisit le mieux l'homme en toute son activité industrielle et lui procure l'appui le plus ferme et le plus sûr. L'association qui ne prend l'ouvrier que par certains côtés extérieurs de la vie, par l'un ou l'autre de ses intérêts particuliers, ne peut exercer sur lui une influence bien sérieuse. Elle ne le touche et ne l'intéresse qu'à la surface. C'est par le cœur qu'on attire et qu'on retient les hommes. Quelle action peut avoir sur les mœurs une société d'assurance mutuelle, ou même une société coopérative de consommation, si le profit matériel est le seul but qu'elle poursuive? N'a-t-on pas vu souvent cette dernière devenir, dans les mains du socialisme, un redoutable engin de perversion ouvrière?

« En réalité, c'est le problème du travail qui se présente à nous dans la question de la corporation. La solution de ce problème est liée à l'avenir de la corporation dans notre monde industriel. Les discussions sur le taux des salaires, les réclamations de l'ouvrier à propos de la durée du travail, ses plaintes sur la fréquence et la rigueur des chômages, toutes ces difficultés qui se résolvent en chiffres et en privations matérielles, ont pour cause déterminante la disposition des âmes. Elles sont la conséquence des déviations de la vie moderne dans l'ordre moral. On n'y remédiera que par des institutions qui auront puissance sur les consciences, et qui arracheront le monde industriel aux préoccupations matérialistes et égoïstes dans lesquelles l'oubli de Dieu l'a plongé.

« Comment, dans l'organisation utilitaire de l'industrie, les ouvriers se trouvent-ils rapprochés les uns des autres, et quel lien s'établit entre eux ?

« Ils se rencontrent à la fabrique, sous la chaîne d'un travail qu'ils ne subissent qu'avec des sentiments de répulsion et d'impatience. Ces sentiments peuvent bien les unir dans la haine et la révolte, mais ils ne suscitent entre eux aucune sympathie généreuse, ils ne les portent vers aucun but élevé, et ils déterminent une fermentation de vices par laquelle la nature, durement comprimée, prend sa revanche des abaissements et des dégoûts qu'elle a subis. Au sortir de la fabrique, les ouvriers se rencontrent dans les lieux où les appellent les grossiers plaisirs d'une vie livrée aux sens, et ce n'est pas dans les étourdissements et les abrutissements du bal et du cabaret qu'ils noueront entre eux des relations qui profiteront à leur moralité et qui leur donneront cet empire sur eux-mêmes sans lequel jamais leur condition ne pourra s'améliorer.

« Il y a pourtant, dans l'existence démocratique qui est faite aujourd'hui à nos travailleurs, un point de ralliement. Il y a une institution qu'au premier abord on pourrait

prendre pour une application heureuse de l'association à
la solution des difficultés économiques du temps, et sur
laquelle on s'est quelquefois trompé : je veux parler des
chambres syndicales (aujourd'hui, en 1894, les syndicats).

« Les chambres syndicales ont pour but de réaliser l'union
des ouvriers, mais c'est l'union dans la pratique révolutionnaire ; c'est l'union en vue de revendications démocratiques,
dont le dernier mot est la guerre au capital et à toutes les
supériorités de la vie sociale. Une pareille union fomente
et nourrit les passions qu'il faudrait calmer, elle surexcite
l'orgueil qui ronge nos classes populaires et qui est la première source de tous nos désordres économiques. L'association pacifique peut seule aider à la réforme morale de
l'ouvrier, et seule elle peut servir les institutions qui
assureront son bien-être. Les chambres syndicales sont des
associations formées pour le combat, qui veulent avant tout
détruire et qui s'imaginent qu'en consommant la ruine de
la bourgeoisie elles fonderont la richesse du peuple.

« Il n'y a donc rien dans le régime démocratique qui
rattache sérieusement et cordialement l'ouvrier à l'ouvrier.
Dans le monde ouvrier, sous ce régime, c'est l'individualisme qui règne. Quant aux relations du patron avec l'ouvrier,
nous venons de le dire, elles n'ont et ne peuvent avoir dans
les syndicats rien qui ressemble à l'association ni à l'entente
bienveillante par la communauté des intérêts. Pour la
démocratie, le patron c'est l'ennemi, et l'ouvrier ne comprend avec lui d'autre rapport que celui d'un antagonisme
irréconciliable.

« Bien loin de susciter la guerre, la corporation met la
paix dans les rangs du travail. Elle reçoit en même temps
dans son sein, et elle unit, par un principe de fraternelle

charité, les grands et les petits, les patrons et les ouvriers. La corporation, telle que les sociétés chrétiennes l'ont toujours comprise, n'est point une simple association d'intérêts, moins encore une association qui ait pour but de soulever et de servir les passions et les cupidités des masses. La justice et la charité lui donnent naissance et elles en sont les forces essentielles. Il y a dans la corporation quelque chose qui rappelle l'union de la famille et la cordiale assistance que se doivent des frères. » (*Les Doctrines économiques*, p. 233.)

Patrons et ouvriers dans la corporation. — Dans un écrit traitant spécialement des devoirs des chefs d'industrie et de la constitution des ateliers chrétiens, j'ai montré comment on pouvait rapprocher et unir, par un lien d'association professionnelle, les patrons et les ouvriers, en attribuant aux uns et aux autres tout ce que réclament la justice et la charité. L'extrait qui suit donnera une idée de la manière dont il faut entendre cette pratique de l'association, où l'économie politique trouve un de ses principes de solution les plus efficaces pour la question des rapports entre les classes qui se partagent, à divers degrés de la hiérarchie sociale, l'œuvre générale du travail.

« Le rapprochement intime du patron et des ouvriers s'opérera par l'association professionnelle, autrement dit, par la corporation.

« Pour opérer la transformation morale des populations ouvrières et la reconstitution de l'ordre industriel, deux choses sont nécessaires : en premier lieu, il faut établir l'accord dans les croyances et les pratiques religieuses et, moyennant cet accord, l'unité morale du groupe industriel, et cela, tout en maintenant la position respective de chacun, l'ordre hiérarchique et les relations naturelles du travail. En second lieu, il faut que cette harmonie des âmes se manifeste et se réalise, en pratique, par des liens extérieurs et une organisation positive dans l'ordre des intérêts et de l'activité économique. De cette organisation naîtra, sous l'influence des sentiments religieux, l'esprit de corps ainsi que l'attachement à la profession et à l'atelier.

« Par cette institution de la corporation, c'est-à-dire par l'association de toutes les forces, soit de direction, soit d'exécution, réunies pour la production dans un groupe manufacturier, la famille industrielle sera reconstituée. La bonne entente, fondée sur la mutuelle charité, aura pris la place de l'individualisme.

« Dans l'état présent des choses, les syndicats purement ouvriers ne résoudront pas la question. L'expérience prouve qu'avec les instincts démocratiques qui ont envahi les classes ouvrières, ils ne seront que des machines de guerre contre les patrons. Leur conférer des droits spéciaux, ce serait accroître une force hostile à l'ordre régulier de nos sociétés. Les syndicats sont excellents dans une association professionnelle où le patron a sa place aussi bien que l'ouvrier; ils forment une des institutions principales de la corporation telle qu'elle pourrait être sous l'empire des principes de hiérarchie et de charité qui règnent dans la vie chrétienne.

« La solidarité est un fait universel. Toute la nature morale et matérielle le révèle à nos yeux, aussi bien par des lois générales que par le mode particulier d'existence de tous les êtres qu'elle comprend. Quant aux rapports du patron avec ses ouvriers, la loi de solidarité se manifeste avec plus d'évidence que partout ailleurs.

« Comment pourrait-il en être autrement ? Le fait que le patron et les ouvriers se trouvent dans un perpétuel contact par les nécessités mêmes du travail, nonobstant la diversité de leur situation sociale, ce fait, à lui seul, détermine entre eux une certaine communauté de vie industrielle. De ce rapprochement de l'ordre matériel il est impossible qu'entre des hommes, semblables en tout par les traits essentiels de leur nature, il ne naisse point certaines attaches plus ou moins profondes, au moins certaines relations, non seulement de droit et de justice mais encore de bienveillance, attaches qui sont de l'ordre moral et qui tiennent à ce qui fait l'essence même et le caractère distinctif de l'être humain.

« Pour qu'il en fût autrement, il faudrait que le patron prétendît être d'une autre race que l'ouvrier et d'une nature supérieure. Cette prétention, les classes supérieures du paganisme l'eurent et elles en tirèrent la justification de l'esclavage. Les principes d'asservissement et d'exploitation des faibles qui dominent dans le régime servile, et qui ne visent à rien moins qu'à faire de l'ouvrier la chose de l'homme riche et intelligent qui l'emploie, révoltent même ceux d'entre les chefs d'industrie à qui les notions de la charité chrétienne sont devenues étrangères. Aujourd'hui les classes intelligentes, même lorsqu'elles sont livrées à l'esprit utilitaire, admettent parfaitement, et même se plaisent à répéter avec l'école humanitaire, que les hommes sont frères. Au surplus, à ne considérer le patron que dans ses rapports purement économiques avec ses ouvriers, il est manifeste que ses intérêts le lient forcément à eux, qu'en une certaine façon il dépend d'eux autant qu'ils dépendent de lui. Le patron dirige les ouvriers, mais l'ou-

vrage, n'est-ce pas eux qui le font et lorsque, sans être
privé de leurs bras, il est privé de leur bonne volonté,
n'a-t-il pas à souffrir dans ses intérêts? Ce que fait le patron,
dans l'association professionnelle, pour dissiper les erreurs
et calmer les passions qui, aujourd'hui, égarent les masses
ouvrières, est pour celles-ci le plus grand des bienfaits,
puisqu'en les corrigeant de leurs vices et de leurs dangereux
emportements, on détruit les principales sources de leur
misère. Mais en même temps le patron ne peut rien faire
qui lui soit plus profitable à lui-même, puisqu'en rendant
l'ouvrier meilleur, il rend aussi son travail plus productif.
Telle peut être, telle doit être, dans l'association professionnelle, la solidarité entre le patron et les ouvriers. C'est
parce qu'elle a été trop souvent oubliée de nos jours, par
les uns et par les autres, que l'industrie rencontre tant de
difficultés et qu'il y a tant de souffrances dans tous les
rangs de la hiérarchie du travail. » (*Le Patron, sa fonction,
ses devoirs, ses responsabilités*, Lille, 1886. Ch. III et XI.)

VI

QUEL BUT LES SOCIÉTÉS DOIVENT SE PROPOSER
EN DÉVELOPPANT LEUR RICHESSE

NÉCESSITÉ DE FAIRE ENTRER DANS LA SCIENCE ÉCONOMIQUE
LES PRÉCEPTES DE LA MORALE SUR L'EMPLOI DES RICHESSES

**Le but à poursuivre dans le développement de la
richesse.** — Tout l'ordre des sociétés chrétiennes, dans
lequel la justice et la charité ont chacune leur part, suppose
la pratique du renoncement. Là où manquerait cette force,

essentielle à toute société qui veut être libre, on ne pourrait faire régner l'ordre que par la contrainte des lois sur
la vie privée aussi bien que sur la vie publique, et le socialisme deviendrait l'état normal et nécessaire.

La tâche de l'économiste chrétien sera de rechercher
quelle direction doit prendre, sous l'empire de la loi du
renoncement, la liberté de l'homme, en tout ce qui tient
à la production et à la répartition des richesses. Il fera voir
comment, par leur fidélité à cette loi suprême, les sociétés
chrétiennes parviennent à assurer au grand nombre une
existence suffisante, à donner à chacun, suivant sa place
dans la hiérarchie sociale, la vie aisée, seule perfection
qu'il soit permis à l'homme de poursuivre raisonnablement
en fait de prospérité matérielle. Une société chrétienne
n'acceptera jamais pour idéal cet état économique où quelques grandes fortunes donnent aux riches des jouissances
sans mesure, tandis que la masse végète dans les labeurs
et les privations d'une pauvreté voisine de la misère.

« Les richesses exercent sur les sociétés une action très
différente, non seulement selon qu'elles sont plus ou
moins abondantes, mais encore suivant leur mode de
répartition et suivant la destination qui leur est donnée.
Quelle distance n'y a-t-il pas, pour la richesse comme pour
tout le reste, entre les sociétés païennes et les sociétés
chrétiennes! Et même entre les sociétés chrétiennes, selon
qu'elles sont plus ou moins fidèles à l'esprit du christianisme, la richesse n'a-t-elle pas des caractères tout différents? Ici les richesses seront concentrées dans les mains
de quelques puissants, qui se les assurent par l'exploitation
des masses et qui en feront l'instrument d'un luxe extra-
vagant. Ailleurs, au contraire, équitablement réparties

entre tous, sous l'empire de la loi de justice et de charité, elles donneront à tous l'aisance et ne seront, dans les mains de ceux qui possèdent le superflu, que des moyens d'élévation morale et de dévouement plus actif au bien du grand nombre. On verra des peuples, possédés d'une soif infinie de bien-être, faire de la richesse la grande affaire de leur vie, et poursuivre les succès industriels et mercantiles avec une ardeur qui tient de la fièvre. D'autres, au contraire, réservant leurs affections et leurs ambitions pour de plus dignes objets, poursuivent d'un effort calme et persévérant l'accroissement de leur bien-être, se contentant de la médiocrité qui leur assurera la liberté de l'âme, et dédaignant les satisfactions étroites que l'orgueil et les sens demandent à l'accumulation incessante des richesses.

« Ce que le chrétien demande à la richesse, c'est, avant tout, l'indépendance et la dignité. Il lui demande encore ces moyens extérieurs d'actions à l'emploi desquels, dans notre vie présente, le perfectionnement moral est subordonné. Or, la passion du bien-être, avec la fièvre industrielle qui en est la suite, loin d'être une source de liberté et d'élévation morale, est, au contraire, une cause d'abaissement et de servitude. Les peuples qu'anime l'esprit chrétien fuiront donc les trompeuses espérances d'une richesse indéfinie. Ce qu'ils rechercheront, au prix d'un travail toujours calme et persévérant dans son énergie, c'est la liberté, la force et le bonheur que donne la médiocrité. La richesse modérée donnera aux hommes la sécurité et la facilité de la vie, sans amollir les courages; elle leur assurera, par l'exploitation des forces de la nature, la puissance extérieure de l'action, dans toutes les routes que la Providence a ouvertes devant eux, sans susciter en eux cette frénésie d'orgueil, suite trop ordinaire de la domination matérielle, qui n'a de la puissance que l'apparence, et qui fait la force d'une société à peu près comme le délire peut faire la force d'un homme.

« Les jouissances, avec la surexcitation continuelle qu'elles impriment à l'âme, n'engendrent que la maladie et la ruine de l'être moral comme de l'être physique. *S'abstenir et s'endurcir*, voilà les sources de la santé, et pour l'individu et pour la société. Or, la vie dans la médiocrité n'est que la pratique de cet antique précepte de la morale spiritualiste. Aussi la vraie force des sociétés, comme celle des individus, n'est-elle que dans la médiocrité. » (*La Richesse*, tome I, p. 39.)

Comment la morale doit entrer dans l'économie politique. — C'est à ce point de vue tout pratique de l'amélioration de la condition du grand nombre que la science économique doit être traitée. A quoi servirait une science tout abstraite des lois qui président à la production et à la circulation des richesses, si l'on ne faisait application de ces lois à la condition des hommes?

Il est une question de méthode et de circonscription de la science économique qui se rattache étroitement aux vues que je viens d'émettre et qui doit trouver ici sa place. On s'est demandé s'il fallait faire entrer dans la science économique les considérations sur le bon et le mauvais emploi de la richesse. Il est vrai qu'en soi cette question appartient à la science de la morale. Mais, ainsi que nous l'avons fait remarquer à plusieurs reprises, la question morale domine toute la science économique, la richesse étant de sa nature chose essentiellement pratique et ne pouvant se concevoir autrement que comme moyen pour l'homme de réaliser sa destinée sur cette terre. Assurer au plus grand nombre dans la société l'aisance qui donne la dignité extérieure, restreindre autant que possible le domaine de la misère qui abaisse l'homme et le prive, en partie, des moyens d'accomplir sa destinée temporelle, tel est le but de toutes les études de l'économiste. La question de l'aisance et de la misère est donc le terme auquel vient aboutir toute la recherche économique. Or, en cette question, les considérations sur les mœurs de l'ouvrier, sur le bon ou le mauvais emploi qu'il fait de son salaire, sont capitales.

Quand même on se bornerait à considérer la puissance productive du travailleur ou les conditions de l'accumulation du capital, on rencontrerait toujours la question de l'usage licite et raisonnable de la richesse, puisque l'homme qui consomme abusivement la richesse n'est jamais un bon travailleur, et que toute consommation abusive est un obstacle à l'épargne de laquelle dérive le capital. Mais quand il s'agit de l'aisance et de la misère, les applications directes des règles de la morale sur l'usage de la richesse se rencontrant à chaque pas, il est de toute évidence que l'économiste ne saurait, sans se condamner à l'impuissance, bannir de sa recherche cet ordre de considérations. Il s'ensuit qu'il faut les envisager comme partie intégrante de la science économique. Mais il ne faut pas négliger de remarquer que, pour l'économiste, la question du bon et du mauvais emploi de la richesse ne se présente point comme question de morale, et que jamais il n'a à juger de la valeur intrinsèque des actes humains, de leur valeur par rapport au bien ou au mal. Pour lui la question reste purement économique. Il n'a à s'occuper des effets de la bonne ou de la mauvaise conduite de l'homme que par rapport à la prospérité matérielle des sociétés. On va lire l'esquisse du plan général que je me suis tracé pour l'exposé du système de la richesse dans les sociétés chrétiennes; elle mettra ces propositions en suffisante lumière.

VII

TABLEAU SUCCINCT DE L'ORDRE ÉCONOMIQUE ET DE LA SCIENCE QUI EN EXPOSE LES LOIS

Définition de l'économie politique. — On a parfois défini l'économie politique la science des lois du travail; c'est du travail, en effet, que tout relève dans l'ordre matériel. En traçant, comme nous allons le faire, les grandes lignes de l'ordre économique, en fixant le cadre de la science économique, c'est l'œuvre du travail, dans ses traits les plus généraux, que l'on décrit.

La puissance productive du travail. — Définir le travail, marquer ses caractères dans l'état présent de l'humanité, déterminer les conditions de sa fécondité, c'est-à-dire de sa puissance productive, est le premier objet qui se présente à la recherche de l'économiste.

« Le travail ne donne pas des produits toujours égaux, quant à la quantité et quant à la qualité; il est, au contraire, essentiellement variable dans ses résultats.

« Il est plus ou moins productif, suivant les conditions dans lesquelles il s'exerce.

« Il y a des nécessités extérieures qui s'imposent à

l'homme et qui exercent une influence considérable sur la
puissance de son travail. Sans doute la liberté peut, dans
une certaine mesure, réagir contre ces nécessités, mais il
ne lui est point donné de les écarter à son gré. Elles
forment le milieu physique dans lequel s'exerce l'activité
de l'homme et aux lois duquel il faut qu'il plie les procédés de son travail. L'influence de ces conditions extérieures
sur le développement de la force productive de l'homme
étant définie, il y aura à considérer cette force en elle-
même. Il y aura à rechercher comment la puissance productive du travail se trouve accrue ou diminuée, suivant
que les travailleurs possèdent plus o   moins d'intelligence
et d'énergie morale. L'homme, en développant son activité
propre, dans les conditions que lui impose la nature extérieure, crée, par ses labeurs successifs, le capital. Comment
la puissance du travail, qui est une des sources du capital,
se trouve-t-elle elle-même subordonnée à l'accroissement
du capital? Comment cet accroissement se rattache-t-il
aux faits les plus intimes de la vie morale? Hautes et
graves questions, qui nous font toucher aux causes les
plus profondes de la grandeur et de la décadence des
peuples, et qui mettent particulièrement en évidence
l'influence du principe du renoncement chrétien sur
l'ordre matériel. »

La division du travail, l'échange. — « L'œuvre du travail s'accomplit collectivement et c'est par la division du travail que s'établit la coopération de tous à l'œuvre commune.
Par suite de cette division, chacun concentre ses efforts
sur la création d'un seul produit. Il faudra donc que chaque
producteur demande à l'échange les choses si diverses qu'il
ne crée pas, et que réclament les besoins de la vie, même

la plus modeste. Nous aurons donc à étudier le mécanisme des échanges, et à voir comment ils se règlent sous l'empire des principes de liberté et de propriété.

Les limites à la puissance du travail. — « L'homme possède une certaine puissance de multiplier la richesse, mais cette puissance n'est pas indéfinie. Quelles limites la Providence lui a-t-elle imposées? Quelles sont, sur la condition de l'humanité, sur sa puissance de multiplication et sur son bien-être, la conséquence de la disposition de la Providence? Difficulté capitale qui domine tout l'ordre matériel, qui, depuis six mille ans, n'a cessé de peser sur la race humaine, et contre laquelle ont échoué tous les efforts des hommes pour éteindre la pauvreté et réaliser la richesse universelle. Ce ne sera que lorsque nous aurons sondé cette difficulté, qui tient aux lois générales de la destinée humaine, que nous pourrons aborder les questions qui se rattachent à l'inégalité des conditions et à ce partage des populations entre la richesse et la pauvreté, dont toutes les sociétés nous offrent le spectacle.

La répartition des richesses. — « Mais avant d'aborder cette redoutable question de la misère, à laquelle toutes nos recherches sur la richesse vont aboutir comme à leur centre, il faudra exposer les règles suivant lesquelles se détermine le revenu de chacun, dans les sociétés où la liberté et la propriété règnent avec toutes leurs conséquences. Les libres déterminations de l'homme peuvent modifier considérablement ces règles : néanmoins, certains principes de l'état social étant donnés, il sortira de ces principes, combinés avec les lois immuables de l'ordre matériel, un ensemble de faits généraux et constants qui seront, pour cet état de la société, les lois de la distribution de la richesse. Voilà

les lois qu'il faut dégager avant de toucher au grand problème de la richesse et de la pauvreté.

La misère. — « D'où naît cette différence, qui est le
fait dominant de toutes les sociétés humaines, entre l'aisance
ou la richesse des uns et la misère des autres? Quels sont
les caractères de la misère? Quelles sont ses causes et quels
sont les moyens de la combattre? C'est ici que l'influence de
l'ordre moral sur l'ordre matériel apparaît plus évidente
que partout ailleurs, et c'est ici que se montre, dans tout
son éclat, la puissance sociale du christianisme, en même
temps que se révèlent, sous leur forme la plus saisis-
sante, les fatales conséquences des principes et des mœurs
du paganisme, de celui de nos jours comme de celui de
l'antiquité.

La charité. — « De cette étude de la misère, dans ses
causes et dans ses effets, ressort en toute évidence la nécessité de la charité. Par le principe de la propriété, la distribution des richesses s'opère sous l'empire des lois de la
stricte justice. Mais la justice ne peut parer ni aux accidents naturels, ni aux écarts de conduite, ni à ces funestes
complications qui arrêtent le mouvement régulier de la
richesse, et par lesquelles la société se trouve jetée dans
des embarras qui trop souvent vont jusqu'à la détresse. On
ne pourrait ici faire pénétrer la justice qu'aux dépens de la
liberté, et en renversant avec elle tout l'ordre naturel des
sociétés humaines. De la liberté, et de la responsabilité qui
en est la conséquence, naissent des misères qui resteraient
sans remède si la liberté ne recourait pour les vaincre à
une puissance qui est la force sociale par excellence dans
l'ordre chrétien : à la charité. Qui oserait dire qu'un ordre
social soit complet, même au point de vue de la prospérité

matérielle, s'il ne possède cette force, toute d'amour et de
liberté, par laquelle ceux qui, en vertu de la justice, possèdent le superflu, en font part à ceux qui n'ont pas pu, ou
qui n'ont pas su, dans le cercle de la justice, se procurer le
nécessaire? Ce serait ne faire qu'une œuvre incomplète et
impuissante que de prétendre déterminer les conditions de
la prospérité matérielle d'un peuple sans faire appel à la
charité. Elle fixera donc notre attention au même titre
que les lois qui président à la production et à la circulation
des richesses, car elle va à la même fin qui est de procurer
au grand nombre ce nécessaire de la vie dont tout homme,
par cela seul qu'il est homme, doit être assuré.

« Parvenu à ce point, nous aurons parcouru tout le champ
de nos recherches. La charité aura couronné nos doctrines,
comme dans la vie elle couronne tout l'édifice de la liberté
chrétienne. » (*La Richesse*, tome I, p. 149 à p. 175).

**Comment la loi de la valeur domine tout l'ordre
économique.** — Je ne puis faire autre chose, dans ce premier chapitre, que signaler les faits généraux qui constituent
l'ordre économique, dégager ses principes et sa méthode.
Il est toutefois une question que je dois aborder dès à présent, parce qu'elle domine tout l'ordre économique, tellement que cet ordre prend un caractère absolument différent
suivant qu'on la résout de telle ou telle façon : c'est la
question de l'échange.

L'intelligence des notions les plus élémentaires de l'économie politique suppose la connaissance des lois générales
de l'échange.

L'échange a sa loi générale. — « L'échange, si multiples que soient les faits par lesquels ils se produit, a sa
loi générale, qui est vraiment la loi du mouvement dans

l'ordre de la richesse, et qui, en se combinant avec les principes et les influences de l'ordre moral, donne la solution de toutes les questions que fait naître la richesse.

Valeur en usage, valeur en échange. — « Les choses nous sont utiles de deux manières, directement ou indirectement. Directement, quand par elles-mêmes elles satisfont nos besoins. Telle est pour le cultivateur l'utilité du blé qu'il a produit par son travail et qu'il applique à sa consommation. Mais comme il arrive, par la division du travail, que nous ne consommons qu'en très petite quantité l'unique chose que nous produisons, que peut-être même nous ne la consommons pas du tout, il faut que nous cherchions, par le troc de nos produits contre les produits d'autrui, à nous procurer l'ensemble des choses que nos besoins exigent. Dès lors, les choses qui nous appartiennent ont pour nous une utilité plus étendue que celles qu'elles possèdent en tant qu'elles peuvent s'appliquer directement à nos besoins : elles ont une utilité indirecte, laquelle consiste en ce que, par la cession que nous en faisons à ceux dont les besoins les réclament, nous obtenons des choses qui sont directement applicables à notre consommation.

« Comme l'utilité se présente sous deux aspects suivant qu'elle est directe ou indirecte, la valeur doit être également envisagée sous ces deux faces. De là dérive la distinction établie par Adam Smith entre la valeur en usage ou valeur directe, et la valeur en échange ou valeur indirecte. La valeur en usage est déterminée par la seule utilité de la chose, tandis que, pour donner naissance à la valeur en échange, il faut qu'une seconde condition s'ajoute à la condition première et universelle de l'utilité : il faut qu'il y ait une certaine difficulté d'obtenir la chose. Personne, en effet, ne consen-

4

tira jamais à rien donner en échange d'une chose qui existe en quantité illimitée et que tout le monde a à sa disposition. De ceci il résulte que la propriété est une condition de la valeur en échange. Les choses qui existent en quantité illimitée ne sont jamais l'objet d'un droit de propriété, ce sont les choses communes dont tout le monde peut user en prenant simplement la peine de les recueillir. Plus ces éléments, qui sont à la disposition de tous, tiendront de place dans un produit, moins ce produit aura de valeur en échange, bien que sa valeur en usage n'ait en aucune façon diminué, et que peut-être elle ait augmenté.

« Si la nature, par ses seules forces, produisait en quantité relativement illimitée toutes les choses nécessaires à la vie humaine, l'utilité, la valeur en usage, serait dans le monde à son maximum, tandis que la valeur en échange serait réduite à zéro. Dans sa condition présente, l'homme étant soumis à la loi du travail pénible, rien de semblable ne se verra jamais, parce que, dans l'ordre des travaux les plus nécessaires à la vie, la nature ne se prête que difficilement et lentement au commandement de l'homme. Mais il reste vrai que, dans les industries où l'homme se rend plus facilement maître des forces naturelles, il peut, sans accroître sa peine, accroître considérablement les résultats qui en sont la rémunération. D'où il suit que la valeur en échange des produits dont se composent ces résultats baissera relativement à la valeur des produits pour lesquels l'emploi des utilités gratuites est, par la force des choses, renfermé dans des limites plus étroites.

« On voit par ces considérations de quelle importance est la notion de la valeur en usage, puisque ce n'est qu'à l'aide de cette notion, combinée avec celle de la valeur en échange, que l'on parvient à apprécier les progrès des peuples dans l'ordre matériel. Si l'on faisait abstraction de la valeur en usage, comme le voudraient un grand nombre d'économistes, pour ne considérer que la valeur en échange, on se tromperait radicalement sur les conditions mêmes de ce progrès, prenant pour progrès un accroissement de la valeur en échange qui pourrait n'avoir d'autre cause qu'une diminution de la puissance du travail, laquelle accuserait, au lieu d'un progrès, une véritable décadence. D'ailleurs, comme les richesses ne peuvent jamais être considérées en elles-mêmes seulement, mais qu'elles doivent être envisagées toujours dans leur rapport avec la condition des hommes, à quoi serviraient des spéculations fondées uniquement sur la valeur en échange, qui aboutiraient à des formules dont tout le mérite serait la rigueur mathématique, et qui laisseraient de côté la question capitale de l'ordre matériel : comment les richesses aideront-elles l'homme à réaliser ses fins supérieures? Ce n'est donc pas seulement la valeur relative des choses, c'est aussi la valeur qu'elles ont par rapport à l'homme pour qui elles sont faites, qu'il faut envisager pour être dans le vrai, et l'utile, considéré à ce point de vue, rentre dans ce que l'on a nommé la valeur en usage des choses.

La loi d'offre et de demande. — « L'utilité et la rareté des choses étant de l'ordre essentiellement relatif, elles sont sujettes à se modifier perpétuellement. De ces modifications résultent nécessairement des variations dans la valeur en échange. Mais ces variations ont leur loi, parce qu'elles dérivent de causes qui, bien que mobiles dans leurs déterminations particulières, sont néanmoins constantes dans leur principe. La loi qui, dans tous les cas, réglera les variations de la valeur en échange, ne pourra être autre chose que l'expression de ces causes premières, de ces faits généraux et essentiels, desquels dérive la valeur en échange; la formule qui la rendra ne sera que la traduction de ces faits. Ainsi conçue, elle reproduira fidèlement les conditions dans lesquelles s'opèrent en pratique toutes les transactions sur les valeurs. Cette formule, dont nous posons instinctivement les termes toutes les fois que nous opérons un échange dans l'ordre matériel, c'est la formule de l'offre et de la demande.

« La loi d'offre et de demande peut être formulée en deux mots : la valeur en échange des choses se détermine en raison directe de la demande et en raison inverse de l'offre. Plus la demande est vive relativement à l'offre, plus élevée sera la valeur, et de même, moindre est la demande, moindre sera la valeur; au contraire, plus abondante sera l'offre relativement à la demande, moins considérable sera la valeur; à tel point que si l'offre était infinie, la valeur disparaîtrait; et, par l'effet inverse de la même cause, plus restreinte sera l'offre, plus élevée sera la valeur.

Influence des faits de l'ordre moral sur les valeurs. — « L'action de la loi régulatrice des valeurs suppose que l'on applique les principes de stricte justice et de strict droit, dans le système de la propriété et de la libre concurrence, aux transactions qui s'opèrent entre tous les producteurs. Mais, comme l'a fait remarquer Stuart Mill, des influences d'un autre ordre, étrangères à la règle mathématique sur laquelle repose la loi d'offre et de demande, peuvent modifier la détermination des valeurs. Mill résume ces influences dans l'action de la coutume, des mœurs, laquelle contre-balance souvent l'action de l'in-

térêt propre, et nous détermine, par des motifs de diverse
nature, à renoncer, dans nos transactions avec les autres
hommes, à une partie de ce que nous pourrions exiger
suivant la rigueur de notre droit. Ce sont ici des causes
de l'ordre moral qui suspendent, ou qui du moins adou-
cissent et modifient en une certaine mesure l'action des
causes de l'ordre matériel, et qui font fléchir la règle
mathématique par laquelle s'exprime l'action de ces causes.

« L'influence de ces faits de l'ordre moral sur les
échanges est bien plus étendue que ne l'ont cru beaucoup
d'économistes. Elle produit des conséquences éminemment
bienfaisantes sur la distribution de la richesse en corrigeant ce qu'aurait de dur, et parfois même d'inique,
l'application inexorable des lois du tien et du mien.

« Cette action des mœurs peut tenir à l'affection naturelle et souvent salutaire que les hommes portent aux
lieux qui les ont vus naître, à leur prédilection pour la
profession dans laquelle ont vécu leurs pères. Des habitudes
peu réfléchies, la simple routine, peuvent aussi en être la
cause. Elle peut avoir sa source, là même où l'intérêt et
l'égoïsme dominent plus complètement, dans le sentiment
des nécessités de la vie sociale, dans cet empire de la
justice naturelle que la corruption même la plus profonde
n'abolit jamais entièrement. Enfin elle peut trouver, et
souvent elle trouve son origine dans les principes les plus
élevés les plus féconds de la vie humaine. Souvent elle
est le fruit des sentiments de charité qui rendent les
hommes secourables les uns aux autres, et leur font oublier
leur intérêt propre en faveur de leurs frères moins favorisés qu'eux suivant l'ordre de la stricte justice.

« Qui pourrait dire combien de fois, et jusqu'à quel

4.

point, dans les sociétés animées de l'esprit du christianisme, cette bienfaisante action de la charité fraternelle a
tempéré les maux que le cours inévitable des choses eût
fait sortir de l'application du principe de la concurrence
sous le règne du strict droit et de l'égoïsme des intérêts ?
Qui pourra dire combien de fois, par cette intervention
toute charitable des mœurs chrétiennes, les produits que
vend le pauvre ont été portés au-dessus de leur prix naturel,
son salaire maintenu à un taux équitable, la rente de la
terre qu'il féconde de ses sueurs contenue dans de justes
limites ? C'est lorsqu'on traite de la distribution de la
richesse que l'on comprend quelle influence peut exercer
sur la détermination des divers revenus cette puissance
des mœurs, et surtout la puissance de la charité qui est le
trait le plus marqué des mœurs chrétiennes. » (*La Richesse*,
tome II, p. 2.)

VIII

VUE GÉNÉRALE DU PROBLÈME ÉCONOMIQUE CONSIDÉRÉ DANS LES RÉSULTATS QUE DONNE L'ACTIVITÉ DE L'HOMME SOUS L'EMPIRE DES RÈGLES DE LA VIE CHRÉTIENNE

Envisageant d'ensemble le problème dont nous avons
posé les termes, il nous reste, pour achever d'élucider
notre conception de la science économique, à montrer
quels seront les résultats de l'activité de l'homme dans
l'ordre matériel, sous l'empire des principes qui règlent la
vie chrétienne. J'ai donné un aperçu de ces résultats dans
les conclusions qui terminent et résument mon traité de

la Richesse dans les sociétés chrétiennes. Je reproduis cet aperçu qui fera saisir, mieux que des considérations générales, la pensée fondamentale, les caractères essentiels, la portée d'une science chrétienne de l'économie politique.

« Ce n'est que par l'esprit de renoncement que la richesse peut naître, grandir et se consolider, de façon à donner à la masse des hommes qui composent la société cet appui des biens matériels dont la Providence a fait une des conditions de l'accomplissement de notre destinée dans la vie présente. Nous allons reprendre en ses traits principaux, et résumer brièvement tout ce mouvement de l'ordre matériel dans les sociétés chrétienne., afin de mettre en relief les grandes harmonies qu'y fait régner la loi première et générale du renoncement.

« L'homme crée la richesse par son travail, et le travail est une peine : c'est le renoncement dans son application la plus générale, toute vie humaine étant soumise à la loi du travail, ne s'alimentant et ne se soutenant que par le travail. Par le renoncement, l'homme surmonte les répugnances qui le détournent de la peine du travail; cette peine est d'ailleurs pour lui une occasion de se purifier et de se grandir dans la vie morale. Sa volonté, sollicitée et fortifiée par les influences de l'ordre spirituel, triomphe des obstacles que la nature oppose à ses efforts, et la puissance de son travail s'accroît de tout ce que la pratique du renoncement donne d'énergie à son âme.

« Mais il ne suffit pas que le travail soit énergique, il faut encore qu'il soit intelligent. Le renoncement, en plaçant l'homme dans ses véritables rapports avec Dieu, ouvre son esprit à la vérité. Mais la vérité ne s'acquiert, comme tout le reste, que par la peine. L'esprit de renoncement, en même temps qu'il donne à l'homme la force de rechercher et de s'approprier la vérité, lui donne aussi le désir de la répandre. Par la charité, il assure la diffusion de l'instruction jusque dans les derniers rangs du peuple, et donne au travail, à tous ses degrés, l'intelligence et les connaissances nécessaires à son succès.

« L'homme a été créé libre, et il ne peut rien que par la liberté. La servitude obscurcit ses facultés et éteint son énergie. Par l'esprit de renoncement, qui est essentiellement un esprit de charité et de respect mutuel entre les hommes, la servitude est détruite et la liberté assurée.

« Toutefois, ce n'est pas assez que le travail soit en lui-même puissant. Il faut de plus qu'il trouve dans le capital ses moyens d'action. Le capital ne se forme et ne se conserve que par l'économie, et l'économie a pour condition un certain empire de l'homme sur lui-même et une certaine modération de désirs, que le renoncement seul peut engendrer. C'est grâce à l'esprit de renoncement que les richesses créées par le travail s'accroissent et se conservent dans la société, et que la puissance de l'homme sur la nature grandit de siècle en siècle, par l'emploi de plus en plus fructueux d'un capital de plus en plus considérable.

« L'homme isolé ne peut rien, pas plus pour son perfectionnement matériel que pour son perfectionnement moral; sa destinée est de vivre et de travailler avec ses semblables. Ce n'est qu'en unissant nos efforts aux efforts de nos frères que nous pouvons nous rendre maîtres du monde matériel. La puissance de notre travail sera toujours en raison de notre aptitude à l'association. Or, l'association requiert deux choses : l'énergie propre des

volontés individuelles et la facilité à se plier à la volonté
d'autrui sans laquelle le concours des associés pour une
œuvre commune serait impossible. Par la pratique du
renoncement, par la nécessité où elle nous met de nous
vaincre à chaque instant nous-mêmes, notre puissance
individuelle grandit, en même temps que notre volonté
se discipline, s'assouplit et se prête plus facilement,
par l'abnégation personnelle, aux exigences de l'action
commune.

« Pour que le travail soit fécond il faut que l'homme
soit libre. Mais la liberté a ses dangers. Sous l'empire des
passions cupides, la concurrence, qui n'est en soi qu'une
même chose avec la liberté, amène des complications et
prête à des manœuvres qui aboutissent à des spoliations
et à des désastres. Que l'esprit de renoncement ait amorti
la passion des richesses et inspiré aux hommes la modération des désirs, alors les crises, qui souvent désolent les
sociétés, seront arrêtées dans leur principe, ou du moins
réduites à des proportions dans lesquelles elles pourront
être encore une cause d'embarras, mais non une cause
générale et persistante de misère.

« Par cette même modération des désirs l'esprit de renoncement facilite la répartition des travaux de la société suivant
leur équilibre naturel. L'esprit chrétien, qui donne aux
hommes l'amour de la vie calme et la simplicité des goûts
avec l'élévation de l'âme, préserve la société des entraînements de la vie industrielle, vers laquelle le luxe et la passion du gain poussent follement les hommes. Sans ôter au
travail manufacturier les bras et les capitaux qui peuvent
y être utilement appliqués, les habitudes de la vie chrétienne portent de préférence le travail vers l'agriculture,

laquelle est la plus saine et, à tous égards, la plus importante de toutes les industries.

« Pour produire avec succès la richesse, il faut que les hommes combinent leurs efforts en répartissant entre eux les diverses applications du travail. La division du travail est une des premières conditions de sa puissance, de là la nécessité de l'échange. Plus les échanges seront faciles et étendus, plus grandes seront les ressources de la société, et moindre sera la peine qu'elle aura à prendre pour se les procurer.

« La facilité des échanges repose principalement sur le crédit, et le crédit a pour condition première des habitudes de moralité et de probité que la pratique du renoncement peut seule assurer à la société. Pour étendre les échanges, il y a à vaincre des obstacles souvent considérables. Les distances et la diversité des mœurs, les haines, les rivalités, la guerre, séparent les hommes. L'esprit de renoncement, qui est un esprit de sacrifice, de paix, d'union et de rapprochement entre tous, fait disparaître les obstacles de l'ordre moral, tandis que les obstacles de l'ordre physique cèdent à l'impétuosité de cette passion du sacrifice qui se porte toujours là où il y a à accomplir quelque grande œuvre au prix d'une grande peine.

« L'esprit de renoncement qui rapproche et unit les hommes, tend par là même à faire prédominer dans le monde la liberté des échanges. Mais en même temps, comme il comprime les ardeurs désordonnées qui portent à chercher à tout prix et immédiatement les jouissances de la richesse, il donne aux sociétés le moyen de se préserver des abus de cette liberté. Grâce à lui, les hommes savent faire le sacrifice de leur bien-être individuel et des avant tages de l'heure présente aux intérêts généraux et à l'avenir de la société. Les intérêts des individus et ceux de la société se trouvent donc en ce point facilement conciliés. Les sociétés où règnent la modération et les hautes préoccupations de la vie chrétienne, accomplissent l'évolution qui les rapproche de la pleine liberté des échanges d'un mouvement continu mais toujours mesuré; la solidarité de tous les peuples dans l'ordre matériel devient de jour en jour plus étroite, sans que les sociétés particulières perdent les conditions de leur vie propre et de leur grandeur nationale.

« L'humanité ne possède point pour la production des richesses une puissance indéfinie. Une force mystérieuse la pousse à accroître rapidement ses générations, mais les résistances que la nature des choses oppose au développement de la puissance du travail sont telles, qu'il peut arriver que les produits ne se multiplient pas en proportion du nombre des producteurs. Les résistances que la nature oppose au travail de l'homme rendent la vie difficile pour le grand nombre. Même dans les sociétés les mieux ordonnées, où les classes inférieures posséderont le nécessaire, il ne leur sera jamais acquis qu'au prix d'un travail continu et toujours pénible. Pour que ce nécessaire soit assuré à tous, il faut qu'il y ait, entre la population et la puissance du travail qui lui fournit les subsistances, un certain équilibre, et il faut qu'il y ait dans la société une force morale qui maintienne cet équilibre. Cette force, c'est dans l'esprit de renoncement chrétien qu'il faut la chercher. En même temps que l'esprit de renoncement tend, comme nous venons de le voir, à développer la puissance du travail, il contient dans ses justes limites l'essor de

la population. Il règle le mouvement de la population
sans comprimer sa force naturelle d'expansion, et il ne
le règle que par la liberté. Il y a ici un double écueil
à éviter : il faut se garder, par une coupable défiance
de la Providence, de mettre à la population des obstacles
que la nature des choses condamne; car par cette voie on
serait fatalement conduit à la dépopulation, et, par la dépopulation, à la décadence et à la ruine de la société. Mais
il faut, d'un autre côté, que le mouvement ascendant de la
population se proportionne à la puissance d'expansion du
travail, de façon à ne point dépasser les ressources dont
l'état général de la société, à une époque donnée, fixe la
limite. L'esprit de renoncement, avec les habitudes et les
institutions qu'il engendre dans les sociétés catholiques,
pourvoit à cette double nécessité en assurant la pureté des
mœurs dans toutes les conditions. Par la chasteté dans le
célibat où vivent ceux que le travail n'a pas encore pourvus
des ressources nécessaires à une famille, par la chasteté
dans le célibat ecclésiastique et dans le célibat religieux,
la pratique du renoncement règle et modère le mouvement
progressif de la population; d'un autre côté, par la chasteté
dans le mariage, cette même pratique du renoncement
maintient la fécondité des races et préserve la société des
dangers de la stérilité. Sous les influences du christianisme,
les générations humaines montent de siècle en siècle,
toujours soumises à la loi de la peine que la justice de
Dieu leur a imposée, mais toujours assurées de ce pain
quotidien que sa Providence miséricordieuse leur a pro-
mis comme récompense de leurs labeurs. Grâce à cette
expansion continue et difficile, l'humanité réalise le
progrès dans les seules conditions où il lui soit permis

d'y prétendre : dans les conditions de la vie pénible et renoncée.

« Dans toutes les sociétés où les hommes seront fidèles à la loi divine, le travail sera doué d'une fécondité telle que ses produits suffiront aux besoins. Non qu'il faille espérer du travail, même le plus énergique et le mieux entendu, ces ressources indéfinies qui donneraient à chacun tous les agréments de la vie. Telle n'est point la condition de l'homme. Jamais l'humanité, prise en masse, ne pourra, même au prix des efforts les plus persévérants, s'élever beaucoup au-dessus du nécessaire. Mais ce nécessaire qui suffit à la dignité, à la liberté de l'homme, et à l'accomplissement de ses fins supérieures, elle l'aura si elle sait s'en rendre digne.

« Pour que ce nécessaire soit attribué à tous, et que la société soit exempte de misère, il ne suffit pas qu'elle possède la richesse, même en une large mesure. Le mépris des lois de la justice, l'oppression et l'exploitation des petits par les puissants, peuvent engendrer la misère au milieu des richesses. L'esprit de charité, qui a sa source dans l'esprit de renoncement, parera à ce danger; il introduira dans la vie sociale, par la double garantie des lois et des mœurs, le respect scrupuleux de la liberté et des droits de tous, et ainsi il assurera l'équitable répartition des produits.

« Mais encore, même sous l'empire de la justice et sous le régime de l'égalité, la misère pourra, par d'autres voies, faire invasion dans la société. Le travail peut être exercé dans des conditions où il dégrade le travailleur au moral et au physique; l'ouvrier peut faire de son salaire un emploi que réprouvent les principes de la morale et d'une sage économie. Dans tous ces cas, la source du mal est entière-

ment, ou du moins principalement dans l'ordre moral. Elle
y est entièrement quand les vices de l'ouvrier et son défaut
de prévoyance sont la cause de son dénuement; elle y est
aussi et principalement, même quand il semble qu'il faille
attribuer les abaissements des travailleurs aux conditions
physiques et extérieures du travail. Car, au fond, ces conditions ne sont que des occasions qui développent les germes
du mal, lesquels résident dans l'affaiblissement des volontés
et la perversion des âmes. Donnez à la société des mœurs
saines, faites du renoncement sa loi, et vous la verrez
triompher des séductions de la vie manufacturière, comme
elle a triomphé, avec l'assistance de la vertu chrétienne, de
tous les périls qui accompagnent toujours les grands développements de la civilisation.

« Il est néanmoins incontestable que la constitution actuelle de l'industrie multiplie les séductions autour des travailleurs et, par là même, multiplie les causes de misère.
Pour vaincre ces difficultés propres à notre temps, il faut
à la fois l'énergie personnelle, par laquelle l'homme se rend
maître de ses mauvaises passions, et l'assistance mutuelle
par laquelle, en nous appuyant les uns sur les autres, nous
accroissons si prodigieusement nos forces dans nos luttes
contre le mal. Il faut que l'homme commande à ses convoitises, et ceci est essentiellement œuvre de renoncement.
Mais, tant qu'il sera seul, l'homme sera toujours faible, et
il sera à tout moment vaincu dans la guerre qu'il se livre à
lui-même, alors surtout que l'esprit de la société est si profondément vicié que la séduction pénètre en lui, en quelque
sorte, avec l'air qu'il respire. Il faudra un effort héroïque
de tous pour unir et entraîner, d'un même mouvement,
toutes ces volontés et tous ces cœurs que l'individualisme

a si tristement refroidis et si profondément divisés; et ceci est encore essentiellement une œuvre de renoncement par la charité.

« Mais la charité peut affecter des formes diverses. Elle peut être pratiquée entre ceux qui portent en commun le fardeau du travail manuel; alors elle donne naissance à l'association ouvrière, et l'on sait quels bienfaits ces associations ont répandus sur les classes populaires dans les sociétés catholiques. La charité peut aussi être pratiquée par les grands, les riches et les puissants envers les petits et les pauvres; alors elle constitue le patronage. La charité est, sous cette forme, une des forces principales, un des éléments naturels de toute organisation sociale.

« En toute société fondée sur la liberté et l'égalité, la charité a son rôle nécessaire, même dans l'ordre matériel, parce que toujours, à raison de l'imperfection et de l'infirmité des choses humaines, il se rencontrera des dénuements et des souffrances auxquels seule elle peut remédier. Dans l'état présent de la société, avec l'effrayante perversion d'idées et de mœurs qui énerve tous les cœurs et dissout tous les liens, elle est la seule force par laquelle nous puissions espérer de nous sauver.

« Ce n'est que par une acceptation franche et courageuse de la loi de la charité et du travail, à tous les degrés de la société, que l'on rétablira parmi nous les influences hiérarchiques et la puissance de l'action commune, sans lesquelles nous ne pouvons espérer ni paix ni progrès stable.

« La loi du travail est la loi providentielle du genre humain; les grands et les riches n'en sont pas plus dispensés que les petits et les pauvres. Il faut que tous prennent de la peine; seulement tous ne sont pas appelés à s'imposer

cette peine dans les mêmes conditions. Aux masses, le travail des mains, aux classes supérieures les travaux de la
charité. La charité pratiquée en toute son étendue par les
riches envers les pauvres, c'est le patronage. Mais ce n'est
pas assez que le patronage rapproche les grands et les puissants des petits et des faibles, il faut encore que, par l'association, les faibles unissent et combinent leurs forces;
en telle sorte que, par la communauté des faibles entre eux
qu'établit l'association, et par la communauté des petits
avec les grands qu'établit le patronage, tous soient vraiment
unis, et que tous s'aident à porter d'un commun effort le
poids de la vie.

« N'est-il pas évident que le patronage et l'association,
fondés sur la charité, sont les grandes forces de la liberté
et relèvent essentiellement d'elle? La charité procède de la
liberté. Le patronage librement offert par les classes supérieures, et librement accepté par les classes inférieures;
l'association constituée par le libre concours de tous ceux
que rapprochent dans la vie les mêmes travaux et les
mêmes peines, et organisée par leur libre volonté : voilà
le patronage et l'association tels que la charité les produit
et tels que la liberté des sociétés chrétiennes les réclame.

« Cette conciliation de la liberté complète du travail et
des travailleurs, avec les principes de solidarité et de
hiérarchie sans lesquels il n'y a point de société véritable,
est la grande œuvre du temps. L'individualisme tend
aujourd'hui à isoler les hommes, comme la barbarie isolait
les peuples dans les premiers siècles du moyen âge.
C'étaient alors les peuples qu'il fallait rapprocher des
peuples. C'est aujourd'hui l'homme qu'il faut rapprocher
de l'homme. Avec les rivalités sans frein et les inextinguibles

cupidités qu'a fait germer dans le monde la révolte contre
la loi chrétienne, cette œuvre égale en difficultés les œuvres
les plus difficiles du moyen âge. Il suffit qu'elle soit difficile
pour qu'on puisse affirmer que le zèle catholique la tentera.
Ne voyons-nous pas déjà le renoncement chrétien s'y porter
d'instinct, et la charité chercher dans toutes les œuvres
qui rapprochent les hommes et réconcilient toutes les
classes, un aliment à cette ardente passion du sacrifice dont
le chrétien est tourmenté, et par laquelle, en tous les
temps, l'Église a imprimé l'impulsion à tous les progrès.
Il est dans la nature des choses que le développement
de la charité accompagne le progrès de la liberté. C'est
l'esprit de renoncement qui, par la charité, engendre la
liberté, et il faut que l'un grandisse avec l'autre, sinon la
liberté manquant de l'arome qui doit la conserver, dégéné-
rera et à la fin périra.

« En traçant cette rapide esquisse des harmonies chrétiennes de l'ordre économique, nous avons commencé par
la charité, et c'est par la charité que nous terminons. Elle
est véritablement le premier et le dernier mot de tout
l'ordre social sorti du christianisme.

« C'est par les renoncements de la charité, unis aux
renoncements du travail, que l'ordre matériel se constitue,
s'affermit et se développe. C'est grâce à ces renoncements
que le nécessaire est assuré aux masses et que la société est
mise en possession d'une richesse saine, vraiment utile et
féconde parce qu'elle est toujours contenue et modérée.
Sans exposer les peuples à aucun des périls qui accompagnent
les prospérités exagérées et coupables, cette richesse, sortie
du renoncement, leur donne la puissance matérielle nécessaire pour réaliser toutes les grandeurs auxquelles Dieu les

convie. La richesse ainsi conçue aide à tous les progrès de
l'ordre moral, parce qu'elle n'est autre chose que le fruit
des efforts et des succès de l'homme dans sa vie morale.
Lorsqu'il se renonce à tous les instants, par le travail dans
sa vie individuelle, par la charité dans son existence
sociale, l'homme accomplit ses destinées terrestres suivant
la loi qui régit toutes les créatures douées de liberté, suivant
la loi du sacrifice. Ce respect de la loi naturelle de l'humanité fait régner en toutes choses la force, la mesure et
l'harmonie; il assure à la fois la perfection de l'ordre
moral et la perfection de l'ordre matériel dont la vie
humaine révèle partout la féconde et indestructible unité. »

CHAPITRE II

DE LA PRODUCTION DES RICHESSES

———

I

DU TRAVAIL EN TANT QU'IL A POUR BUT LA CRÉATION DES RICHESSES

LOIS GÉNÉRALES DE LA PRODUCTION

Travail dans l'ordre moral, travail dans l'ordre matériel. — L'homme travaille dans l'ordre moral comme dans l'ordre matériel. Dans l'ordre moral comme dans l'ordre matériel, le travail met en jeu l'ensemble des forces qui constituent la personnalité humaine. Le travail de l'esprit nécessite le concours des organes du corps, et le travail des mains ne s'opère que sous la direction de l'intelligence et par l'impulsion de la volonté. Le travail est donc une force qui procède essentiellement de l'ordre moral. Pris dans son sens le plus étendu, il embrasse toute l'activité humaine.

L'homme, fait à l'image de Dieu, possède en lui-même

quelque chose de la puissance créatrice de son auteur. Il ne lui appartient pas de faire sortir l'être du néant, mais il lui est donné de combiner ses idées, d'étendre ses connaissances, de modifier les choses, de façon à imprimer, dans le monde des idées et dans le monde des corps, les traces de l'action de sa libre volonté. Par le travail, pris dans toute sa généralité, l'homme continue sur cette terre l'œuvre créatrice de Dieu; il se perfectionne et s'élève sans cesse vers Dieu et, avec soi, il élève toute la création matérielle vers son créateur.

Depuis qu'il a été dit à Adam, après sa faute: *Tu mangeras ton pain à la sueur de ton visage*, le travail est demeuré pour l'homme un fardeau de tous les jours; il ne l'accomplit que par un effort qui exige toute l'énergie de sa volonté. La nature y répugne, en telle sorte que l'homme ne peut rien, ni pour soutenir, ni pour élever et étendre sa vie, qu'à la condition première de se vaincre. Cette nécessité de se sacrifier à chaque instant dans le travail porte tous les caractères d'un châtiment; librement acceptée, elle devient une force et un honneur, car, la loi du renoncement étant la loi générale de la vie, le sceau de la grandeur et de la puissance se trouve partout où se rencontre un sacrifice volontairement accompli.

Produits matériels, produits immatériels. — L'homme étant un esprit uni à un corps, et la vie humaine étant une en son principe, il est impossible, à ne considérer que l'agent qui travaille, d'admettre aucune distinction essentielle entre le travail dans l'ordre moral et le travail dans l'ordre matériel. Si l'on se plaçait à ce point de vue, on ne ferait pas de différence entre les produits matériels et ce que plusieurs économistes ont appelé les produits immaté, riels, et l'on ferait entrer les uns et les autres, au même titre, dans la science économique. Mais la distinction s'établit d'elle-même, si l'on considère les objets auxquels s'applique l'activité de l'homme. Personne ne confondra jamais les biens de l'ordre moral avec les biens de l'ordre matériel. Le vrai, le beau et le bien seront toujours distincts de la richesse, pour tout homme dont l'esprit de système n'aura pas faussé les idées. Le travail qui donne satisfaction aux besoins les plus élevés de l'humanité, qui a pour but de développer et de répandre parmi les hommes les sublimes notions qui éclairent et régissent la vie humaine, et dont l'ensemble constitue cet ordre supérieur où l'homme vit et se meut véritablement, ce travail-là ne se confondra jamais avec le travail qui transforme les choses et crée les richesses destinées aux besoins inférieurs de l'humanité. Les résultats des deux côtés sont aussi différents que sont différents l'esprit et la matière.

Ce sont les lois du travail appliqué à la création des richesses par la transformation des choses que nous avons à étudier. Nous n'appelons richesses que les utilités attachées aux choses dont les hommes se servent pour les divers usages de la vie. Ce n'est qu'en nous tenant strictement à cette notion de la richesse matérielle que nous parviendrons à circonscrire nettement l'objet de notre recherche.

Toutefois, si notre objet est distinct de tous les autres objets de l'activité humaine, il ne peut, à raison même de l'unité de la vie humaine, être considéré seulement en lui-même, et abstraction faite des principes de l'ordre moral qui régissent toute notre vie. Puisque l'ordre matériel n'existe que pour l'ordre moral, les faits qui constituent l'ordre matériel ne peuvent trouver leur raison et leur explication

5.

que dans l'ordre moral. Nous venons de le dire, le travail
est essentiellement une force morale; il est impossible de
déterminer les conditions de ses succès dans l'ordre matériel,
sans remonter à cet ordre supérieur d'idées d'où il procède et auquel se rapportent, en dernière analyse, tous ses
résultats.

Nous demanderons donc à l'ordre moral les règles qui
gouvernent l'activité humaine dans la création de la
richesse, mais nous ne considérerons point en eux-mêmes
les principes de cet ordre. Nous nous bornerons à constater
et à développer les conséquences qu'ils engendrent dans
l'ordre de la richesse. Et si de ces conséquences nous re-
montons à l'ordre supérieur, ce ne sera que pour marquer
comment les modifications survenues dans la vie matérielle
peuvent affecter la véritable vie de l'homme qui est la vie
morale.

**Équilibre dans la vie sociale des travaux de l'ordre
moral et des travaux de l'ordre matériel.** — L'activité
sociale se partage entre les travaux de l'esprit et les travaux
de la matière; mais ces fonctions diverses de la vie collective de la société ne sauraient être étrangères les unes aux
autres, pas plus que le corps ne peut être étranger à l'âme,
ni l'âme au corps. Elles se prêteront cette assistance réciproque qui est la loi générale de la vie sociale. Il se fera
entre les deux ordres de fonctions une répartition des forces
qui répondra aux conditions morales et matérielles dans
lesquelles est placée chaque société. Mais toujours il y aura
sur ce point, pour toute société, un certain équilibre. Cet
équilibre sera déterminé par la mission providentielle de
chaque peuple, par son caractère, et aussi par le degré de
civilisation auquel il est parvenu. Il n'y a pas là-dessus de

règle absolue. Tout ce qu'on peut dire, c'est que la véritable force, la vraie grandeur seront du côté des peuples chez lesquels la civilisation est assez avancée, les puissances du travail assez développées, pour qu'un grand nombre d'hommes soient dispensés de s'absorber dans la production des richesses, et puissent, sans altérer les conditions essentielles de l'existence matérielle de la société, appliquer leurs forces aux travaux de l'ordre supérieur. Le matérialisme seul a pu mettre la grandeur des peuples dans le développement incessant et indéfini de la production des richesses.

Caractère général de la production. Les forces productives : le travail, les agents naturels ét le capital. — Dans l'ordre matériel, le travail de l'homme transforme les choses pour les faire servir à ses besoins. Produire, au sens économique, c'est créer de l'utilité dans l'ordre matériel. C'est, ou bien donner de l'utilité aux choses qui, telles que la nature nous les offre, n'en ont aucune, ou bien accroître l'utilité que les choses possèdent déjà. On peut donner ou accroître l'utilité, non seulement en modifiant les choses en elles-mêmes, mais en les mettant à la portée de ceux qui doivent les consommer. C'est ainsi que l'industrie qui ne fait que recueillir les produits de la nature sans les modifier, l'industrie qui opère les échanges et l'industrie des transports, sont des industries productives, tout aussi bien que l'industrie agricole et l'industrie manufacturière.

On range d'ordinaire en quatre grandes catégories tous les genres d'industrie entre lesquelles se partage le travail de la société : l'industrie extractive qui demande à la terre les matériaux si nombreux et si divers qu'elle recèle, mais qui les recueille tels qu'ils sont et sans leur faire subir aucune transformation; l'industrie agricole, qui met en mouvement les forces de la vie végétative et animale et qui obtient de leur action des matières premières, parmi lesquelles les subsistances occupent le premier rang; l'industrie manufacturière, qui reçoit des deux autres les matières premières et qui les transforme pour les approprier aux besoins de l'homme; enfin l'industrie commerçante, qui opère l'échange des produits et les porte là où la consommation les réclame.

L'homme est condamné à produire sans cesse, parce que sans cesse lui-même ou la nature détruisent les choses produites. L'homme ne vit qu'à la condition de consommer, c'est-à-dire détruire. La nature elle aussi consomme incessamment : le chaud, le froid, la sécheresse, l'humidité, chaque climat a sa force destructive, à laquelle rien ne résiste et contre laquelle luttent à tout instant les labeurs de l'homme. L'homme tourne donc perpétuellement dans un cercle de productions et de consommations, et voit s'écouler sa vie dans des labeurs sans cesse renouvelés :

.... *redit labor actus in orbem*
Atque in se sua per vestigia volvitur annus.

L'œuvre de la production est donc universelle, en ce sens qu'elle ne peut souffrir d'interruption en aucun lieu ni à aucun moment. Pour l'homme, cesser de produire, c'est mourir. Mais elle est universelle encore dans les lois qui la régissent. C'est l'homme qui produit, en appliquant ses forces à transformer les choses ou à les mettre à la portée de ses besoins. Or la force productive de l'homme, c'est sa personnalité même dans son principe spirituel et dans l'organisme matériel qui lui est intimement uni : personnalité toujours identique à elle-même et toujours soumise, par conséquent, aux mêmes conditions d'action et de développement. L'action de cette force productrice s'exerce sur l'ensemble des forces naturelles qui constituent le monde des corps; or ces forces obéissent à des lois immuables, et quand l'homme, pour créer la richesse, les met en mouvement, il subit cette fatalité des lois du monde physique qui, en même temps qu'elles lui prêtent assistance, lui font sentir, par leur inflexibilité, les bornes de sa volonté et l'état de dépendance où le réduit sa nature.

La Providence a rendu l'homme dépendant de tout ce qui l'entoure. Comme il n'existe pas de lui-même, il ne tire pas de lui-même ce qui entretient sa vie. C'est par son activité propre qu'il produit, mais cette activité a besoin d'objets extérieurs sur lesquels elle s'exerce, et c'est également dans les objets extérieurs que l'homme trouve les moyens, les instruments, à l'aide desquels il supplée, par la supériorité de son intelligence, à l'insuffisance de ses forces physiques.

Bien qu'astreint aux lois de la nature, l'homme en dirige les forces, en une certaine mesure. De ces forces, en elles-mêmes capricieuses, improductives, destructives parfois, il fait, par l'ascendant de sa volonté libre, des forces dociles et fécondes. Toutes les propriétés des corps, toutes les forces qu'ils recèlent sont, par le travail, combinées, dirigées, exploitées, de façon à servir, soit directement soit indirectement, à nos divers besoins. Des résistances que l'homme ne pourrait même songer à aborder, s'il était réduit au seul effort de ses bras, céderont facilement sous la puissance des inventions de son génie. Les progrès de l'homme dans la connaissance de la nature, connaissance qui dépend elle-même de ses conquêtes dans les régions les plus hautes des principes des sciences, seront la source de sa domination sur les forces du monde matériel.

Quelque étendue que soit cette domination, jamais l'homme ne pourra, par elle, s'affranchir de la loi du besoin et du travail pénible; mais il pourra du moins en alléger le poids. Aidé par la nature, les mêmes choses lui coûteront moins de peine, ou bien, avec une peine égale, il produira une somme de choses utiles plus considérable. Comme l'a dit ingénieusement Bastiat, au lieu d'une utilité onéreuse, à raison de la peine qu'elle coûte, l'homme sera en possession d'une utilité gratuite, puisqu'il la tirera des forces de la nature, travaillant pour lui et diminuant d'autant la peine, c'est-à-dire l'effort, qu'il est obligé d'accomplir pour parvenir à la satisfaction de ses besoins.

Le but constant de l'homme, dans la production, sera de substituer l'utilité gratuite à l'utilité onéreuse, de telle sorte que cette formule résumera tous les progrès du travail dans l'ordre matériel.

Le travail producteur des richesses ne se conçoit donc pas sans le secours des forces de la nature. Mais les conditions de ce concours, aussi bien que le mode d'exercice des facultés de l'homme, impliquent la nécessité d'un troisième élément de la production, qui est le capital.

On désigne sous la dénomination de capital l'ensemble des biens matériels épargnés en vue de la production. Le capital se forme par la prévoyance, qui met en réserve pour l'avenir ce que la puissance du travail a tiré des forces de la nature au delà des besoins du travailleur. Cette force productive, bien qu'elle procède des deux autres, en est néanmoins distincte. Elle a une existence propre et un rôle particulier dans l'œuvre productrice. De plus, il faut, pour la constituer, une force morale qui n'est pas le travail, mais qui s'exerce, comme le travail, instinctivement, parce qu'elle répond, comme lui, à une condition primitive et générale de la vie humaine : cette force morale, c'est l'économie, qui s'abstient de consommer en vue de s'aider des richesses épargnées pour accroître la puissance du travail.

On peut dire qu'il n'est point de travail sans capital.

En effet, toute production exige, pour être menée à fin, un certain temps; or il faut que, pendant cette période plus ou moins prolongée que réclame l'achèvement du produit, le travailleur vive; il lui faut des avances, qui consisteront dans la masse des objets nécessaires à sa consommation. Le producteur subsistera donc toujours, durant l'opération productive, sur les résultats du travail accompli antérieurement. C'est ainsi que, chaque année, la société, en demandant à la terre, par le travail de l'agriculture, sa subsistance pour l'année suivante, s'alimente des produits du travail de l'année qui a précédé. Plus sera considérable cette réserve de produits accumulés par l'économie, meilleure sera la condition du travailleur et plus étendues pourront être les entreprises du travail.

Les avances du capital seront nécessaires encore pour mettre le travail à même d'exploiter les forces de la nature. Il faut, pour imprimer le mouvement à ces forces, un ensemble d'outils, de machines, de constructions, qui ne peuvent provenir que d'un travail antérieur et qui ne servent qu'indirectement et successivement à la consommation. Tous ces engins, toutes ces constructions, exigent

des dépenses et ne donnent pas immédiatement de résultat
productif qui puisse en représenter la valeur. Mais comme
ils servent à une série d'opérations productives, dont la
fécondité s'accroit à raison même de leur emploi, la masse
des produits obtenus pendant tout le temps qu'on s'en sert
compense, et au delà, les sacrifices faits primitivement pour
les créer. Il y a donc encore ici, sous une autre forme, une
épargne faite en vue d'étendre la puissance du travail : par
conséquent un capital.

On le voit, dans tous les cas, le capital est destiné à être
consommé, mais consommé reproductivement, c'est-à-dire
qu'en même temps que le travail détruit le capital, il le
remplace par toutes les diverses richesses qui seront le
résultat de son œuvre. De période en période, de génération
en génération, le capital sera toujours en même temps consommé et reproduit ; il se perpétuera par la consommation
même, qui est la condition de tout travail producteur.

Mais cette consommation se fera par des modes très
divers. Tantôt elle sera très rapide, comme celle des ali-
ments, des outils très fragiles et de peu d'importance, du
combustible, qui joue aujourd'hui un si grand rôle dans la
plupart des productions. D'autres fois, au contraire, elle
sera lente, comme c'est le cas pour les puissantes machines
et les vastes constructions de la grande industrie. Autre
aspect de la consommation reproductive : parfois elle
s'opère sans que le capital change de forme ; ainsi en sera-
t-il des outils ou machines, des constructions. Mais souvent
aussi elle s'opère par la transformation ou même par la
destruction des objets sur lesquels elle porte, comme il
arrive pour toutes les matières premières. C'est cette dernière différence quant au mode de consommation qui a

donné lieu à la distinction entre le capital fixe et le capital circulant.

Par la consommation reproductive les richesses se perpétuent donc indéfiniment. Chaque génération vit des richesses accumulées par les générations qui l'ont précédée, et, sans cette peine qu'ont prise ses aînées pour accumuler et conserver la richesse, elle serait impuissante à rien faire de grand dans l'ordre matériel.

L'unité de la vie humaine se révèle donc encore ici dans le cours de l'existence des peuples, de même qu'elle se montre, avec une frappante évidence, par la loi qui associe tous les hommes d'un même temps pour l'œuvre collective de la production des richesses. Nous ne pouvons pas plus nous séparer de nos devanciers que nous ne pouvons nous séparer de nos contemporains, et que nos fils ne pourront se séparer de nous et se soustraire à la destinée que nous leur aurons faite. Toutes les grandes lois de l'ordre moral ont leur expression dans l'ordre matériel. Dans la nécessité du capital, fruit du travail économisé, et dans la perpétuité qu'assure au capital le travail joint à l'économie, nous retrouvons les deux grandes lois qui gouvernent notre vie morale : l'activité propre et la tradition, lois d'après lesquelles le progrès n'est possible qu'à la condition de conserver et à la condition d'accroître. L'économie et le travail réunis conservent et accroissent la richesse, et c'est ce qui en fait les deux forces essentielles à tout progrès matériel.

Les fonctions diverses du travail en toute production. — L'œuvre de la production des richesses, dans son ensemble, procède de l'ordre moral, et nous y retrouvons, dans leurs grands traits, les lois de cet ordre. La pro-

duction est soumise, quant à son organisation générale, à
la loi de l'unité d'action et de la distribution hiérarchique
des emplois, loi qui domine dans l'ordre moral. Tous les
travaux qui ont pour objet une création de richesses se
répartissent entre trois fonctions : l'invention, la direction
et l'exécution.

L'invention applique à la production les données de
l'observation, de la réflexion, de la science ; elle fournit le
moyen de tirer des forces de la nature une assistance qui
épargne l'effort de l'homme ou qui en agrandit et en multiplie les effets.

La direction s'empare du procédé que fournit l'invention,
elle rassemble les moyens de le mettre en œuvre, elle conçoit l'entreprise et dispose toutes choses pour son succès.
C'est à l'entrepreneur qu'elle appartient ; c'est dans sa main
que vont se réunir le travail et le capital qui, fécondés l'un
par l'autre, tireront des puissances de la nature tout ce que
l'état des procédés industriels permet d'en obtenir.

L'entrepreneur, que l'on nomme aussi patron, représente
l'unité et l'autorité dans l'ordre du travail, car, pas plus là
que dans l'ordre politique, on ne saurait se passer d'unité
et d'autorité. C'est sous sa direction et par son initiative
que les ouvriers s'appliqueront à l'exécution de tous les
détails de l'opération productive.

L'ouvrier, rattaché au patron par des intermédiaires plus
ou moins nombreux suivant l'étendue et les complications
de l'entreprise, et travaillant de ses mains à la confection du
produit, occupe le dernier rang dans la hiérarchie du
travail.

Les conditions particulières et secondaires qui déterminent la position de chacun des éléments de cette hiérar-

chic pourront être modifiées; les intérêts de chacune des grandes catégories de producteurs qui en forment les degrés pourront être réglées diversement; leur participation à l'œuvre et à ses résultats pourra être plus ou moins directe; il pourra y avoir dans leurs relations, ou plus de liberté ou plus de dépendance; mais, dans tous les cas, leurs rapports essentiels demeureront les mêmes, parce qu'ils tiennent à la nature intime de l'homme et aux conditions de son action sur le monde matériel.

Importance de la fonction du patron. — On voit, par cette analyse, de quelle importance est la fonction du patron. C'est vers lui que tout converge dans l'œuvre industrielle. Dans ses mains le capital et le travail viennent se réunir. Grâce à leur concours, toutes les forces de la nature peuvent être mises en valeur. Assuré, par la possession du capital, des avances nécessaires, le travail tire de la terre, et des forces qui s'y rattachent ou qui en dérivent, toutes les utilités que l'état des procédés industriels permet d'en obtenir.

L'entreprise productive à laquelle concourent, avec le propriétaire du sol et des forces naturelles appropriées, les propriétaires des capitaux mobiliers et les ouvriers, le patron la prend à son compte. Sur lui retombe tout entière la responsabilité commerciale de l'affaire qu'il mène à son gré. Les résultats de la production lui appartiennent, et c'est lui qui est appelé à en faire la répartition.

Dans cette répartition, le propriétaire des immeubles qui ont servi à la production, le capitaliste qui en a fourni les avances, l'ouvrier qui y a employé ses bras, reçoivent chacun le revenu qui répond aux services qu'ils ont rendus, à l'effort qu'ils ont accompli. Des conventions arrêtées

entre le patron et les propriétaires de chacune des sources
de revenus, c'est-à-dire de chacune des forces productives,
règlent cette répartition. L'entrepreneur, ou patron, comprend dans ses frais de production ce qu'il paie à chacun;
la somme de toutes ces rémunérations forme, pour lui, le
prix du produit.

Pour que l'opération soit rémunératrice, c'est-à-dire
vraiment productive, il faut que l'entrepreneur retrouve,
sur le prix de la vente de ses produits, le montant de tous
ces frais. Il faut encore que ce prix lui assure, outre le
remboursement de ses avances, une certaine somme qui
répondra au travail que lui-même a accompli en montant
l'entreprise et en la dirigeant dans tous ses détails. Dans
cette somme doit être comprise également la compensation
des risques qu'il aura courus. Ce qui est ainsi perçu pour
la peine que l'entrepreneur s'est donnée, avec la prime
qui doit couvrir les risques de l'affaire, ces deux éléments
réunis constituent ce qu'on appelle le profit de l'entrepreneur.

Dans tous les groupes producteurs, la fonction du
patron est la même, mais sa situation peut être bien différente quant à l'importance de ses affaires. Entre les
patrons de la grande industrie, qui dirigent des ateliers
où sont réunis des centaines, des milliers d'ouvriers, et les
artisans qui n'en occupent qu'une douzaine ou une demi-
douzaine, la différence est grande, grande pour la capacité
industrielle et pour la position sociale. Toutefois, qu'il
s'agisse du plus petit atelier ou de la plus puissante usine,
le patron remplit toujours, dans l'ordre de l'activité privée
et des intérêts économiques, le rôle du pouvoir. Dans cette
société économique que forme chaque groupe producteur,

le patron met ce que le père met dans la famille, ce que le roi, le prince, le chef de l'État met dans la société politique : l'autorité, l'ordre, la paix.

Le patron coordonne les forces de la production et les maintient dans les conditions d'expansion harmonique nécessaire à leur fécondité. L'intervention du patron procure l'avantage de tous, en donnant à l'activité de chacun, par la régularité de l'emploi, son maximum de puissance.

Modes divers des relations du patron avec les ouvriers. — Ces relations peuvent être différentes, suivant les conditions particulières de l'existence des peuples, dans l'ordre des relations privées et publiques, et à raison des principes qui dominent l'ordre social.

Il y a des sociétés qui admettent comme un principe de droit ce qui est contre le droit véritable : le domaine de l'homme sur l'homme. Il en était ainsi dans l'antiquité, où le plus grand nombre des travailleurs était esclave. On rencontrait bien un certain nombre d'ouvriers libres appartenant à la plèbe, mais ce n'était qu'une infime minorité. Dans cet ordre de relations sociales, le patron, c'est le maître, le *dominus*, c'est-à-dire le propriétaire des ouvriers qu'il emploie et qui sont sa chose. Il les possède au même titre, à peu près, que ses autres instruments de travail.

Appeler patron le maître d'ouvriers esclaves, ce serait fausser la langue. Le terme *patron* emporte, dans nos langues chrétiennes, une signification d'autorité bienveillante, protectrice et presque paternelle, qui ne répond en aucune façon à la dure autorité du maître dans les sociétés païennes. Le maître qui fait travailler des esclaves est un entrepreneur d'industrie, et point un patron, dans le vrai sens du mot. Mais il est toujours vrai, pourtant, qu'il exerce la fonction industrielle que le patron remplit chez nous. Il est à remarquer toutefois que, sous le régime servile, il ne se fait aucune répartition proprement dite du produit de l'opération productive entre le travailleur et celui qui les emploie. Le maître étant le propriétaire de toutes les forces qui concourent à la production, des personnes aussi bien que des choses, il fixe comme il lui plaît la rémunération de ses ouvriers.

Gardons-nous de confondre avec cette dépendance absolue du travailleur envers le maître dont il est la chose, d'autres modes de dépendance qui laissent à l'ouvrier la liberté personnelle quant aux choses essentielles de la vie humaine, et ne l'assujettissent que par rapport au travail et encore dans une certaine mesure. Dans ces sortes d'arrangements, le lien de dépendance de l'ouvrier envers le patron de qui relève l'industrie, ou envers le propriétaire de qui relève la terre, peut avoir le caractère de la perpétuité, sans que l'ouvrier soit privé de sa liberté. L'engagement permanent des travailleurs est la loi ordinaire d'une société qui sort de l'état patriarcal et quitte le mode d'existence de la tribu pour entrer dans les relations de l'état politique. C'est un état de liberté limitée dans lequel on rencontre, suivant les conditions économiques du temps, de véritables patrons, et un patronage que les dispositions morales du patron peuvent rendre très fructueux pour le bien-être des travailleurs.

Il est un mode d'organisation du travail qu'on ne peut aujourd'hui, en parlant de la constitution des groupes producteurs, passer sous silence, c'est le collectivisme, la plus récente des nombreuses conceptions du socialisme.

Ici, dans l'industrie, comme ailleurs, l'individu s'efface et disparaît devant l'État qui exerce la direction et dispose des forces sociales, dans l'ordre économique comme dans l'ordre des relations politiques.

D'après l'économie collectiviste, il n'y a plus qu'un patron, ou, pour mieux dire, qu'un maître, c'est l'État. L'État est l'entrepreneur universel.

Si cette conception pouvait être mise en pratique, les chefs des groupes industriels ne seraient, en réalité, que les commis de cette collectivité que représente l'État, et dans les mains de laquelle toutes les forces productives de la terre et du capital mobilier se trouveraient concentrées. En un pareil régime, il n'y a plus ni supérieur ni inférieur, mais des hommes égaux sous la main de l'État. L'État distribue le travail et mesure la portion de chacun dans le gain commun; le fonctionnaire de la police économique a pris la place du patron. Le patron disparaît de cette société d'où a disparu toute liberté du travail.

II

DE LA PUISSANCE PRODUCTIVE DU TRAVAIL EN GÉNÉRAL

Le travail peut être plus ou moins productif. — On n'obtient pas toujours du travail des produits égaux pour la qualité et la quantité. La différence est grande à cet égard entre les peuples encore plongés dans la barbarie et les peuples chez lesquels la civilisation a déployé toutes ses ressources. Le degré de résistance des obstacles naturels que l'effort de l'homme est appelé à vaincre, l'intensité de cet effort pris en lui-même, ainsi que la direction qui lui est imprimée, étendent ou restreignent considérablement la quantité de produits que peut fournir une même somme de travail, et modifient singulièrement la valeur des résultats du travail au point de vue de leur perfection.

Importance de la question. — L'homme ne pouvant jamais posséder de richesses que ce qu'il en conquiert par son travail, l'aisance, pour la société prise en masse, sera toujours en proportion de la puissance du travail. S'il ne suffit pas, pour assurer le bien-être à un peuple, de lui donner les richesses, s'il faut encore lui inspirer les vertus qui le mettent en état de faire de ces richesses un usage conforme au but supérieur et à la fin véritable de la vie, il est néanmoins incontestable que l'amélioration du sort du grand nombre suppose toujours, comme condition première, une puissance de travail suffisante pour procurer à tous le nécessaire. La question de l'extension des ressources matérielles forme donc la première partie du problème dont l'économiste cherche la solution.

Ce qu'il faut considérer dans la question. — Il y a des nécessités extérieures qui s'imposent à l'homme. Sans doute, sa liberté peut, en une certaine mesure, réagir contre ces nécessités, mais il ne lui est point donné de les écarter à son gré. Elles forment le milieu physique dans lequel s'exerce l'activité de l'homme, et aux lois duquel il faut qu'il plie les procédés de son travail. Comment et jusqu'à quel point ces circonstances extérieures affectent-elles la puissance du travail? Tel sera le premier point sur lequel portera notre recherche.

Quand nous aurons déterminé l'influence de ces conditions extérieures sur le développement de la force productive de l'homme, nous considérerons cette force en elle-même ; nous verrons comment la puissance productive du travail se trouve accrue ou diminuée, suivant que les travailleurs possèdent plus ou moins d'intelligence et d'énergie morale.

L'homme, en développant son activité propre, dans les conditions que lui impose la nature extérieure, crée, par ses labeurs successifs, le capital. Comment la puissance du travail, qui est une des sources du capital, se trouve-t-elle elle-même subordonnée à l'accroissement du capital ? Comment cet accroissement se rattache-t-il aux faits les plus intimes de la vie morale ?

Hautes et graves questions qui touchent aux causes les plus profondes de la grandeur et de la décadence des peuples, et qui mettent particulièrement en évidence l'influence qu'exerce sur l'ordre matériel le principe capital de la vie chrétienne, le renoncement.

Mais, comme l'œuvre du travail ne s'accomplit que dans la société, la puissance du travail sera nécessairement affectée par tout ce qui modifiera essentiellement les relations sociales. Nous aurons donc à faire voir comment la sécurité générale, le respect de la propriété, la liberté et la dignité des travailleurs, donnent au travail toute sa puissance dans les sociétés auxquelles le christianisme assure ces bienfaits.

A ce même point de vue du caractère éminemment social de la production, nous aurons encore à étudier l'influence de la coopération et de la séparation des travaux sur les forces productives de la société. Quand nous aurons montré comment la puissance du travail s'accroît par sa division et que nous aurons signalé les principales questions d'application que fait naître cette division dans leur rapport avec les intérêts généraux de la société, nous aurons achevé de parcourir tout le cercle des faits relatifs à la production des richesses.

III

COMMENT LES CONDITIONS DE LA NATURE INFLUENT SUR LA PUISSANCE DU TRAVAIL

Importance des avantages naturels. — Que le climat, la nature du sol, la configuration des divers pays et leur situation géographique influent sur la puissance productive du travail de leurs habitants, c'est chose tellement évidente qu'il est à peine nécessaire d'en faire la remarque. Quelle différence entre ces contrées septentrionales, où l'on ne peut pas compter toujours sur le soleil pour mûrir les moissons, où, parmi les chances de la production, il faut ranger « les années vertes », et les heureux climats de l'Asie méridionale, où la terre ensemencée une fois produit, en une année, une triple récolte. Mais, sans prendre des termes de comparaison, aussi extrêmes, et en rapprochant seulement des contrées où l'homme se trouve placé dans les conditions normales de son développement, ne voit-on pas au Mexique le blé rendre trois ou quatre fois plus qu'en France. Qu'est-ce que la fécondité de nos plus riches contrées européennes, auprès de la fécondité du sol algérien, qui peut rendre jusqu'à 50 pour 1? Quelle puissance ne donnent pas au travail les richesses minérales, et combien sont favorisés les pays qui possèdent en aboudance le charbon, ce grand agent de l'industrie de nos jours ! Qu'une contrée ait à la fois les richesses minérales et la fécondité moyenne du sol, et elle sera, comme la Belgique et le nord de la France, au nombre des plus riches du monde.

La volonté humaine réagit contre les obstacles naturels. — Mais quelle que soit l'infériorité naturelle d'un pays, pourvu que le sol n'y soit pas tout à fait ingrat, comme dans les régions qui approchent du pôle ou dans quelques contrées montagneuses des zones tempérées, la puissance de la volonté humaine est telle, que ces pays moins heureusement doués pourront s'égaler, en prospérité matérielle, à ceux auxquels la nature a tout accordé avec profusion. Souvent même il arrivera, et c'est le triomphe de la volonté humaine, que le plus magnifique développement de civilisation, la prospérité matérielle la plus brillante et la plus durable, auront pour théâtre des contrées qui semblaient moins propres que d'autres à la multiplication des richesses.

On a souvent remarqué que l'Europe avait été moins bien dotée par la nature que les autres parties du monde. Dans l'impossibilité de se suffire à elle-même, il faut qu'elle cherche au dehors, au prix de mille labeurs, toutes les choses qui lui manquent. Parmi les objets qui servent à l'alimentation et à l'habillement, l'Europe ne produisait dans l'origine que les plus indispensables. Tout le reste y a été importé des contrées lointaines et naturalisé à force de soins. Et qu'est-ce que la fécondité de son sol, si vous la comparez à la fécondité du nord de l'Afrique, de la plus grande partie de l'Asie et des régions centrales de l'Amérique ? C'était pourtant sur ce sol que devait se développer

cette grande race blanche, destinée à devenir la maîtresse
de toutes les autres races. Là, devait croître la postérité de
Japhet qui, réalisant la prophétie de Noé, allait se dilater
dans tous les sens pour soumettre Cham et habiter dans
les tentes de Sem.

Et parmi les divers pays de l'Europe, ceux où la civilisation a jeté le plus d'éclat n'étaient pas naturellement les
plus féconds. La Grèce, prise dans son ensemble, n'était
que médiocrement fertile; ce ne fut que par des labeurs
variés et continus que la richesse put s'y développer. Entre
les diverses parties du sol hellénique, l'Attique était pour
la fécondité une des moindres. On l'appelait la stérile Attique. Et pourtant que de richesses sortirent de ce sol
qu'avait consacré la charrue de Triptolème ! Que de richesses
y furent apportées par l'ingénieuse activité de son commerce, et mises au service de cet incomparable génie de
la race ionienne qui fit d'Athènes le centre de tout le mouvement civilisateur de l'antiquité! La reine du monde
antique, Rome, était assise sur un territoire qui ne se
laissait arracher qu'à grand'peine la maigre subsistance
que lui demandaient les mœurs austères des premiers
Romains. Mais le travail fut encore ici plus fort que la nature, et la prospérité de l'agriculture romaine fut une des
sources principales de la puissance de la ville éternelle. Les
faits de même nature abondent dans l'histoire du travail
moderne. L'agriculture anglaise dépasse de beaucoup en
puissance l'agriculture française, pourtant le sol et le climat de l'Angleterre sont inférieurs au sol et au climat de la
France.

Partout on voit se révéler, sous mille formes, la puissance
de la volonté dans le travail, puissance qui s'accroît de la

résistance même des obstacles qu'elle a à surmonter. Le
génie de l'homme s'aiguise dans cette lutte contre la nature, pourvu qu'elle ne lui oppose point des barrières insurmontables et qu'elle laisse quelque issue à ses efforts. Il
est à remarquer que la Providence a placé dans des conditions de vie pénible et de lutte continuelle les peuples
auxquels elle a assigné de grandes destinées. C'est une loi
du monde moral que l'homme ne grandit que par l'épreuve.
Celui à qui toutes choses ont toujours souri pourra avoir
le bonheur, l'éclat, la puissance même pour quelques
jours, mais rarement il aura la grandeur vraie et durable.
L'expansion puissante du travail, dans des conditions qui
sembleraient faites pour le décourager, est, pour l'ordre
matériel, la conséquence et la confirmation de cette loi.

IV

DE QUOI DÉPEND PRINCIPALEMENT L'ÉNERGIE
DU TRAVAIL PRODUCTEUR

**L'énergie du travail tient particulièrement à des
causes morales.** — Si l'on ne considérait que les résultats
purement matériels du travail, on se ferait une fausse idée
de ce qui constitue l'énergie véritable du travail, ainsi que
des causes auxquelles cette énergie est subordonnée. C'est
en partant d'une notion du travail étroite et fausse, que
l'anglomanie de beaucoup d'économistes a placé l'ouvrier
anglais si fort au-dessus de l'ouvrier du continent, et
notamment de l'ouvrier français. Cette erreur a été signalée
même par des écrivains anglais. Nous avons là-dessus le

témoignage très concluant, et assurément peu suspect, de
J. Stuart Mill. D'après cet éminent économiste, l'absence de
toute élévation dans l'esprit, des facultés médiocres, un
désir extrême de devenir riche et de faire son chemin par
la richesse, donnent au travail de l'Anglais cette âpreté qui
en est le caractère distinctif. Lorsqu'il ne s'agit que de travail opiniâtre, les ouvriers anglais sont sans rivaux ; mais,
comme le fait remarquer encore Stuart Mill, pour l'intelligence et pour l'adresse manuelle, ils peuvent souvent être
surpassés. S'il faut se garder de prendre pour type le travail de l'industrialisme qui mettrait l'homme au rang des
machines, il faut aussi reconnaître que là où l'intelligence
et les instincts supérieurs dominent, il peut y avoir manque
de suite, de cette application intense et soutenue qui est
indispensable au succès du travail. Mill dit très bien qu'il y
a un certain milieu à tenir, lequel consiste à ne pas se
laisser absorber entièrement par les occupations manuelles,
mais à travailler avec ardeur une fois qu'on est au travail,
et à y mettre son esprit aussi bien que ses bras.

Cet esprit de suite et d'application tient surtout à la moralité du travailleur. C'est un fait qui saute au yeux, et
qu'ont fait ressortir tous ceux qui se sont occupés de la
situation des classes ouvrières. Cette observation remonte à
l'antiquité. Pline disait : *Honestis manibus omnia lætius
proveniunt, quoniam et curiosius fiunt.* Il faut au travail une
certaine puissance à la fois de recueillement et d'expansion
que donne au plus haut degré la pratique habituelle du
renoncement chrétien.

L'énergie du travail a sa source dans les profondeurs
mêmes de l'âme. Le travail nécessite un effort, une victoire
de l'homme sur lui-même, et cette victoire n'est possible.

que par la concentration de toutes les forces de la volonté.
Il faut, pour se livrer au travail, que l'homme renonce au
goût qu'il a pour le repos, goût naturel, je dirai presque
légitime ; car l'homme, dans son état primitif, n'était point
fait pour l'agitation du travail, et il doit en être affranchi
dans la vie parfaite qu'il est appelé à conquérir par les
épreuves de son existence présente. L'intérêt, le désir de
jouissances plus étendues, poussent au travail, mais ils ne
suffisent pas, s'ils agissent seuls, pour déterminer l'homme
à surmonter l'aversion que le travail lui inspire. L'homme
est ici entre deux intérêts : d'un côté l'avantage qu'il reti-
rera de son travail, et de l'autre cet instinct inné qui lui
fait souhaiter le repos et haïr la peine du travail. De ces
deux intérêts, c'est l'intérêt de la paresse qui doit naturellement l'emporter, car c'est l'intérêt présent et immédiatement saisissable. Ce n'est que par des impulsions d'un ordre
plus élevé, par les aspirations de la vie chrétienne sous la
loi du renoncement, que vous parviendrez à arracher
l'homme à la paresse, pour le lancer dans l'activité pénible
mais féconde du travail. Quand une fois l'homme aura pris,
par esprit de renoncement, l'habitude du travail, le sentiment de l'intérêt, sentiment légitime lorsqu'il est dominé
et tempéré par le renoncement, lui viendra en aide pour
soutenir et accroître son activité. L'homme comprendra
alors qu'en acceptant les renoncements du travail, il fait ce
que demande son intérêt bien entendu, et son bien-être
s'augmentera de tous les sacrifices que le renoncement lui
dictera.

Par la pratique du renoncement l'homme rentre en lui-
même, il se recueille. En se détachant des choses extérieures, il rassemble toutes ses forces aux sources mêmes

de sa volonté, et il puise dans cette concentration une
puissance d'expansion devant laquelle cèdent les obstacles
les plus rebelles. L'homme qui a fait du renoncement la
règle de sa vie, sans cesse ramené au dedans de lui-même,
ne se laissera détourner de sa tâche, ni par la mobilité des
impressions extérieures, ni par l'inconstance et la légèreté
de son cœur. Son âme aura un point fixe auquel elle
reviendra toujours, un attrait intérieur qui s'exercera
même sur les plus humbles et les plus renfermés dans l'étroit
horizon de la vie ouvrière. Ce point fixe, ce point toujours
lumineux, même au milieu des ténèbres de l'intelligence la
moins cultivée, c'est l'idée, le besoin de reporter sa vie à
Dieu par l'accomplissement pénible du devoir. Or, le devoir
général de notre existence, devoir tellement naturel et tellement universel qu'il se confond avec les exigences les plus
évidentes et les plus irrésistibles de la vie, c'est le travail.
Le travail est l'œuvre de tous les jours, par laquelle les
hommes, tirant d'une nécessité de leur nature la matière
d'un libre sacrifice, accomplissent à chaque moment, dans
l'ordre matériel, la loi de leur vie morale. C'est ainsi que
par l'action intime de la loi chrétienne dans la conscience
de chacun, l'habitude du travail pénétrera dans les mœurs
et deviendra un fait universel et constant de la vie sociale.

**Le travail chrétien est moralisateur. Institution
du dimanche.** — Si le christianisme pousse l'homme à
rechercher la peine du travail, il lui donne en même temps
les consolations qui doivent l'aider à la porter, et l'intelligence des choses de l'esprit qui doit soustraire le travailleur à l'abrutissement d'un labeur manuel continu.

Le travail inspiré par l'esprit de renoncement perd son
amertume, parce qu'il rapproche l'homme de Dieu, source

des joies véritables, des joies de l'âme. Loin d'abaisser et d'obscurcir les esprits, le travail chrétien les élève et les éclaire, en leur donnant la notion vraie de la vie humaine, en les reportant sans cesse des choses matérielles vers Dieu à qui s'adressent tous les renoncements du travailleur. Jamais, pas plus dans sa discipline que dans sa doctrine, l'Église ne sépare l'œuvre du travail manuel de l'œuvre du perfectionnement spirituel. Dieu est toujours le but, et pour que ce but ne soit jamais oublié, Dieu, par la même loi qui prescrit le travail, prescrit aussi le repos du sep- tième jour, qui doit lui être consacré.

Sans le repos du dimanche, le travail devient un fardeau accablant, que les forces de l'homme ne sauraient porter longtemps. L'homme est fait pour regarder le ciel. Passer sa vie entière, courbé vers la terre, absorbé, sans trêve et sans relâche, dans les étroites préoccupations de la vie matérielle, serait chose inconciliable avec son bien-être aussi bien qu'avec sa dignité. S'il est fidèle à la loi divine, un jour par semaine il renoncera aux intérêts et aux agi- tations de la terre et il trouvera, dans ce renoncement, une plus complète possession de lui-même et un plus libre développement des facultés supérieures de son être.

L'institution du dimanche, que l'Église a toujours défen- due contre des cupidités aveugles, résume tout l'effort du christianisme pour faire dominer la liberté de la vie spiri- tuelle sur les servitudes de la vie matérielle.

Le dimanche est le jour où tous les renoncements du travail portent leurs fruits, et où la peine se transforme en joie, par la communication intime, libre et reposée de l'âme à Dieu. C'est sur cette terre, au milieu des épreuves du travail, comme un avant-goût de cette vie où l'activité de l'homme se déploiera, exempte de toute peine, dans l'union avec l'amour infini.

A la même source où l'homme ira retremper son cœur et son esprit, il ira renouveler aussi ses forces physiques. Il y a entre les forces de l'homme et le travail des six jours de la semaine une harmonie secrète, que la science peut aujourd'hui constater comme un fait, mais dont le créateur de la nature humaine pouvait seul, à l'origine, connaître la nécessité et dont il pouvait seul tracer la loi.

Affermi, consolé, délassé par la sanctification du dimanche, l'homme reprendra avec un nouveau courage ces durs labeurs, dont il doit porter le joug jusqu'à la tombe. Fortifié par les joies du dimanche écoulé, il accomplira plus facilement sa tâche, dans l'attente des joies du dimanche qui s'approche. Il ira ainsi, de labeur en labeur et d'espérance en espérance, jusqu'à ce qu'il lui soit donné de se reposer pour toujours dans le lieu auquel tendent tous les labeurs et toutes les espérances de l'humanité.

Les preuves de fait. — La nature et les limites de cet écrit, où j'ai seulement en vue d'exposer les premiers principes de la science économique, ne comportent pas le développement des preuves de fait par lesquelles se trouvent pleinement confirmées les considérations que je viens d'émettre sur les causes qui donnent au travail, dans l'ordre économique, toute son énergie. En traitant des causes actuelles de la misère, au sixième livre de mon ouvrage sur *la Richesse dans les sociétés chrétiennes*, en montrant, dans les chapitres v et vi du deuxième livre de ce même ouvrage, comment le travail perd sa puissance dans les sociétés antiques à mesure que croissent les vices du paganisme, et comment il la retrouve, dans les siècles chrétien à mesure que l'Église restaure, dans la vie individuelle et sociale, les vertus que le paganisme avait laissé périr. J'ai donné ces preuves auxquelles je me borne, dans ce précis, à renvoyer le lecteur.

V

COMMENT IL FAUT, POUR ACCROITRE LA PUISSANCE DU TRAVAIL, RÉPANDRE LES CONNAISSANCES DANS LA SOCIÉTÉ ET DÉVELOPPER L'APTITUDE DES TRAVAILLEURS

Le progrès des sciences et des procédés scientifiques. — Toutes les sciences se tiennent. Les découvertes dans l'ordre des sciences naturelles, qui fournissent au travail ses procédés, se rattachent, par une chaîne indissoluble de déductions, aux principes les plus élevés de la philosophie. C'est l'impulsion donnée à l'esprit humain dans les sciences premières, dans les principes généraux, qui détermine son mouvement jusque dans les régions les plus reculées des sciences spéciales. Car l'esprit est un comme la vérité même. Ce ne sont donc pas seulement les sciences spéciales et leur application au travail que l'économiste a à considérer. Il faut pour juger sainement de l'influence de l'esprit chrétien sur l'élément scientifique de la production, remonter jusqu'aux parties les plus élevées de la science humaine.

L'esprit chrétien, c'est l'esprit de renoncement, et l'on peut dire du travail appliqué aux sciences ce que nous avons dit du travail appliqué à la production des richesses. Pas plus dans le travail de l'intelligence que dans le travail des mains, l'homme ne peut produire sans peine. Il n'obtient les fruits de la science, comme les fruits de la terre, qu'à la sueur de son front. Ce n'est qu'à la condition de se vaincre, de surmonter l'aversion naturelle qu'il a pour la peine, que l'homme applique son esprit à la science. Tout progrès scientifique est donc subordonné à un renoncement de la volonté semblable à celui qu'exige le travail producteur de la richesse. Plus cette puissance de renoncement sera énergique et soutenue, plus l'homme sera capable de succès dans les sciences. A un autre point de vue, plus élevé et plus profond, le renoncement lui-même est le premier acte de toute acquisition scientifique. Comme l'a dit Maine de Biran, nous ne pouvons atteindre à la vérité que par *le sortir de nous-même*. C'est en renonçant à notre esprit propre, c'est en rattachant notre esprit, faible et souvent obscurci par nos passions, au centre toujours lumineux de la vérité infinie, que nous parvenons à la pleine et vraie science. L'esprit humain, élevé par le renoncement à la connaissance profonde et intime, en quelque sorte, de la vérité, puisera dans cette communication avec la vérité vivante, une vigueur dont les effets se feront sentir partout où il portera sa recherche, dans les sciences physiques comme dans les sciences morales.

Dans la pratique du savoir, l'Église, en imposant à l'homme le joug de l'orthodoxie, lui demande un acte de renoncement qui semble à beaucoup en contradiction avec les conditions essentielles de la science. Si l'on y regarde de plus près, on verra que cette soumission à l'orthodoxie, loin d'être un obstacle au progrès des sciences, lui donne au contraire de merveilleuses facilités.

Que faut-il à l'esprit humain pour s'avancer en toute

sécurité au milieu de cet océan de faits divers, compliqués et obscurs, qui constituent le domaine des sciences naturelles? Il lui faut avant tout des données générales et profondes, des principes sur lesquels il n'ait point à s'arrêter, de façon qu'il puisse, dégagé de toute préoccupation au sujet de l'ordre supérieur et général des choses, porter toutes ses forces vers l'observation et la coordination des faits particuliers. N'est-ce point là précisément ce que lui fournit l'orthodoxie? Quels progrès sérieux l'esprit humain a-t-il fait faire aux sciences naturelles tant qu'il a été absorbé, comme il l'était dans les ténèbres du paganisme, par la recherche des principes qu'expliquent l'origine et la fin des choses? Qu'on nous dise quels progrès lui font faire aujourd'hui les rêveries du transformisme dans lesquelles s'absorbent tant d'intelligences qui seraient capables de donner, dans les sciences positives, des résultats sérieux et utiles?

Il est donc vrai que, non seulement la foi donne à l'esprit humain plus de vigueur, plus de pénétration et plus d'étendue, par la hauteur et la constante certitude des principes, mais qu'elle lui donne aussi plus de liberté. C'est là une des grandes raisons de la supériorité des sociétés chrétiennes sur les sociétés païennes quant aux sciences naturelles. Cette hardiesse d'observation, que tant d'incrédules de notre temps croient irréconciliable avec les renoncements de l'orthodoxie, c'est précisément de l'orthodoxie que l'esprit moderne la tient.

En fait, la libre-pensée va, d'une façon ou d'une autre, aboutir au matérialisme et à la morale de l'intérêt. Car il n'est point de science, si positive qu'elle soit, qui puisse résister à l'influence prolongée du matérialisme. Dans une

société où domineraient exclusivement les préoccupations
matérielles, on verrait périr insensiblement même la puissance d'exploiter, au profit de l'industrie, les données de
la science. Ce n'est pas l'intérêt qui fait faire les grandes
découvertes; souvent on n'y atteint que par une vie consu-
mée tout entière en tentatives stériles. C'est quelque chose
de plus haut que l'intérêt qui y pousse, c'est un noble
besoin de saisir la dernière application des principes aussi
bien que leur première raison. C'est l'esprit scientifique, et
non l'esprit mercantile, qui enfante les procédés vraiment
neufs et vraiment féconds. Voyez, de nos jours, qui fut
jamais plus désintéressé qu'Ampère, le premier à qui vint
la pensée d'appliquer les courants électriques aux usages
industriels! Que d'autres on pourrait citer, sans chercher
parmi de si illustres! L'esprit scientifique a besoin d'être
soutenu et protégé sans cesse par des influences supérieures aux intérêts purement matériels. Au premier moment, après un grand développement scientifique, les
applications pratiques de la science pourront se multiplier
sous la seule impulsion de l'esprit industriel. On tirera,
avec une sorte de fièvre, toutes les conséquences facilement
saisissables d'un fait connu. Mais, les conséquences épuisées, le goût des recherches, le véritable esprit scientifique
étant perdus, le mouvement s'arrêtera et ce progrès d'un jour
ira se perdre, par l'énervement du sensualisme et l'asservissement à la vie facile, dans l'immobilité et le marasme de la
décadence. L'Extrême-Orient nous offre, dans le peuple chinois, l'exemple d'une société arrivée autrefois à un assez
haut degré de civilisation, mais arrêtée dans son mouvement
et immobilisée par l'envahissement de la doctrine de l'intérêt. Le matérialisme calculateur a pénétré dans la vie de ce

peuple étrange plus profondément qu'en aucune autre
société. On en est venu en Chine à ne cultiver la science
que dans un but d'application immédiate. Aussi les connaissances physiques, qui autrefois y étaient très avancées
comparativement aux autres pays civilisés, s'y trouvent
aujourd'hui, par le défaut de cette culture désintéressée
qui leur est indispensable, à l'état élémentaire. Une routine
qui date de plusieurs siècles fait tout le fond des procédés
de l'industrie des Chinois et réduit ce peuple, si bien doué
par la nature pour tous les genres de travaux, à une triste
et ridicule impuissance.

Les grandes découvertes sont le fruit d'un travail
recueilli et suivi que les mobiles impressions de l'intérêt
matériel, et ses excitations tout extérieures, ne peuvent
inspirer. Pour atteindre aux grandes choses, il faut savoir
travailler, non pour le présent et pour la puissance du
moment, mais pour un avenir que peut-être on ne verra
pas. La profondeur et l'étendue des résultats sont au prix
de la lenteur et de la ténacité du travail. Le chrétien qui
travaille par devoir, qui s'applique à la science comme à
un apostolat, qui y cherche, non point un succès d'un
instant, mais un moyen de faire briller d'une plus vive évidence les éternelles vérités de sa foi ; le chrétien ainsi
désintéressé des préoccupations de l'heure présente et du
profit matériel, saura donner à ses recherches la puissance
de concentration et de recueillement qui les rendra vraiment fructueuses. Tandis que l'intérêt travaille pour le présent, le renoncement travaille pour l'avenir, c'est-à-dire pour
le progrès.

**La diffusion des connaissances dans le monde
ouvrier.** — Mais ce n'est pas seulement par les grandes

découvertes scientifiques, et par les procédés qui en dérivent, que la puissance du travail dépend des progrès de l'intelligence; elle en dépend encore en tant que la diffusion générale des connaissances dans les sociétés donne aux travailleurs cette aptitude intelligente qui rend le travail mieux entendu et plus parfait, qui élève le travailleur au-dessus des menus détails du travail, qui le rend capable d'en saisir la pensée première et de contribuer, dans une certaine mesure, à en diriger l'ensemble.

Répandre l'instruction dans le peuple est une œuvre difficile; elle exige, à la fois, la supériorité de l'abnégation et la supériorité de l'intelligence. Cette double supériorité s'est rencontrée dans l'Église catholique plus que partout ailleurs. Enseigner les ignorants a été de tout temps, pour les chrétiens, une œuvre de miséricorde. Cette œuvre a toujours été accomplie dans l'Église suivant les besoins des temps, mais sans oublier jamais, comme il est arrivé trop souvent de nos jours, que l'instruction ne doit point être séparée de l'éducation. Comment l'Église l'aurait-elle oublié, elle qui ne répand les lumières que pour conduire plus sûrement au bien?

Ici, comme toujours, c'est un but de perfectionnement spirituel que l'Église poursuit directement, et c'est par les voies spirituelles qu'elle est conduite, sans les avoir recherchés pour eux-mêmes, aux progrès de l'ordre matériel. Par le fait de l'unité qui règne dans l'ordre intellectuel, il est impossible d'ouvrir l'esprit de l'homme à la connaissance de Dieu sans l'ouvrir en même temps à tous les éléments des sciences purement humaines. En sorte que tout ce que fait l'Église pour moraliser les peuples par l'instruction se trouve être fait, en même temps, pour accroître leur puissance productive par la diffusion des connaissances scientifiques dans les masses.

VI

DE LA FORMATION ET DE LA CONSERVATION DU CAPITAL

Importance du capital. — Il n'est point de production sans capital, et le travail a d'autant plus de puissance qu'il dispose de capitaux plus considérables.

La prévoyance du travailleur, qui amasse des matériaux et des matières premières, ajoute à la puissance du travail en multipliant ses moyens d'action et en augmentant la masse des choses sur lesquelles il opère. Quand le producteur accroît par son économie les subsistances destinées aux travailleurs, il accroît d'autant sa puissance de commander du travail. Cette puissance, le manufacturier en usera pour étendre ses ateliers, pour compléter son outillage et perfectionner ses machines, pour faire les dépenses nécessaires à l'application des procédés nouveaux qui rendront son travail plus productif. L'agriculteur fera de même : il augmentera ses moyens de production, en appliquant le travail que ses épargnes peuvent commander à défricher des terres encore incultes, ou bien à améliorer des terres déjà exploitées par des cultures, des défoncements, des desséchements, des irrigations ; à même de payer plus de salaires, il donnera des soins plus minutieux à l'exploitation ; possédant plus de fourrages et de céréales, il entretiendra plus de bétail.

Ainsi, dans une société où régneront la prévoyance et le

travail, choses qui ne vont pas l'une sans l'autre, les producteurs multiplieront et perfectionneront sans cesse leurs
instruments de travail. Dans cette société, on verra s'augmenter, de siècle en siècle, toute cette richesse mobilière
et immobilière qui forme le capital, et l'on verra croître en
même temps, et par là même, la puissance du travail.

**L'économie et la puissance du travail, sources du
capital.** — Le capital, sous ses diverses formes, résume
toute la richesse, toute la puissance matérielle de la société;
mais c'est de l'ordre moral que procède le capital, c'est
dans l'ordre moral que réside la force qui l'engendre et qui
le conserve. Elle est tout entière dans cette habitude de se
renoncer, de se vaincre, que le christianisme donne aux
hommes et sans laquelle l'économie serait impossible. Il
ne suffit pas, pour former le capital, que le travail, par
l accroissement de sa puissance, mette à la disposition de
l'homme des ressources de plus en plus abondantes; si une
insatiable avidité pour les jouissances matérielles consomme
les produits à mesure que le travail les crée, le fonds de
richesse qui constitue le capital n'augmentera pas.

Il faudra que l'économie mette en réserve les produits
du travail pour les faire servir à en étendre dans l'avenir
la puissance. Or l'économie n'est pas naturelle à l'homme;
elle suppose un esprit de prévoyance et un empire sur soi-
même qui ne peuvent s'acquérir que par un certain développement de l'intelligence et de la volonté, et que ne saurait produire le seul instinct de la jouissance. Voyez le sauvage livré aux appétits des sens : il est aussi incapable de
prévoyance que d'économie. Et le sauvage de la civilisation,
l'ouvrier livré sans éducation, sans croyance, sans instruction, à ses corruptions natives, tel qu'on le rencontre trop

souvent, par malheur, dans les grands centres industriels,
le défaut de prévoyance et d'économie n'est-il pas une des
principales causes de ses maux? C'est que les appétits matériels, la passion du bien-être sous toutes ses formes, la
fureur de jouir et de paraître, sont des instincts impétueux
qui réclament une satisfaction immédiate ; pour l'homme
chez qui triomphent ces instincts, tout délai est une souffrance. Or, quand on ne cherche que la jouissance, qu'est-
ce qu'une satisfaction à venir, nécessairement incertaine
comme la vie humaine elle-même, auprès d'une satisfaction présente et qu'on n'a qu'à saisir?

Donnez à l'homme la conviction que sa destinée est supérieure aux besoins de la vie matérielle, qu'il est appelé à
s'élever, par une suite d'efforts sans cesse renouvelés, à une
perfection morale qui est le véritable but de son existence ;
dès lors il vivra dans l'avenir autant que dans le présent,
et son âme s'ouvrira aux conseils de la prévoyance. Mais ce
ne sera pas assez qu'il ait la conviction de l'utilité et de la
nécessité de la prévoyance. L'attrait qui le sollicite aux
jouissances du moment a sur lui, par l'infirmité de sa
nature, une telle puissance que, pour le surmonter, il faut
une préoccupation constante qui porte plus haut ses aspirations et l'attache aux immuables réalités du monde supérieur. Celui que la pratique de la vie chrétienne rappelle à
chaque instant aux choses de la vie morale et détache de
l'affection aux biens éphémères de la vie matérielle, obéira
facilement aux raisons qui lui commandent l'économie en
vue de l'avenir. D'ailleurs, l'homme qui a la conscience de
la noblesse de sa destinée sait qu'il ne vit pas seulement
pour soi, mais encore pour les êtres dans l'intérêt de qui
Dieu, en lui conférant la dignité paternelle, lui a donné

quelque chose de cette providence bienfaisante par laquelle il pourvoit à la conservation et au perfectionnement de toute chose. Le sentiment de la famille et des devoirs qu'elle impose est un sentiment éminemment chrétien, et c'est un des plus puissants motifs de pratiquer l'économie.

Impuissance de l'esprit utilitaire pour former le capital. — La passion du bien-être, dont on a voulu faire le mobile de tout progrès, est chose essentiellement personnelle comme la jouissance elle-même. S'il n'y a plus dans le monde que des jouissances, si l'extension des jouissances, la poursuite du bien-être, est l'œuvre unique et le but dernier de la vie, pourquoi ne poursuivrais-je pas ce but à outrance et à mon profit exclusif? Tout ce que je retrancherais de mes jouissances serait autant de retranché de ma vie, autant de dérobé à l'accomplissement de ma destinée. Pour qui a voué sa vie aux jouissances de la matière, qu'importe le bien-être ou la misère de ceux qui lui survivront? Il ne sera pas témoin de leurs souffrances, comment pourraient-elles le toucher? Ils feront comme lui-même a fait : ils poursuivront au jour le jour des satisfactions aussi étendues que possible, au prix de la moindre peine possible. Voilà les conséquences logiques du principe sensualiste. Et n'est-ce pas ainsi que les entendent les ouvriers de la grande industrie, qui, pour un misérable gain à l'aide duquel ils couvriront quelques-unes des dépenses d'un luxe coupable, livrent à la dévorante ardeur d'un travail prématuré le corps et l'âme de leurs enfants?

On ne prend pas garde, quand on prétend fonder l'économie sur le seul mobile de l'intérêt, que, par une inconséquence qui tient aux habitudes profondément chré-

tiennes de notre esprit, on suppose aux hommes des sentiments auxquels l'intérêt, s'il régnait absolument sur les
sociétés, ne laisserait aucune place. Livrez les âmes à la
passion des jouissances, et les affections de la famille, la
sollicitude du père pour l'avenir de ses enfants, tous ces
sentiments qui sont les grands ressorts de notre vie sociale,
qui sont la force et l'honneur de nos sociétés, iront se
perdre dans cet abime d'égoïsme où s'est abimé le monde
antique, livré sans défense par le paganisme à la domination de toutes les cupidités.

L'esprit d'épargne ne doit pas tourner à l'avarice.
— Mais l'économie, comme toutes les choses de ce monde,
doit fuir les excès, et elle a besoin d'être contenue dans les
limites de la sagesse. Une société où chacun ne songerait
qu'à amasser du capital aurait bientôt perdu tout ce qui
fait la noblesse et le charme de la vie humaine. L'intérêt,
la dureté, l'égoïsme y régneraient sans partage, et amène-
raient inévitablement la séparation et souvent l'hostilité
de tous envers tous. Le principe chrétien, en même temps
qu'il donne l'impulsion à l'économie, lui donne aussi la
mesure. L'affection vraie, l'affection chrétienne envers la
famille, exclut l'avarice et la cupidité. Elle conseille l'usage
modéré de la richesse en vue de ce qu'elle peut ajouter
d'intelligence et de dignité à la vie. D'ailleurs, là où règne
l'esprit chrétien, là aussi règne la charité. Or, comment le
cœur qu'anime cette vertu céleste pourrait-il subir la
domination de l'avarice? Le sentiment chrétien inspirera à
ceux qui ont déjà conquis l'aisance ou la richesse une sage
et douce libéralité : en même temps il donnera aux classes
inférieures, qui aspirent à se créer un avenir par le travail,
cette énergie de l'épargne et cette puissance de la priva-

7.

tion, qui sont les premières conditions de leur progrès dans la vie sociale.

L'esprit d'épargne et l'esprit de travail proviennent de la même source. — On l'a dit avec raison, le capital est l'expression matérielle de la vertu d'un peuple. L'énergie morale d'un peuple se mesure par son capital comme par son travail. Le travail et l'économie se tiennent de près ; ce sont des manifestations diverses d'une même force. Le renoncement, d'où le travail tire cette constante énergie qui est la source de sa puissance, donne aussi à l'homme cet empire sur ses besoins, ce détachement des satisfactions du moment qui est la condition de toute économie. De plus, par cela même que le travailleur sera appliqué de cœur à son travail, il en comprendra mieux les conditions ; avec la force morale, qui rend possible l'économie, il aura aussi le sentiment plus vif de sa nécessité.

Ce sera donc par une même impulsion, partie des profondeurs mêmes de notre âme, que la richesse se formera, se conservera et se perpétuera dans la société, grâce à un travail sans cesse renouvelé, accompagné d'une constante économie. On verra toujours l'énergie de l'épargne s'exercer en même temps que l'énergie du travail. L'histoire porte témoignage de ce fait. Le capital croît ou décroît, suivant que les hommes se montrent plus vaillants ou plus lâches au travail. On peut, à propos du capital, refaire cette comparaison que nous avons faite à propos du travail, entre les sociétés païennes et les sociétés chrétiennes. Je l'ai développée au chapitre VIII du deuxième livre de la *Richesse dans les sociétés chrétiennes.*

VII

LA PROPRIÉTÉ, LA LIBERTÉ ET LA DIGNITÉ DU TRAVAILLEUR, PAR RAPPORT A LA PUISSANCE DU TRAVAIL

La liberté et la propriété sont inséparables. — La liberté et la propriété ne peuvent se séparer. Elles prospèrent et grandissent, elles déclinent et meurent en même temp.. L'homme libre est naturellement propriétaire des fruits de son travail, ainsi que des fruits du travail de ceux dont, par la communauté du sang ou les liens de l'affection, il continue en ce monde la personne. Oter à l'homme les biens qui sont le fruit de son travail, ou du travail de ses auteurs, c'est atteindre la liberté dans le passé et constituer une sorte d'esclavage rétroactif. Lui ôter la certitude de jouir, par lui et les siens, des fruits de son travail, c'est détruire la liberté dans l'avenir en la privant de ses conditions naturelles de développement. D'un autre côté, priver un homme de la liberté, c'est-à-dire lui ôter la personnalité en laquelle la liberté se résume, et sur laquelle repose tout droit, c'est du même coup lui ôter la propriété qui ne peut subsister là où il n'y a plus de propriétaire.

La liberté et la propriété sont deux forces qui s'appellent et se supposent l'une l'autre. Unies dans leur principe, elles le sont aussi dans leurs effets sur l'ordre social. C'est par les mêmes mobiles qu'elles sollicitent les volontés.

Sans la propriété, le travail languit faute d'intérêt pour le travailleur. — L'intérêt, à lui seul, ne peut

suffire à mettre en pleine activité la puissance productrice
de l'homme. Nous l'avons dit, le travail est une peine et
ce n'est qu'à la source de toutes les vertus, dans l'esprit
de renoncement inspiré de la pensée de Dieu, que nous
puisons la force d'accepter cette peine. Mais le renoncement
n'exclut pas l'intérêt propre. En se renonçant par devoir,
l'homme a le droit de tirer de ses renoncements les avantages terrestres, qui sont les conditions du plein accomplissement de ses destinées en ce monde. Seulement le
chrétien qui se renonce apportera toujours dans la poursuite des biens temporels la modération sans laquelle
l'usage conduirait promptement à l'abus. Mais dans les
limites de cette sagesse qui le place au-dessus des séductions de la richesse, il lui sera permis de rapporter à
lui-même, et à ceux que le sang et l'affection attachent à
lui, les fruits qui naîtront de son travail. Ce sera pour lui
un but, non seulement légitime, mais louable.

Rien n'est plus dans la nature des choses que la propriété. La supprimer ou l'altérer, dans l'un ou l'autre des
droits qui sont de son essence, c'est ébranler la société dans
ses bases mêmes et renverser, du même coup, l'ordre
moral et l'ordre matériel.

Plus le travailleur sent que c'est à lui que doivent
revenir les produits de son œuvre, plus il y met de suite
et de vigueur. Otez à la plupart des hommes l'assurance
de pouvoir, par leur labeur, sous la garantie du droit de
propriété, mettre leur vie à l'abri des chances de l'avenir,
ôtez-leur le droit d'assurer après eux, par leur travail, une
existence à ceux dont le bien les touche plus que leur
propre bien, et vous verrez l'activité humaine, bornée dans
ses vues à l'heure présente, languir et bientôt s'éteindre.

Grande serait l'erreur de ceux qui croiraient que l'aiguillon sans cesse renaissant du besoin présent suffit pour déterminer les hommes à prendre la peine d'un travail constant. La pauvreté portée à un certain point arrête l'activité humaine au lieu de l'exciter. L'homme est fait pour vivre dans l'avenir plus que dans le présent; il lui faut, pour se soutenir au milieu des labeurs de la vie, avoir toujours l'avenir présent à la pensée. Quand il sait qu'il ne peut plus y compter, le découragement le saisit et étouffe en lui le souci même du présent.

Sans la propriété qui donne la sécurité de l'avenir, autant qu'il est permis d'y atteindre dans les choses humaines, jamais le travail et l'économie n'augmenteraient le capital mobilier qui alimente la production; jamais la terre ne recevrait, des labeurs toujours pénibles et sans cesse renouvelés de la culture, cet accroissement de fécondité sans lequel la société serait condamnée à l'immobilité dans la misère. Aujourd'hui qu'une crise agricole aussi intense qu'inattendue, et dont on ne peut prévoir l'issue, ôte la sécurité au propriétaire et au cultivateur, fait-on encore beaucoup d'améliorations au sol? Fait-on même les transformations qui semblent le plus commandées par la situation et pourraient seules en atténuer la gravité?

Comment l'esclavage énerve le travail. — Toujours l'esclavage, en ôtant à l'homme la propriété avec la liberté, a frappé de stérilité le travail de l'esclave. C'est l'esclavage qui a été le principal obstacle au progrès matériel chez les peuples de l'antiquité. En lui se résumaient les deux passions dont la domination croissante finit par éteindre toute la force du travail : l'orgueil et la sensualité. Les hommes libres, qui formaient l'aristocratie des sociétés païennes,

crurent avoir pourvu à la fois aux besoins de la société et
à la satisfaction de leurs instincts de paresse et de jouissance, en reportant le travail sur l'esclavage toujours étendu
et aggravé. Sans le savoir, ils n'avaient fait que donner une
nouvelle énergie aux causes qui devaient ruiner et perdre
la société antique. L'esclavage, à mesure qu'il se dévelop-
pait dans les sociétés païennes par le progrès des idées
dont il tirait son origine, enracinait dans les classes domina-
trices les habitudes de luxe et de paresse qui devaient
finir par tout épuiser. L'homme libre ne travaillait pas, et
l'esclave travaillait mal. L'esclave empruntait à l'homme
libre ses vices, et les lui renvoyait grossis de tout ce que
la servitude peut ajouter à la corruption. Et ce fut de cette
complicité de la liberté et de la servitude dans les mêmes
corruptions et les mêmes défaillances, que sortit le long et
honteux abaissement où périt le monde romain.

Le fait de l'infériorité du travail servile par rapport au
travail libre est une question depuis longtemps vidée. Elle
a été profondément étudiée pour le monde ancien comme
pour le monde moderne, et l'on peut se dispenser d'y insister. Alexis de Tocqueville, dans le tableau qu'il a tracé
de la démocratie américaine, alors que l'esclavage déshono-
rait encore les institutions de la grande république de l'Amérique du Nord, a fait ressortir en traits saisissants cette
vérité économique, qui n'est plus contestée aujourd'hui.

**Pour que le travail ait toute sa puissance, il faut
que le travailleur ait toute sa dignité.** — Pour que
le travailleur s'applique énergiquement au travail, pour
qu'il y mette son esprit et son cœur, il ne suffit pas qu'il
se sente libre et assuré de percevoir les fruits de sa peine,
il faut encore qu'il se sente honoré dans son labeur.

L'homme est naturellement grand, et il porte en toutes choses le sentiment de sa grandeur native. L'honneur est toujours sa loi. Ne demandez aux hommes aucun effort soutenu au nom de l'intérêt matériel seul, comme le fait le sensualisme économique. Quand des sociétés où semblent régner souverainement les préoccupations du gain, accomplissent de grandes choses dans l'ordre matériel, c'est qu'elles vivent encore d'une impulsion reçue en des temps où l'esprit vivifiait et ennoblissait tout. Ainsi en est-il des États-Unis, qui, dans leur fièvre d'industrie, poursuivent un but plus haut que le succès purement matériel : la conquête, par le travail, d'un monde où régnaient jusqu'ici les seules forces de la nature.

En elle-même, par les conditions extérieures où elle s'accomplit, l'œuvre du travail est souvent avilissante ; elle tient l'homme courbé vers la terre, et parfois presque plongé dans la boue. Si vous ne considérez que son but immédiat, qui est la satisfaction des besoins matériels, elle tend également par là à abaisser l'homme en l'attachant à la matière. Mais établissez fermement, comme le fait la doctrine catholique sur la destinée de l'homme et les moyens de la réaliser, la grandeur de l'homme par la grandeur de la fin à laquelle il est appelé, par la grandeur de la volonté qui poursuit cette fin ; faites voir que le travail, en épurant et en fortifiant la volonté, élève l'homme vers sa fin supérieure ; établissez que l'homme n'est point grand par les jouissances dont il s'entoure, mais par le progrès d'affranchissement intérieur de l'âme qui tend à le ramener à Dieu, source de toute grandeur ; montrez que le travail, par les sacrifices dont il est l'occasion, par les abjections mêmes qui souvent en sont inséparables, aide l'homme à opérer en lui cette rédemption qui est la condition première de tous les progrès ; fixez dans ce sens les convictions et les habitudes de la société, et vous aurez rendu au travail toute sa dignité.

La liberté politique favorise l'expansion du travail aussi bien que la liberté civile. — Tout ce qui diminue la liberté du travailleur et la certitude qu'il a de jouir des fruits de sa peine, diminue d'autant la puissance productive du travail. La liberté politique, pas plus que la liberté civile, n'est indifférente pour la richesse. Les peuples qui ont fait de grands et durables progrès dans la richesse sont des peuples libres, et le plus souvent on a vu s'éteindre chez eux la prospérité matérielle avec la liberté. L'homme est fait pour la liberté comme pour l'honneur, l'un ne va pas sans l'autre. Plus il se sent maître de ses destinées, plus il déploie toutes les ressources de son activité et de son génie. Il est bien entendu que je ne parle ici que de ces libertés vraies, saines, pacifiques, que j'ai appelées ailleurs *les libertés populaires*, qui sont les libertés de tout le monde, qui protègent les droits à tous les degrés de la hiérarchie sociale, en haut comme en bas, et qu'il ne s'agit en aucune façon de cette liberté démocratique, qui n'est qu'abus et licence, et qui a toujours pour terme l'absolutisme de l'État dans l'ordre économique comme partout.

Les atteintes indirectes que subit le droit de propriété dans les régimes où règne l'arbitraire, soit démocratique, soit césarien, ne sont pas moins nuisibles au travail que les systèmes qui l'attaquent ouvertement et directement. La guerre entreprise sans motifs impérieux, les révolutions, les impôts excessifs, les spoliations légales, ôtent égale-

ment au travail la sécurité, et paralysent également la
production. La guerre nuit doublement à la production, et
par les bras qu'elle enlève au travail, et par l'inquiétude
qu'elle inspire au producteur. Un système d'impôts spoliateurs, qui tend à absorber d'une manière constante, à
mesure qu'elle se produit, la richesse des particuliers,
épuise le travail et le décourage bien plus encore que la
guerre. Quant aux révolutions, notre siècle sait ce qu'elles
coûtent et comment se résument en elles toutes les calamités
des impôts spoliateurs, de la guerre et de la servitude.

C'est une longue et intéressante histoire que celle de la
liberté et de la propriété dans les sociétés païennes et dans
les sociétés chrétiennes. Elle se lie intimement à l'exposé
des transformations par lesquelles passent les populations
livrées au travail, quant à leur condition civile et politique.
Cette histoire a, surtout en ce siècle, fixé l'attention des
savants les plus éminents, et leurs travaux y ont répandu
de vives lumières. Elle confirme, par l'autorité des faits,
les considérations que je viens d'émettre à propos de l'action décisive qu'exerce sur la puissance du travail la possession de droits dont plusieurs semblent aujourd'hui ne
pas apprécier suffisamment l'importance pour l'ordre
économique. J'ai résumé cette histoire dans les chapitres x et xi du livre II de *la Richesse dans les sociétés
chrétiennes*.

Le collectivisme. — Depuis cinquante ans, nous assis-
tons à des expériences sociales qui sont pour nos sociétés,
et pour l'ordre du travail qu'elles pratiquent depuis des
siècles, une perpétuelle menace. La conséquence inévitable
des innovations auxquelles poussent des convoitises sans
frein et des ambitions sans scrupules, serait d'ôter aux

peuples modernes cette liberté des personnes et des propriétés que quatorze siècles de christianisme leur ont
laborieusement conquise.

Depuis ces dernières années, le communisme ou, comme
on dit aujourd'hui, le collectivisme, qui est au fond de
toutes les conceptions socialistes, s'affirme avec une netteté
qui en fait mieux saisir le danger. Il s'insinue, à des degrés
divers, partout, même parmi ceux qui, à raison de leurs
convictions chrétiennes, devraient en être les adversaires
les plus résolus.

Pour donner une idée de ce que pensent et veulent
aujourd'hui les socialistes, je prends un système que son
auteur nous présente comme *la quintessence du socialisme*.
Conçu et développé avec une vigoureuse logique, cet essai
de collectivisme pratique nous fait voir, à l'évidence, dans
quelle perturbation économique et sociale le socialisme
nous jetterait. L'auteur du système, M. Schaeffle, un ancien
ministre autrichien, en explique comme suit la donnée
fondamentale et les applications :

« Remplacement du capital privé, c'est-à-dire du mode
de production spéculateur privé sans autre règle sociale
que la libre concurrence, par le capital collectif, c'est-à-dire
par un mode de production qui, fondé sur la possession
collective de tous les moyens de production par tous les
membres de la société, produirait une organisation plus
unifiée, sociale, collective, du travail national.

« Dans l'État capitaliste actuel, quiconque possède un
capital fait librement toute entreprise quelconque avec une
partie de la production nationale, cela dans son intérêt
privé, et ne subit une influence sociale quelconque que
par la réaction hydrostatique, pour ainsi dire, de tous les

autres concurrents, qui sont, comme lui, à la recherche
du gain.

« Dans l'Etat socialiste au contraire, les moyens d'organiser toute production et toute circulation des richesses
(c'est-à-dire le capital, la source des moyens de production),
seraient la propriété commune de la société dont les organes collectifs, d'une part, coordonneraient toutes les forces
séparées de travail pour les fondre dans l'organisation du
travail collectif, et, d'autre part, distribueraient tous les
produits de cette coopération sociale au prorata du travail
de chacun. En conséquence, il n'y aurait plus ni affaires
privées, ni entreprises privées, mais seulement le travail
collectif organisé de tous, dans les établissements de la
production et de l'échange socialement organisés avec le
capital collectif. Les rapports de gain (pour les capitalistes)
et de salariat (pour les ouvriers) seraient abolis.

« Les travailleurs recevraient des émoluments en raison
de leur travail.

« Les moyens nécessaires pour chaque genre de production devraient être fixés par l'enquête officielle et continue
des administrations de la vente, et par les comités direc-
teurs de la production. L'industrie sociale se réglerait sur
ces déterminations. Le déficit ou surcroît occasionnel des
produits serait balancé de temps à autre, relativement aux
besoins, par une mise en réserve dans les magasins, qui
deviendraient de véritables entrepôts publics.

« Tel est incontestablement, et pris dans son sens le
plus général, le collectivisme opposé au cap' .lisme; telle
est la quintessence de l'organisation sociale opposée à
cette *concurrence anarchique* actuelle, qui, selon les socialistes, au lieu de remplir une fonction sociale, unifiée et

consciente, de la production et de la circulation des richesses, n'est qu'un jeu et un combat de concurrents luttant pour avoir une plus grande part dans la curée. »

Voilà le système. L'État y est le grand producteur et répartiteur des richesses. Il distribue à chacun sa tâche dans le travail social; il attribue à chaque entreprise la somme des avances qu'elle nécessite; il met à la disposition de l'administration tout le produit, lequel lui est cédé par les producteurs contre des bons représentant une certaine valeur de travail; en échange de ces bons, les travailleurs tirent des magasins de l'État les divers objets de leur consommation, et l'État se trouve avoir opéré de cette façon la distribution générale des produits créés par l'activité commune.

Mais lorsque l'État est de la sorte grand organisateur du travail et grand distributeur de ses produits, il est aussi, de toute nécessité, par la multitude des employés indispensables pour le fonctionnement de ses services économiques, grand consommateur. Il est même à craindre qu'il ne soit plus grand consommateur et plus grand dissipateur des richesses produites par les bras de l'ouvrier que ne le sont aujourd'hui les patrons sous le régime de la liberté et de la concurrence, même avec les instincts de luxe et de jouissance auxquels un trop grand nombre d'entre eux obéissent.

Toutes les entreprises seront donc, suivant les arrangements économiques du collectivisme, réglées et alimentées par l'État. La liberté, l'initiative et la responsabilité des patrons ont disparu. Il n'y a plus pour eux ni risques, ni profit. C'est l'État qui d'autorité donne à la production cette impulsion qu'elle reçoit, dans les sociétés organisées comme les nôtres, de la libre activité des travailleurs

En supprimant l'initiative et l'action propre du patron, l'État collectiviste ne supprime pas les difficultés, les tiraillements, les perturbations dont on prétend que le système de la liberté et de la propriété privée est la source. Seulement les difficultés et les perturbations restant au fond les mêmes, leurs effets, sous le régime du collectivisme, apparaissent dans la vie sociale d'une autre façon. A la place des oscillations, des incertitudes, des secousses parfois violentes que produit le jeu naturel de la liberté, il y aura l'arbitraire, le favoritisme, l'exploitation cupide et passionnée, la contrainte non moins violente, d'une action absolutiste qui disposera des intérêts économiques, lesquels se trouvent étroitement liés, par la nature des choses, à l'activité privée et à la vie intime de chacun. Ce sera la servitude de tous les travailleurs sous la direction de l'État. Nul ne produira plus pour soi, mais pour tous; l'intérêt direct de chaque travailleur dans le travail auquel il se livre ayant disparu, la puissance du travail, par les raisons que nous avons exposées plus haut, aura perdu un de ses principaux ressorts, et l'on verra se ralentir et même s'arrêter le mouvement qui répand la fécondité dans tous les genres de travaux.

Nécessité d'affirmer le droit de propriété en toute son étendue. — Affirmer le droit de propriété, en montrer la justice et la nécessité, est aujourd'hui, particulièrement dans l'enseignement des sciences économiques, un devoir de défense sociale. Mais il ne suffit pas d'affirmer le droit en général, il faut le définir et définir les droits qui s'y rattachent essentiellement. A quoi serviraient des déclarations générales sur l'inviolabilité de la propriété, si l'on allait en rendre le principe vain et dérisoire dans ses applications à la vie industrielle?

Vous êtes propriétaire, dira-t-on au capitaliste qui fait
fructifier ses capitaux dans une entreprise industrielle,
vous êtes légitime propriétaire et personne ne peut, sans
manquer à la vérité et à la justice, mettre en doute votre
droit : mais il y a la nécessité sociale, le bien général, qui
peuvent contre-balancer et primer votre droit.

Se souvient-on du souper qui fut servi à Sancho Pança
dans l'île de Barataria? Le menu était splendide et le
brave homme se réjouissait fort à la pensée de la bonne
chère qu'il allait faire. Mais à côté de lui se tenait le
médecin chargé de veiller à la santé de Monsieur le Gou-
verneur, laquelle était d'intérêt public et demandait des
sacrifices. D'un coup de baguette le docteur mettait l'interdit sur les meilleurs plats. Pense-t-on que le fidèle écuyer
du vertueux hidalgo fût très content de ce souper, et qu'il
ne fit pas quelques réflexions sur l'inanité des avantages
de son gouvernement? Que doivent penser les propriétaires
des protestations de respect dont certaines écoles accablent
la propriété, lorsqu'ils aperçoivent la baguette du socialisme d'État qui, sous prétexte d'intérêt social, met l'interdit sur des droits qu'on a toujours considérés comme
essentiellement liés au droit de propriété, et qui en font
tellement partie que les retrancher ce serait rendre illu-
soire le droit de propriété lui-même? Pourquoi est-on propriétaire, si ce n'est pour user librement de sa propriété
et en disposer selon sa conscience et ses convenances?

On se croit à l'abri de l'accusation de socialisme, lorsqu'on crie sur tous les tons : O propriété, sainte propriété!
Mais que signifient ces révérences et ces apologies, si la
spoliation du propriétaire s'exerce sous le prétexte de la
nécessité de faire une part plus grande à ceux qui ne se

trouvent pas assez bien traités dans la répartition de la richesse, sous l'empire des règles consacrées par la doctrine et la tradition dans les sociétés chrétiennes? Croit-on, par exemple, que le patron considère son droit de propriétaire comme suffisamment respecté, lorsqu'on prétend lui imposer, de par la loi, le partage des bénéfices, légitimement acquis, avec des coopérateurs qui n'y ont aucun droit? Et pourtant, n'avons-nous pas entendu plus d'une fois des sociologues qui se vantaient d'échapper à toute accusation de socialisme par le fait de leurs protestations en l'honneur de la propriété, ne les avons-nous pas entendus, ces sociologues, réclamer avec insistance la participation obligatoire de l'ouvrier aux bénéfices, ou d'autres mesures du même genre, et en user avec le propriétaire comme si la propriété n'existait pas?

Il y a, en présence de tels abus et de telles audaces, devoir, et devoir impérieux pour tous ceux qui possèdent quelque influence, de ramener les esprits, égarés par de vaines déclamations, à la rigueur de la doctrine en matière de justice et de propriété.

VIII

INFLUENCE DE LA CONCURRENCE SUR LA PUISSANCE DU TRAVAIL

Avantages de la concurrence pour la production. — Au seul point de vue de la production et de la puissance du travail, il serait difficile de contester les avantages de la libre concurrence pour notre temps. Les corporations eurent, au moyen âge, leur raison d'être; elles eurent leur jour de prospérité et de grandeur. Essayer de les restaurer, avec les conditions de privilège et de contrainte dans lesquelles elles vécurent autrefois, ce serait engager contre les instincts les plus profonds de nos sociétés une lutte impossible. Les associations ou corporations d'ouvriers et de patrons ont aujourd'hui à remplir une mission d'assistance fraternelle qui, laissant de côté tout ce que leurs anciennes règles auraient de contraire à nos mœurs et aux conditions actuelles de l'industrie, les ferait remonter à leur but primitif. Je parlerai ailleurs de cette mission de charité fraternelle et d'assistance mutuelle, qui peut être de nos jours si féconde pour le bien-être de la classe ouvrière. Les corporations pourraient aussi remplir aujourd'hui une mission d'honnêteté et de loyauté industrielles dont les résultats seraient considérables; j'en dirai un mot plus loin. Mais en tant qu'elles reposaient sur le monopole et la réglementation du travail, leur règne est définitivement passé.

Ce n'est pas que le régime de la libre concurrence n'ait ses côtés faibles et périlleux. Conséquence inséparable du principe de la liberté, tellement qu'elle se confond avec lui, la concurrence met merveilleusement en jeu toutes les forces de la liberté. Elle imprime au travail, par la nécessité de bien faire pour parvenir au succès, un essor qu'il ne prendrait jamais sous les impulsions factices de l'autorité. Par le stimulant de la concurrence, l'activité du travail s'accroît, les procédés se perfectionnent, l'économie de la production devient plus sévère; tout profite, rien ne se perd des forces du travail; en un mot, chacun prend de la peine afin d'obtenir pour son produit une préférence qui ne s'accorde qu'à la supériorité de la qualité et du bon marché. Telle est la bonne concurrence, la concurrence loyale, qui se résume en un accroissement continu de la puissance productive du travail. De cette concurrence-là le producteur et le consommateur tirent un égal avantage.

Inconvénients de la concurrence. — Mais la concurrence se présente-t-elle toujours dans ces conditions de loyauté et d'activité sérieuses? N'est-elle pas trop souvent l'occasion de manœuvres par lesquelles on réussit à attirer le consommateur sans améliorer le produit? Ne fournit-elle pas trop souvent à des entreprises factices le moyen de supplanter et d'anéantir les entreprises honnêtes, et de priver la société du profit qu'elle retirerait de celles-ci, ne laissant à la place qu'une production bientôt discréditée?

Il n'est que trop vrai que, de nos jours, la concurrence a souvent ces déplorables conséquences; mais faut-il les attribuer à la concurrence elle-même, ou bien au milieu dans lequel elle s'exerce? La concurrence, c'est la liberté. Qui peut nier que la liberté ne soit en elle-même une bonne chose? Mais qui peut nier aussi que la liberté n'ait besoin d'être toujours guidée par une intelligence droite, contenue par les principes d'une forte et rigoureuse moralité, inspirée par un sincère amour de l'homme pour l'homme, lequel n'est qu'un rêve si la charité chrétienne n'en est la source? Hors de ces conditions, la liberté dégénère en excès, en désordres, en spoliations de toute sorte; elle aboutit à l'exploitation des faibles par les forts et laisse pleine carrière à l'injustice et à l'oppression, contre lesquelles il semble qu'elle devrait être le plus sûr préservatif.

Nos sociétés, par leur oubli de la vertu chrétienne, par leur esprit d'individualisme étroit et avide, qui est la conséquence de la disparition de l'esprit chrétien, portent en elles-mêmes la cause de tous les abus dont on accuse

8

communément le régime de la concurrence. N'oublions pas
que les grandes libertés ne sont possibles que par les
grandes vertus.

La société, sous des formes diverses, a toujours à poursuivre un même but : le perfectionnement constant de
l'humanité dans l'ordre moral, puis, comme conséquence
et comme moyen, l'amélioration constante dans les conditions de la vie matérielle. Supposez qu'à un moment donné,
la liberté, laissant le champ ouvert à toutes les passions
mauvaises, n'engendre plus, au lieu du progrès, qu'un
abaissement continu dans l'ordre moral, et, par suite, des
perturbations ruineuses dans l'ordre matériel; sous la
menace d'un tel danger la société ne serait-elle pas obligée
de consentir à se laisser retrancher ce bien de la liberté,
le plus précieux des biens pour ceux dont la sagesse sait
en tirer les fruits? Est-il impossible, à certains indices qui
parfois se révèlent aux regards des moins clairvoyants ou
des plus prévenus, de prévoir et de redouter le jour où la
libre concurrence aboutirait, par la concentration des
forces, sous l'impulsion d'une sauvage passion de luxe et
de grandeur matérielle, à paralyser les forces productives
des petits travailleurs? Que feraient-ils, livrés à eux-mêmes,
ces petits travailleurs? Pourraient-ils lutter avec succès
contre l'effort de toutes les cupidités liguées pour leur
enlever, à l'abri d'une légalité trompeuse, les fruits de la
liberté? Que ferait alors l'autorité, placée entre le respect
d'un principe et la nécessité de protéger, en fait, la liberté
légitime de tous contre la liberté abusive de quelques-uns?

Dans une société qui aurait laissé s'amoindrir en elle
cette puissance de la modération, de la justice et de la
charité que donne la pratique de la vertu chrétienne et

qui est la première condition de la liberté, dans une telle
société, on pourrait gémir sur la perte de la liberté, sans
oser souhaiter de lui voir reprendre un empire dont les
vices du temps feraient une calamité. N'en serons-nous
pas là bientôt, si la société poursuit sa marche précipitée
dans la carrière de cupidité et d'égoïsme où le vide des
croyances la laisse s'égarer? Demandons à Dieu qu'il nous
épargne les hontes et les souffrances dont une pareille
déchéance serait infailliblement accompagnée! Une seule
chose peut sauver la liberté, et avec elle les sociétés
modernes : une révolution dans les mœurs par laquelle les
hommes soient ramenés à la foi et à la pratique chrétiennes.

Les correctifs aux abus de la concurrence. — C'est
quand il s'agit des causes de la misère que les abus de la
concurrence éveillent les répulsions et les craintes les plus
vives. Si l'on envisage la production des richesses seule·
ment, en tant que cette question puisse être séparée de
celle de la condition des classes ouvrières, le péril paraîtra
moins grave et moins pressant. Il importe néanmoins que
des abus toujours sérieux, et préjudiciables au bien-être
général de la société, soient évités.

C'est particulièrement par l'association des producteurs,
de ceux qui pratiquent laborieusement et honnêtement
leur industrie, que les fâcheuses conséquences de ces abus
peuvent être arrêtées, ou du moins contenues. Dire quelle
forme doit prendre dans ce cas l'association, c'est chose
impossible *a priori* et d'une façon générale. Cette question
ne peut être résolue que par ceux-là même qui y sont les
premiers intéressés, et avec le concours des pouvoirs
publics, qui interviendraient sans imposer jamais de con-

trainte, et en vue seulement de prêter appui à la libre
initiative des producteurs. En tous cas, la liberté restera la
règle et la restriction ne s'exercera que lorsqu'il y aura
nécessité sociale par suite d'injustice manifeste. La doctrine contraire va inévitablement au socialisme.

Les syndicats de patrons, s'ils étaient animés d'un véritable esprit de modération, de sagesse et de charité chrétiennes, rendraient de grands services. On a vu, même en
dehors des salutaires influences de la vie chrétienne, ces
institutions exercer une très heureuse action pour maintenir la probité dans la fabrication et garantir à l'acheteur
la qualité des produits. Elles pourraient être aussi très efficaces pour conjurer le mal de la surproduction, un des
plus redoutables que la concurrence engendre, un des plus
féconds en calamités. Lorsque les patrons, réunis dans
les corporations ou syndicats, pourront s'éclairer mutuellement sur la situation du marché, sur les risques que
présentent les entreprises exagérées et d'ordinaire peu
réfléchies, il y aura parmi eux moins de facilité à s'y
livrer. En outre, par l'autorité que prendrait l'association,
par l'intimité qui s'établirait entre les associés, il se for-
merait, dans le monde industriel, une opinion que l'on
hésiterait à braver.

Je l'ai dit, en traitant, dans *le Patron*, des devoirs des
chefs d'industrie : « quand on cherche le moyen de faire
respecter, dans la pratique industrielle, les règles de la
justice chrétienne, comme aussi les règles de la charité,
de réprimer les fraudes ou les pratiques indélicates auxquelles pousse une concurrence stimulée par la cupidité,
d'assurer le respect des principes de l'humanité et des
devoirs de la charité envers les ouvriers; en un mot, d'ob-

tenir des patrons l'accomplissement, aussi étendu que possible, des devoirs des industriels, soit envers leurs ouvriers, soit envers les consommateurs et la société tout entière, l'association est le meilleur moyen, on peut même dire le moyen nécessaire de produire et de maintenir l'entente et le concert entre les patrons, sans lesquels ici rien ne peut se faire. »

Mais pour que les associations, corporations, syndicats pussent exercer pleinement leur salutaire action, il faudrait qu'ils fussent pénétrés de l'esprit chrétien. Faute de cet esprit, c'est à peine s'il est possible qu'ils se forment dans des conditions d'importance et d'influence suffisantes. Que nos sociétés recouvrent, avec l'esprit et les habitudes de la vie chrétienne, l'esprit d'initiative et l'esprit d'association qui en sont des traits distinctifs, et, aujourd'hui comme au moyen âge, les travailleurs sauront bien trouver la forme la plus propre à la protection du travail.

IX

LA DIVISION DU TRAVAIL.

Considérations générales. — La division du travail est une loi générale de la vie humaine, aussi bien que le travail même. Chacun prend, dans l'œuvre assignée à l'humanité par la Providence, le rôle particulier vers lequel le portent ses aptitudes naturelles et les conditions extérieures de ses premiers développements. La diversité dans l'unité, telle est la loi universelle du monde; la division du travail manifeste cette loi quant à l'existence sociale.

Le travail réparti entre une multitude de fonctions diverses tend néanmoins, par son résultat final, à l'unité. Toutes ces fonctions particulières, entre lesquelles se partage l'activité sociale, se réunissent pour former, par l'assistance mutuelle, la vie commune et complète d'un peuple. Aussi n'est-ce point sans raison qu'on a comparé la société à un organisme, vivant et se mouvant par la force du principe interne d'unité qui rattache les unes aux autres toutes ses parties. C'est par le concours de tous les efforts individuels dans la tâche spéciale imposée à chacun, que s'accomplit la mission particulière confiée aux divers peuples par la disposition providentielle, et c'est par la fidélité de chaque peuple à cette mission, que s'accomplit le mouvement général par lequel l'humanité réalise les destinées que la volonté de Dieu lui a assignées. L'ordre social tout entier repose donc sur ce concours de tous à une œuvre commune; chacun y apporte un effort qui resterait stérile s'il était isolé, et qui ne peut être fécond qu'à la condition de s'unir et de se coordonner aux efforts de tous.

L'ordre matériel, qui reflète en toutes choses l'ordre moral, compte parmi ses lois premières et générales la loi de la coopération et de la division du travail. En divisant le travail, on accroît sa puissance; plus sera précis et limité le cercle d'action dans lequel est renfermé chacun des travailleurs qui concourent à la production de l'ensemble des richesses réclamées par les besoins de la vie humaine, plus la masse de ces richesses se trouvera considérable et plus parfaits seront les objets qui composent cette masse.

La division du travail peut s'opérer à des degrés divers, mais toujours l'effet en est le même. Elle s'effectue de peuple à peuple, de pays à pays, de commune à commune, de famille à famille, de façon que chacun prend, dans les grandes industries entre lesquelles se partage l'activité humaine, celle qui répond le mieux à ses prédispositions personnelles, aux aptitudes du sol et du climat où Dieu l'a placé, enfin à tout cet ensemble de circonstances, résultat de la double action de la Providence et de la liberté humaine, qui détermine le caractère et les propensions des différentes populations, et des différentes familles dans une même population. Ceci est la division générale du travail.

La division s'établit aussi dans une même production, répartissant entre divers groupes de travailleurs les diverses transformations par lesquelles doit passer le produit, et répartissant dans chaque groupe, entre les divers travailleurs qui le composent, les différentes opérations nécessaires pour la transformation à laquelle ce groupe s'applique; de telle sorte que chacun de ces travailleurs n'accomplit qu'une seule opération et constamment la même. C'est ici la division spéciale du travail. Elle est la source d'un accroissement de la puissance du travail qui frappe d'étonnement ceux qui la considèrent pour la première fois. C'est sur cette division spéciale du travail que s'est particulièrement arrêtée l'attention des économistes, qui l'ont signalée comme une des grandes lois de la production.

La division spéciale du travail. — Adam Smith a, mieux que tout autre, indiqué les causes de cette puissance de la division spéciale du travail. Ses idées, complétées par les écrivains qui ont traité ce sujet après lui, reviennent à ceci : habileté plus grande de l'ouvrier par la répétition constante des mêmes opérations; application plus grande du travailleur à son œuvre, dont aucun changement d'occupation ne le vient distraire; répartition plus rigoureuse des travailleurs suivant leurs aptitudes spéciales, de manière à proportionner toujours les forces employées à l'effort à accomplir. De ces trois chefs vient le prodigieux accroissement de puissance qu'acquiert le travail en se divisant.

Mais cet accroissement ne peut pas être indéfini. Il a ses limites, d'abord dans la nature même des industries ; ainsi le travail agricole se divise beaucoup moins que le travail manufacturier. On conçoit d'ailleurs que, chaque travailleur ne faisant qu'un seul produit ou même une fraction de produit, il soit impossible que la division s'étende, quand les échanges ne peuvent s'opérer entre un nombre de producteurs assez considérable pour que leurs consommations réunies absorbent tous les produits de chacune des industries spécialisées par le fait de la séparation des travaux. Le progrès dans la division du travail ne pourra donc s'opérer qu'à mesure que se multiplieront les débouchés, et l'étendue du marché en marquera les limites. Mais, grâce aux efforts de l'homme, ces limites seront sans cesse reculées, et, de siècle en siècle, dans les sociétés en progrès, on verra la division du travail s'étendre, et par elle s'augmenter la puissance de l'industrie humaine.

Réserves quant à l'extension de la division du travail. — Ce serait une grave erreur que de faire du principe de la division du travail des applications générales et absolues. D'abord, dans l'ordre moral, le génie échappera toujours à cette loi; plus les intelligences seront puissantes, plus seront élevés les objets auxquels elles s'appliquent, et plus la concentration et l'universalité des connaissances seront la loi du travail.

Il y a d'ailleurs, dans l'ordre matériel, telle situation, où la puissance du travail s'accroît de la facilité même qu'ont les travailleurs de varier leurs occupations. Quand il est possible de rapprocher et de concilier des industries différentes, de manière à empêcher les chômages, l'une de ces industries fournissant de l'ouvrage dans la saison où les autres n'en donnent pas, n'est-ce pas un moyen d'éviter une déperdition de forces et, par conséquent, d'accroître la puissance du travail? Les pays où les travaux agricoles s'allient fréquemment, dans ces conditions, aux travaux manufacturiers, tirent, de cette conciliation entre des industries diverses, des facilités de travail qui aboutissent à un bon marché plus grand des produits.

L'extension de la division du travail peut aussi être arrêtée par des causes de l'ordre moral. Puisque la division du travail a pour conditions la facilité et l'étendue des échanges, tout ce qui tendra à faire vivre dans l'isolement les familles et les peuples, tout ce qui portera les hommes à l'individualisme, rendra plus difficile sa complète réalisation. On a souvent attribué à l'esclavage le peu d'étendue que prit la division du travail dans l'antiquité. Sans doute l'habitude qu'avaient les maîtres, de faire fabriquer par leurs esclaves les objets de consommation qu'ils ne tiraient pas des pays lointains, fut pour beaucoup dans cette situation de l'industrie antique; mais cette habitude elle-même n'avait-elle pas sa source dans l'esprit d'individualisme

enfanté par l'orgueil païen, qui était la vraie cause de
l'esclavage, et par lequel le maître était sans cesse poussé
à tout concentrer autour de lui, à tout enchaîner à son
individualité, les personnes aussi bien que les choses?
D'ailleurs l'esprit de la cité antique, qui voyait dans les
cités étrangères des barbares et des ennemis, élevait entre
les peuples des barrières qui s'opposèrent toujours au progrès de la division du travail. Ce ne fut que dans les derniers siècles, lorsque le monde grec se fut agrandi par les
conquêtes d'Alexandre, lorsque Rome eut réuni dans son
empire tous les peuples civilisés, que la division du travail
prit une certaine extension.

L'ascendant de l'Église catholique, en établissant l'unité
spirituelle entre toutes les nations de l'Europe, et en pous-
sant, par son prosélytisme, à l'union des peuples euro-
péens avec les peuples les plus lointains, ouvrit à la division du travail un champ d'une étendue qui dépassait de
bien loin tout ce qu'avaient pu réaliser les plus puissantes
dominations de l'antiquité. On n'estimera jamais à assez
haut prix les services que les croisades et les missions
catholiques ont rendus, en cela, à la civilisation moderne.

**La division du travail resserre le lien de la solida-
rité entre les hommes.** — La division du travail réalise
la grande loi de la solidarité qu'on retrouve partout dans
la vie humaine. Dans le travail divisé, ce n'est qu'à l'aide
du travail des autres hommes que chaque homme pourra,
par voie d'échange, se procurer les diverses choses nécessaires à son existence, et le travail d'autrui lui sera d'autant
plus nécessaire que, par le fait de la division, son travail à
lui sera plus spécialisé. La dépendance de chacun envers
tous et de tous envers chacun sera donc de plus en plus

étroite, et les liens de la solidarité qui unissent tous les membres de la famille humaine iront se resserrant toujours, à mesure que le travail se divisera davantage.

Chacun des progrès de la société, en ce qui regarde la vie matérielle, est marqué par une nouvelle extension de la division du travail. Elle commence dans la famille; elle s'y montre dès les premiers temps et s'y établit d'elle-même, par une impulsion instinctive, comme il arrive toujours pour les lois primitives et en quelque sorte innées de l'existence humaine. Elle ne tarde pas à s'étendre de famille à famille, puis de cité à cité, et enfin de peuple à peuple. A mesure que la civilisation s'avancera sur le globe, toutes ses parties entreront dans une dépendance de plus en plus étroite les unes à l'égard des autres; l'humanité, dans l'ordre du travail producteur des richesses, paraît destinée à ne former plus qu'une seule famille. Tout ce que feront les hommes pour accroître, par la division du travail, leur puissance sur la nature, les conduira vers cette grande unité de l'ordre moral, que la Providence semble avoir assignée à l'humanité comme le terme suprême de ses efforts séculaires et de ses légitimes ambitions en ce monde.

Tels sont les bienfaits de la division de travail. Mais, comme toujours en cette vie, le mal est à côté du bien. Si la division du travail étend la puissance productive de l'homme, de façon qu'il n'y ait de ce chef aucune objection à élever, elle peut, dans ses applications spéciales, exercer sur la condition morale et physique du travailleur une influence désastreuse. C'est en parlant de la misère qu'il y a lieu de considérer sous cet aspect les conséquences de la division du travail.

X

L'ASSOCIATION

Conditions morales de l'association. — Le concours des forces associées est une loi générale de la vie humaine. Sans l'association, rien de grand et de durable ne se fait, ni dans l'ordre moral, ni dans l'ordre matériel. Toutes choses sont disposées dans le monde de façon à réaliser entre les hommes une nécessaire communauté d'action et une étroite solidarité. Aucun de nous n'est fort qu'à la condition de s'aider des forces d'autrui.

Deux choses sont nécessaires pour que l'association fonctionne dans sa pleine puissance : d'abord l'énergie propre des individus qui apportent leur concours à l'œuvre commune; ensuite l'esprit de discipline et d'abnégation de soi-même, qui rattache d'une façon persistante à cette œuvre sociale toutes les volontés individuelles.

La vertu chrétienne, fruit de la pratique du renoncement, en nous rendant maîtres de nous-mêmes, et en nous ramenant sans cesse vers Dieu, source de toute force, porte au plus haut point de concentration notre énergie propre. Mais, en même temps, cette même puissance qui accroît l'intensité de nos forces en nous accoutumant à nous recueillir et à nous vaincre, nous convie incessamment à mettre ces forces au service de nos semblables, car le renoncement à nous-mêmes pour Dieu, c'est la charité, laquelle s'étend, par amour pour Dieu, à tous nos frères. La charité nous pousse à chercher, par le concours de ceux qui nous entourent, la réalisation des entreprises auxquelles notre énergie propre nous porte, et que jamais, livrés à nous seuls, nous ne pourrions songer à aborder. Cette même force de la charité, qui donne à notre volonté une si grande puissance d'expansion, lui donne aussi la mesure dans l'action. Elle lui apprend à se plier aux nécessités de l'action commune ; dès lors, chacun trouvant cette disposition dans les autres, en même temps qu'il la porte en lui-même, toutes les aspérités s'effacent et toutes les volontés individuelles se confondent en une même volonté.

Là où le renoncement chrétien est vraiment la loi des mœurs, là où il a pénétré profondément dans les habitudes, le concours des volontés s'établit de lui-même. Qu'il y ait, dans l'ordre moral ou dans l'ordre matériel, quelques obstacles à vaincre, aussitôt l'association se constitue spontanément et met au service du progrès, non pas une force éphémère et une impulsion d'un moment, mais une puissance douée d'une persistante énergie, parce qu'elle procède du principe qui est la règle suprême et constante de la vie.

C'est dans l'Église catholique que l'on trouve le renoncement organisé de façon à exercer, sur les convictions comme sur les actes, une influence sérieusement et constamment efficace, et c'est aussi dans l'Église catholique que la puissance de l'association est portée à son comble; c'est d'elle, de sa tradition, des mœurs qu'elle avait longuement façonnées et que les révoltes du protestantisme n'ont pu détruire, que nos sociétés modernes la tiennent.

L'association dans l'ordre industriel. — La puissance de l'association pour le développement des richesses est aujourd'hui un fait trop bien constaté pour qu'il soit nécessaire de nous y arrêter. Les abus qui en accompagnent l'application ne frappent aussi que trop vivement les yeux. Cette noble et sainte force de l'association est tombée, de nos jours, dans le domaine des manieurs d'argent de tout rang et de toute race; nous savons ce que leurs mains, cupides et prodigues tout en même temps, peuvent dissiper de capitaux et de travail et anéantir de puissance productive. Les sociétés anonymes peuvent être particulièrement dangereuses. On sait à quels abus criants, à quelles exploitations révoltantes elles se prètent. Les actionnaires ont, dans ces sortes d'associations, des devoirs dont il semble qu'ils n'aient pas toujours eu pleine conscience, mais dont, fort heureusement, depuis quelque temps, les catholiques, les propriétaires chrétiens notamment, ont compris l'importance et qu'ils s'appliquent à remplir avec un zèle et un courage qui ne restent pas sans fruits.

Pour que l'association retrouve, dans l'ordre industriel, toute sa dignité et toute sa fécondité, il faut que l'esprit d'abnégation du christianisme rende aux hommes les habitudes de justice, de bonne foi et de modération par lesquelles s'établissent la sûreté des rapports et la confiance réciproque. Les effets de la discipline catholique sur les mœurs industrielles sont ici d'une telle évidence, et notre siècle commence à ressentir si profondément les maux que lui causent, même pour ses intérêts purement matériels, les habitudes de lucre à tout prix qui ont pris la place de cette salutaire discipline, qu'il suffit d'un mot pour en rappeler l'impérieuse nécessité.

Limites à l'extension de l'association. — Tout en reconnaissant l'immense importance de l'association et ses fécondes conséquences, gardons-nous, dans l'application, d'en exagérer la portée.

Toutes les industries ne s'y prêtent pas également. Les industries manufacturières et extractives, aussi bien que le commerce, lui ouvrent le plus vaste champ. Là elle prend toutes les formes; elle donne à toutes les forces productives le moyen de combiner leur action, tantôt dans les condi- tions d'une solidarité étroite, tantôt dans les conditions d'une participation plus ou moins éloignée, qui laisse à celui qui possède ces forces une complète indépendance, en limitant sa responsabilité. Malheureusement la faiblesse du lien qui, dans certaines associations, unit l'actionnaire à l'entreprise, ouvre l'accès à bien des abus. C'est là surtout que sont nécessaires les garanties de moralité que donne si parfaitement la pratique de la vertu chrétienne.

L'agriculture n'admet l'association que dans des limites plus restreintes. On ne met pas les terres en commun comme les capitaux. Il y a, de l'homme à la terre, un lien qui tient aux instincts les plus profonds de notre cœur, et qui empêchera toujours le petit propriétaire, même avec l'espérance d'un accroissement considérable de revenus, d'abandonner sa terre à une association où elle disparaît, en quelque sorte, au milieu d'une vaste exploitation. Les com- munautés agricoles, qui ont autrefois fonctionné avec suc- cès, étaient presque toujours composées de membres d'une même famille qui exploitaient un domaine cédé à la famille. C'est grâce aux habitudes de justice, de charité, de simplicité, que le christianisme avait enracinées dans les familles, que les communautés de paysans purent prendre une grande extension au moyen âge; si elles ont aujourd'hui presque complètement disparu, c'est surtout à l'affaiblisse- ment des mœurs, par la diminution de la foi dans les cam- pagnes, qu'il faut en attribuer la ruine.

Il ne faut pas oublier, néanmoins, que si l'association pratiquée dans toute son étendue rencontre pour la culture de grands obstacles, les syndicats agricoles peuvent rendre aux cultivateurs bien des services dans les détails et les parties spéciales de l'exploitation.

L'association ouvrière pour la production coopérative. — Une des formes de l'association qui ont, de nos jours, le plus attiré l'attention, est ce qu'on appelle l'association ouvrière. Essayée à plusieurs reprises, et parfois sur d'assez grandes proportions, dans les années qui suivirent la révolution de Février, elle a échoué, la plupart du temps, contre des obstacles nés des éléments mêmes dont elle était formée. Je pense néanmoins qu'il serait téméraire de la condamner absolument, en principe. Depuis quelques années, les ouvriers reviennent, avec une nouvelle ardeur, aux sociétés coopératives de production. « La mine aux mineurs » figure parmi les prétentions les plus bruyantes du socialisme.

Pour faire réussir les sociétés coopératives de production, il faut parmi les associés des qualités qui, dans l'état présent des mœurs des classes ouvrières, ne se rencontrent que chez le petit nombre. Les associations dont les membres possédaient ces qualités ont donné, au point de vue de la production, des résultats satisfaisants.

Les conditions nécessaires au succès des associations ouvrières de production seront, en tout temps, difficiles à réaliser; la faiblesse humaine y mettra toujours beaucoup d'obstacles, et l'on conçoit que les économistes les plus expérimentés ne se prononcent qu'avec une grande réserve sur l'avenir de ces associations. Mais si elles doivent prendre une extension notable et une sérieuse importance, ne sera-ce pas quand la pratique des vertus qu'inspire le christianisme sera redevenue une habitude générale parmi les classes ouvrières? La soumission à une autorité hiérarchique dont l'activité humaine subit nécessairement la loi, aussi bien dans le travail producteur des richesses qu'en toute autre chose; la résignation des moins favorisés par la nature quant à la distribution des facultés productives, en présence des bénéfices exceptionnels de leurs camarades plus habiles; la sobriété et l'économie, sans lesquelles les ouvriers ne pourront jamais amasser et conserver les capitaux nécessaires à leurs entreprises; la conciliation entre l'esprit de modération et d'abnégation personnelle indispensable à l'association, et le sentiment de la valeur personnelle nécessaire à l'ouvrier associé pour qu'il apporte à l'œuvre commune tout le concours qu'on peut attendre de lui; cet ensemble de qualités parfois si difficiles à réunir, peut-il s'acquérir autrement que par la pratique intelligente et soutenue des vertus de la vie chrétienne? Nulle association n'exige autant de vertus que l'association ouvrière, parce que nulle ne place ses membres dans des relations aussi directes et aussi intimes.

Un philosophe économiste, qu'on n'accusera pas d'hostilité envers les classes ouvrières, et à qui l'on ne peut attribuer aucun préjugé à l'endroit du progrès social, M. Jules Simon, a dit avec grande raison : « Nous croyons que l'association de production est la meilleure forme du travail, quand elle est possible; nous craignons qu'elle ne le soit pas toujours, et qu'elle le soit, par exemple, très difficilement pour les grandes exploitations, qui demandent un outillage très dispendieux et une direction à la fois très ferme et très éclairée. Nous croyons surtout que, ne pouvant jamais être imposée, elle ne sera jamais universelle.... Les sociétés de production ne trouveront pas le dernier mot du grand problème social : une équitable répartition des bénéfices entre le travail et le capital. »

XI

LES DIVERS GENRES D'INDUSTRIE ET LES DIVERS MODES D'EXPLOITATION

Remarques générales. — J'ai dit, au début de ce chapitre (§ 1), comment tout le travail social se répartit entre quatre grandes catégories d'industries : l'industrie extractive, l'industrie agricole, l'industrie manufacturière et l'industrie commerçante. Je ne dirai rien ici de cette dernière, de l'industrie commerçante, dont j'aurai à parler au chapitre suivant, en caractérisant le mouvement des échanges. L'industrie extractive, par les plus importants de ses travaux, par l'exploitation des mines, présente, pour les procédés et les conditions de succès, de grandes analogies avec l'industrie manufacturière. Je pourrai donc parler en même temps de ces deux genres d'industrie, et suivre la distinction, universellement admise dans le langage ordinaire, entre l'industrie et l'agriculture.

Je ne m'occuperai ici des différents genres d'industrie qu'au point de vue de la puissance du travail. C'est à ce point de vue que je rechercherai quel est le mode d'exploitation qui se prête le mieux à leur développement. Le mode d'exploitation peut avoir, dans l'agriculture comme dans l'industrie, de très graves conséquences sur la situation morale et matérielle des ouvriers; c'est en traitant de la misère qu'il convient d'en parler.

Ce n'est pas ici non plus que je traiterai des différences qui se remarquent entre l'industrie et l'agriculture, quant aux limites qui arrêtent le développement de la puissance du travail. Ce point, l'un des plus importants qu'offre notre sujet, sera examiné à part et fournira la matière d'un chapitre spécial de ce précis.

La grande et la petite industrie. — La question de la préférence à donner à la grande ou à la petite industrie, au point de vue de la puissance du travail, n'est pas susceptible d'une solution absolue; les circonstances en décident. Partout où l'intelligence et la dextérité jouent un plus grand rôle que la force, la petite industrie prévaudra. Le progrès de la grande industrie date surtout du milieu du siècle dernier et a été déterminé par les merveilleuses découvertes qui, à cette époque, modifièrent si profondément les procédés du travail.

Toutes les fois que l'on peut grouper dans de vastes ateliers, sous une même direction, et mettre en jeu par la puissance d'un même moteur, un vaste ensemble de travaux, cette concentration présente un avantage incontestable quant à la fécondité du travail. Cet avantage provient de diverses causes. D'abord, le travail se divise plus facilement, parce qu'on opère sur de plus grandes masses; puis, l'extension de l'entreprise permet d'occuper utilement et sans interruption tous ceux qui y concourent, de façon à tirer des forces productives de chacun tout ce qu'elles peuvent fournir. C'est ainsi qu'un mécanicien, dont la présence serait indispensable pour surveiller un seul métier, en surveillera aisément dix ou même davantage, sans que son salaire soit augmenté proportionnelle-ment à l'accroissement de ses services ; de plus, les frais généraux de l'entreprise, lesquels se rapportent aux constructions, à la force motrice, à la surveillance, à la comptabilité, aux écritures, diminueront relativement à chaque part de produit. en proportion de l'étendue de l'exploitation.

On peut dire, en résumant l'action de toutes ces causes, que les dépenses d'une industrie, loin d'augmenter en pro-portion de la quantité de ses produits, diminuent, au contraire, en raison même de cette quantité. Il en résulte que chaque objet produit représente une somme de sacri-fices moins considérable, en d'autres termes, qu'avec la même peine on produit plus ; en un mot, qu'il y a, par le fait de l'extension des entreprises, accroissement de la puissance productive du travail.

A ne considérer que la puissance du travail en elle-même, il n'y aurait donc qu'à se féliciter des progrès de la grande industrie. Il y a toutefois des réserves indispen-sables à faire. Si la grande industrie, par la double puis-sance des moteurs mécaniques et de l'association, parvenait à concentrer certaines fabrications, au point de supplanter toutes les entreprises particulières qui pourraient lui faire concurrence, au lieu d'être avantageuse à la société, elle pourrait lui causer un véritable dommage. En effet, à l'aide du monopole qu'elle s'attribuerait de fait, ne pourrait-elle pas faire tourner à son profit exclusif le produit net de l'entreprise, et le grossir en élevant arbitrairement les prix au détriment des consommateurs? Ne serait-ce pas là une de ces pratiques d'accaparement dont le législateur pourrait avoir à s'occuper? Quelques-uns se plaisent à penser que des progrès nouveaux dans les procédés de l'industrie pourraient ramener ce travail de l'industrie, pour un grand nombre de ses applications, à une certaine décentralisation, qui est autant à désirer dans cet ordre de choses que dans l'ordre politique et administratif. C'est un souhait dont on n'aperçoit pas encore le moyen pratique de réalisation.

La grande et la petite culture. — On a dit que, pour l'agriculture, la grande exploitation a moins d'importance que pour l'industrie, parce que l'agriculture se prête moins à la division du travail et à la concentration des opérations productrices. Bien que cette observation renferme une part de vérité, on aurait tort de l'exagérer et de méconnaître les heureux effets de la grande culture.

Si la division du travail ne peut pas être aussi étendue pour l'agriculture que pour l'industrie, elle y trouve néanmoins des applications importantes. D'abord, dans les grandes cultures, les soins donnés au bétail sont plus concentrés et sont dirigés par des hommes plus expérimentés et plus intelligents. Quant à la culture elle-même, les avantages sont plus marqués encore. L'emploi des machines, qui prend chaque jour plus d'importance dans les travaux agricoles, ne peut avoir toute son extension que dans la grande culture, l'entente entre les petits cultivateurs pour l'usage en commun d'une machine rencontrant toujours des difficultés. Une disposition meilleure des constructions agricoles, la masse des engrais que procure l'élève d'un bétail nombreux, la facilité plus grande de varier les assolements, la conservation des prés et des pâturages que la petite culture tend à faire disparaître, telles sont encore les supériorités évidentes de la grande exploitation. De toutes ces supériorités, la moins contestable est la supériorité quant aux méthodes de culture. Elle tient aux · facilités que donnent pour l'introduction des procédés nouveaux l'intelligence plus élevée, les connaissances plus étendues et les capitaux plus considérables de ceux qui dirigent les grandes fermes. C'est cette supériorité dans les méthodes de culture qui fait des grandes exploitations une véritable nécessité pour le progrès agricole.

Les résultats de la grande exploitation en agriculture sont les mêmes que dans l'industrie : ils se résument en un accroissement du produit net. Une même somme de capital étant appliquée à la culture donnera des produits d'autant plus forts que l'exploitation sera plus vaste. C'est en cela que consiste la supériorité des grandes cultures sur les petites.

Les petites cultures ont néanmoins des avantages à elles, par lesquels elles peuvent, jusqu'à un certain point, compenser la supériorité des grandes cultures. Le tact que donne une pratique constante, guidée par un intérêt pressant et direct et éclairée par une habitude de scrupuleuse observation; les soins minutieux et de tous les instants du petit cultivateur, cette sorte d'affection qu'il porte à sa terre et qui lui fait prendre des peines que l'intérêt plus général et plus disséminé de la grande culture ne comporte jamais; toutes ces causes réunies donnent à la petite culture une très grande puissance. Par l'ardeur et l'application au travail, elle fournit, pour une même étendue de terrain, plus de produit que la grande, de sorte que si cette dernière se trouve supérieure quant au produit net, l'autre l'est incontestablement quant au produit brut.

A ne considérer que le nombre de bras employés, la

grande culture donnera un produit plus considérable que la petite; donc, pour une population déterminée, avec le système de la grande culture, il suffira d'un nombre d'agriculteurs moins considérable qu'il ne le faudrait dans le système de la petite culture, pour obtenir la masse de subsistances nécessaires à la société. Il en résulte que les peuples chez lesquels dominent les grandes exploitations agricoles peuvent, après avoir produit leur subsistance, disposer pour tous les autres emplois de l'activité sociale d'un plus grand nombre d'hommes. Mais, d'un autre côté, la petite culture donnant un produit plus abondant relativement à l'étendue du sol, il en résulte qu'une population plus considérable trouvera dans la petite culture ses moyens d'alimentation. Dans ce cas, le nombre de ceux qui s'appliqueront au travail, en dehors de l'agriculture, sera moins considérable relativement à la population totale, quoiqu'il puisse en lui-même demeurer invariable; alors la société, tout en restant dans les mêmes conditions quant aux travaux de l'industrie et du commerce, et quant aux travaux de l'ordre moral, aura néanmoins l'avantage de posséder en grand nombre les robustes et honnêtes populations des campagnes, qui sont toujours un des premiers éléments de la puissance d'un peuple.

Mais pour que la petite culture assure à la société ces heureux résultats, il faut d'abord qu'elle se contienne en de certaines limites, qu'elle n'aille pas, suivant une expression qui a été souvent employée, jusqu'à la pulvérisation du sol. De plus, il faut qu'elle se combine avec la grande et la moyenne culture.

La petite culture poussée à l'excès est une cause de déperdition des forces productives qui peut devenir fatale à une société. Il arrive d'ordinaire, en ce cas, que l'exploitation se trouve si restreinte qu'elle ne suffit plus à occuper tous les loisirs du cultivateur. La misère sera, pour le cultivateur, la conséquence de cette impossibilité où il se trouve d'employer utilement toutes ses forces, et cette misère ne fera qu'accroître l'impuissance de son travail, en lui ôtant le moyen de faire les dépenses d'une culture vraiment productive. On le verra alors s'obstiner à appliquer au sol un travail stérile qui en épuise les ressources, sans que celui qui supporte les fatigues de ce travail y trouve autre chose qu'une détresse toujours croissante.

Il faut ensuite qu'il y ait dans les cultures, comme dans la société même, une certaine hiérarchie. Il faut que de grandes existences donnent l'exemple et l'impulsion à tout l'ensemble; que des existences moyennes, recevant ces enseignements des classes supérieures et se les assimilant suivant les conditions de leur médiocrité, puissent, grâce à la situation intermédiaire qu'elles occupent, exercer à leur tour une salutaire action sur les existences humbles et ignorées dont se compose la masse de la société; enfin il faut que celles-ci, dans la modestie de leur condition, conservent cette vie propre et suffisamment énergique dont elles ne sauraient être privées sans que la société voie dépérir ses forces et s'évanouir sa prospérité. Même à ne considérer que la puissance du travail et le développement des ressources matérielles de la société, il est d'une grande importance que ce juste équilibre de toutes les forces soit respecté, dans l'ordre des cultures comme dans tout le reste.

La question de la liberté testamentaire tient de près à la question de la conservation des cultures dans les proportions désirables.

M. Le Play, qui a attaché son nom à la revendication de la liberté testamentaire, voit cette liberté réalisée dans les régimes de succession suivant lesquels le propriétaire, ayant de nombreux enfants, dispose librement au moins de la moitié de ses biens.

Les limites d'un précis ne comportent pas l'examen de cette question qui comprend tant d'éléments divers. Je renvoie le lecteur au chapitre xv du IIe livre de la *Richesse dans les sociétés chrétiennes*. Je me contenterai de faire remarquer ici que la liberté testamentaire, en même temps qu'elle serait favorable à la petite propriété en la maintenant dans ses conditions normales, assurerait aussi, dans la plupart des cas, l'intégrité des grandes cultures et des cultures moyennes, et maintiendrait ou rétablirait cette hiérarchie des cultures, dont je signalais tout à l'heure les avantages.

L'agriculture et l'industrie sont solidaires dans leur développement. — L'agriculture est toujours la première des industries, mais on ne peut songer à la développer sans développer en même temps, dans une certaine mesure, l'industrie manufacturière, puisqu'elles se servent réciproquement de débouchés. Toutefois, il est toujours à souhaiter que, chez un peuple qui possède les aptitudes agricoles, la culture maintienne sa prépondérance naturelle; que l'accroissement de la population industrielle ne s'opère pas au détriment de la population agricole; et, surtout, que le développement du travail manufacturier n'aboutisse pas à l'entassement des populations dans de grands centres industriels, qui sont souvent aussi des centres d'infection physique et morale. Les pouvoirs qui laisseraient déchoir l'agriculture, qui ne lui donneraient pas dans les temps difficiles, dans les crises comme celle que nous subissons aujourd'hui, toute l'assistance possible, seraient ou bien aveugles ou bien coupables.

L'agriculture, par la diversité de ses productions, se sert en grande partie de débouché à elle-même. Ceci est vrai surtout des pays qui ont reçu de la Providence une certaine variété dans la nature du sol et dans les conditions du climat, d'où résulte une heureuse variété dans les aptitudes du travail agricole. Ensuite les productions de la terre peuvent encore trouver des débouchés dans les industries qui se rattachent intimement et directement à la culture. Toutes les industries des campagnes, qui s'exercent en grande partie sur place et qui mettent l'ouvrier à peu près dans les mêmes conditions que le cultivateur, ces industries prendront, par le développement de la vie agricole, une importance croissante et offriront un large débouché aux produits de la culture. Enfin, une nation chez laquelle les aptitudes agricoles sont très marquées ne trouvera-t-elle pas, par l'échange du trop plein des produits de son sol contre les produits manufacturés des peuples plus spécialement voués à l'industrie, un débouché suffisant pour son agriculture, tellement qu'elle aura l'avantage de disposer de tous les produits de l'industrie, tout en conservant la supériorité morale et matérielle de la vie agricole.

Il n'est donc pas nécessaire, comme le voudraient les partisans du système manufacturier, de lancer tous les peuples dans les surexcitations de l'existence industrielle, pour assurer leur puissance matérielle. Un peuple peut être grand par la richesse, par cette vraie et saine richesse qui répond aux besoins premiers et sérieux de la vie, lorsqu'il concentre principalement ses efforts sur la culture, et que la plus grande partie de ses populations est vouée à l'existence des champs. Bien loin qu'une société doive être considérée comme inférieure, parce que les propensions agricoles l'emportent chez elle sur les propensions industrielles, on pourra voir, au contraire, dans les prédispositions qui tournent l'activité nationale vers l'agriculture, une des plus grandes bénédictions du ciel sur ce peuple, et peut-être un signe des grandes choses que Dieu attend de lui.

L'agriculture, par la nature même de ses produits, occupera toujours le premier rang dans le travail national. Quand un peuple ne sera pas contraint, par la nature et la disposition de son territoire, à porter son activité de préférence sur l'industrie, en se résignant à demander à l'étranger sa subsistance; quand il possédera, dans un juste équilibre, les aptitudes agricoles et les aptitudes industrielles, on le verra toujours appliquer à la culture bien plus de travail qu'à l'industrie. En effet, les besoins de la vie du grand nombre réclament les produits alimentaires en plus grande quantité que tous les autres produits. Les consommations simples et de première utilité, celles qui font les populations robustes au physique, sans rien leur ôter de leur énergie morale, sont des consommations de produits agricoles. L'industrie ne satisfait souvent qu'aux besoins de second ordre, et elle répond plus aux caprices du luxe qu'aux véritables nécessités de la vie.

Je suis bien loin pourtant de refuser à l'industrie sa légitime importance. Les nations chrétiennes ne sont pas réduites, comme l'antiquité, à repousser l'industrie pour sauver leurs mœurs. Évidemment, la vie industrielle est moins favorable que la vie agricole à la conservation des vertus qui sont la source vraie de la grandeur et de la prospérité des peuples. Toutefois, des mœurs fortes et des habitudes élevées ne sont pas incompatibles avec l'industrie; seulement dans la vie industrielle il faudra, pour les conserver, lutter plus énergiquement contre les périls plus grands auxquels le séjour des villes et le régime de l'atelier exposent les populations ouvrières. Rendez à l'Église catholique toute son influence sur la vie; laissez-la exercer, avec pleine liberté, son ministère de charité; rendez-lui tous les moyens d'action que la liberté puise dans l'application franche, loyale, entière, du droit commun; écartez les obstacles à son action en réprimant les attaques haineuses et perfides par lesquelles on s'efforce, en nos jours de licence révolutionnaire, de lui aliéner l'esprit et le cœur du peuple; restituez-lui la liberté de l'association avec toutes ses conséquences naturelles dans l'ordre civil, et bientôt elle aura assaini l'atmosphère de la grande industrie comme elle convertissait, il y a quinze siècles, au christianisme et à la civilisation les barbares de la Germanie; aujourd'hui, par la prédication et l'exemple de la vertu de renoncement et d'abnégation, elle convertira aux vertus de la vie de famille, aux habitudes rangées et laborieuses de la vie chrétienne, ces barbares des ateliers qui, par moments, nous font trembler pour l'avenir de notre civilisation. Depuis dix-huit siècles, l'Église a accompli bien d'autres œuvres plus difficiles que celle-là. Elle ne demande, aujourd'hui comme toujours, que la liberté de sauver la civilisation de ses propres périls.

CHAPITRE III

DE L'ÉCHANGE DES RICHESSES

———

I

DE LA VALEUR DES CHOSES ET DU PRODUIT NET

Observations générales. — Le fait de l'échange se lie intimement au fait de l'existence sociale; il est la conséquence directe de la division du travail, laquelle reproduit dans l'ordre matériel, nous l'avons vu, les principes de solidarité et d'unité qui rattachent les uns aux autres, dans l'ordre moral, tous les membres d'une même société, et les diverses sociétés qui forment la grande famille humaine.

Par la division du travail, chacun de nous ne produit qu'un seul objet, ou même une partie d'un seul objet, entre tous ceux dont la vie la plus simple nécessite la consommation. Ce ne sera donc que par le troc que nous pourrons réunir l'ensemble des choses que nos besoins réclament. Mais comme le travail est divisé à l'infini,

et que les travailleurs entre lesquels l'échange doit s'opérer se trouvent souvent séparés par de très grandes
distances, l'échange, si simple par lui-même, ne s'opère
qu'à travers des complications telles que souvent, à la
première vue, un œil peu exercé aurait peine à en suivre
le fil.

J'ai dit au premier chapitre de ce précis, sous le n° VII,
à quelles lois générales obéissent les échanges. J'ai établi,
sans qu'il faille y revenir ici :

1° Qu'il y a lieu de distinguer entre la valeur en usage
et la valeur en échange, et j'ai insisté sur l'importance de
cette distinction.

2° Que la loi générale suivant laquelle se règle la valeur
des choses, c'est la loi d'offre et de demande.

3° Que cette loi, bien que générale, doit être combinée,
dans les réalités de la vie sociale, avec des influences qui
tiennent aux mœurs, notamment l'action que la charité
peut exercer sur les habitudes, et j'ai insisté sur ce point
qui est très important dans l'étude de l'ordre matériel, tel
que les sociétés chrétiennes le comprennent.

Prenant pour point de départ ces notions que je considère
comme acquises, j'ai à faire voir ici avec plus de précision,
pour compléter la théorie de la valeur en ses éléments essentiels, m'appuyant sur le fait de la valeur en usage, comment,
en certains cas, l'utilité gratuite tourne à l'avantage de
la masse des consommateurs, c'est-à-dire de la société
tout entière, ou comment, par suite d'un monopole de
fait ou d'un monopole légal, elle reste la propriété de
celui dont le travail l'a fait naître et tourne à son profit
exclusif.

L'utilité gratuite, l'utilité onéreuse, le produit

net. — Nous avons à reprendre ici la distinction ingénieuse, introduite par Bastiat, entre l'*utilité gratuite* et l'*utilité onéreuse*.

L'utilité onéreuse est le résultat des efforts, des sacrifices de toutes sortes, nécessaires pour faire exister la chose. L'utilité gratuite provient de l'emploi des forces productives communes à tout le monde, par le concours desquelles l'effort, la peine, le sacrifice, nécessaires à la production de la chose, se trouvent diminués, en telle sorte que la valeur en échange soit réduite en proportion de la part plus grande que ces forces naturelles communes auront dans la production; grâce à l'emploi plus étendu ou mieux combiné des forces naturelles, un même effort donnera une somme de produits plus considérable, d'où résultera une extension de la puissance productive du travail, laquelle se traduira par une diminution dans la valeur en échange de l'objet produit. Bastiat a donné des effets de cet emploi de l'utilité gratuite dans la production une formule rigoureuse : *pour amener une chose à son état complet* D'UTILITÉ (c'est-à-dire de valeur en usage), *l'action du travail est en raison inverse de l'action de la nature*.

De tout ce que nous avons dit plus haut sur la production et sur la valeur, il résulte que la valeur en échange d'une chose est, en général, proportionnée à la somme des sacrifices accomplis pour faire exister la chose avec toutes les qualités qui la rendent utile. C'est ce qui fait dire à Bastiat que *la valeur est le rapport de deux services échangés*.

En effet, lorsque nous acquérons une chose qui a exigé pour être produite une certaine peine, celui qui nous l'offre, en nous dispensant de prendre cette peine, nous rend un service; l'importance de ce service est proportionnée à la peine qui nous est épargnée. C'est à ce point de vue que nous apprécions la valeur de la chose qui nous est offerte ; de son côté, celui avec qui nous concluons l'échange appréciera, à ce même point de vue, la valeur de la chose que nous lui offrons, de sorte que les conditions de l'échange seront réglées par l'importance des services réciproquement offerts et demandés.

On voit d'après cela que, la plupart du temps, les frais de production détermineront la valeur en échange des choses. Toutefois, il est des cas, et ils sont nombreux, où ce n'est pas seulement par la peine que l'on a prise pour produire la chose que se détermine sa valeur en échange, mais aussi par la difficulté qu'il y a de l'obtenir, à cause de sa rareté naturelle. C'est ainsi que le diamant et les métaux précieux atteignent une valeur parfois si élevée. Celui qui vous offre une chose de cette espèce vous rend un service d'autant plus important, qu'à raison de la rareté de la chose vous éprouveriez plus de difficulté de la rencontrer; mais il n'en est pas moins vrai que ce ne sont plus les frais de production qui détermineront ici la valeur; elle se déterminera par l'action des causes premières d'où elle dérive, en raison de l'utilité et de la rareté, qui sont les faits générateurs de toute valeur en échange.

Pour la plupart des cas, ce sera la facilité ou la difficulté de la production qui déterminera la rareté ou l'abondance des choses. Les choses faciles à produire, celles qui ne demandent que peu de travail, peu de peine, sont abondantes; les choses difficiles à produire, celles qui demandent des labeurs prolongés, compliqués, qui exigent beaucoup

de peine, sont moins abondantes, elles sont relativement
rares. La loi d'offre et de demande aura donc le plus souvent pour effet de fixer la valeur des choses à raison de
leurs frais de production. Sans doute, par l'effet des mono-
poles naturels ou légaux, il y aura toujours à cette règle
de notables exceptions ; mais la loi d'offre et de demande
restera la seule loi régulatrice, vraiment générale, de la
valeur en échange. On pourra dire, avec un économiste
contemporain, que *la valeur se détermine par la loi de
l'offre et de la demande, et se règle en général sur les frais
de production.*

On a fait au sujet de la valeur en usage une remarque
d'une très grande portée. Elle est, comme la formule que je
viens de rapporter, de M. Baudrillart dans son *Manuel d'économie politique.* « Si la valeur n'exprime qu'un rapport
d'échange, il est impossible que toutes les valeurs s'élèvent
ou s'abaissent en même temps. En effet, la valeur d'une
chose ne hausse que parce que celle de telle autre décline
relativement à elle. Du moment que la valeur du vin
s'abaisse par rapport à celle du pain, c'est dire *ipso facto*
que la valeur du pain s'élève à l'égard du vin, et ce qui
s'applique à ces produits s'applique également à tous. Ainsi,
par rapport à l'échange des divers produits, il n'y a ni
hausse ni baisse générale de valeurs ; mais par rapport au
travail c'est tout différent. Le progrès industriel consiste
précisément en ceci, que telle quantité de travail achète
une plus grande quantité de chaque espèce de produits.
En ce sens toutes les valeurs baissent par rapport au
travail perfectionné. Cette vérité, bien loin de démentir
l'autre, la confirme. En effet, le travail lui-même a une
valeur sur le marché, une valeur qui se mesure, comme

toute autre, à ce qu'il peut procurer à l'aide d'une somme donnée d'efforts ; et dire qu'avec moins d'efforts il obtient plus de produits en récompense, c'est constater encore, sous une autre forme, ce fait, que toutes les valeurs ne sauraient hausser à la fois. »

Telle est, en effet, la conséquence de tout accroissement dans la puissance productive du travail. Une même somme de valeurs peut représenter une somme d'utilités fort supérieure. Si la nature des choses ne s'opposait, dans certains travaux, à cet accroissement incessant et rapide de la puissance productive, on verrait le bien-être des hommes croître sans limites, par le développement incessant des utilités gratuites dans tous les genres de production, sans que rien fût changé à ce que l'on nomme les valeurs, dans le langage des affaires ; elles resteraient exactement dans la situation où elles se trouvaient avant que les progrès du travail eussent modifié si avantageusement les conditions de l'existence matérielle. Les utilités gratuites se répandraient sur la société insensiblement, sans qu'il fût possible, par aucun calcul de valeur, d'en saisir le mouvement d'accroissement ; de telle sorte que l'énergie de ce mouvement ne pourrait être appréciée autrement que par l'examen de la condition des hommes, non par rapport aux valeurs dont ils disposent, mais par rapport au bien-être dont ils jouissent.

Toutefois, l'accroissement d'utilité que provoque le concours des agents naturels ne disparaît pas toujours ainsi, sans laisser de trace. Quand les forces naturelles, qui sont la source de cet accroissement d'utilité, au lieu d'être à la portée de tous, se trouvent, par la nature même des choses ou par une disposition de la loi, la propriété de quelques-

uns, l'usage de ces forces cesse d'être gratuit et l'utilité qui
en résulte devient une utilité onéreuse qui profite au détenteur exclusif de ces forces.

Il en est ainsi des agents naturels que met en jeu l'industrie agricole. Par la limitation dans l'étendue des terres et
dans leur puissance productive, le propriétaire peut opérer
sur le produit total un prélèvement, qui représente la différence entre les frais de production des denrées obtenues
par le travail agricole et leur prix de vente, ou valeur en
échange, celle-ci, à raison de la rareté relative des produits,
déterminée par la rareté des éléments naturels à l'aide desquels on les crée, se trouvant fixée à un taux qui dépasse
les frais de production. Même chose aurait lieu dans le cas
où, par suite d'une disposition de la loi, l'exploitation d'une
force naturelle serait exclusivement réservée à un producteur, qui pourrait, en limitant la quantité de ses produits,
maintenir leur prix de vente au-dessus de leur prix de
revient.

Dans tous ces cas l'utilité cesse d'être gratuite, parce que,
par le fait ou par la loi, elle cesse d'être illimitée. Ce n'est
plus alors la société tout entière qui en profite, par une
réduction dans la valeur en échange des choses, mais cette
utilité tourne à l'avantage exclusif de ceux qui détiennent
les sources dont elle procède. C'est dans ce dernier cas
seulement, quand l'utilité s'accroît sans devenir gratuite,
qu'il y a ce qu'on appelle, dans la rigueur des termes, un
produit net; c'est alors que ce produit apparaît sous forme
de revenu distinct. Mais en réalité le produit net, à prendre
ce terme dans sa généralité et dans toute sa vérité, n'existe
pas moins quand il se résout en un accroissement d'utilité
au profit de tous, que lorsqu'il se détermine par un accrois-

sement de valeur en échange au profit de quelques-uns. Dans le premier cas, il échappe à la supputation mathématique et ne peut s'apprécier que par l'examen des faits de la vie sociale en leur réalité, tandis que, dans la seconde hypothèse, il se traduit en chiffres. Là est la différence.

Un exemple, pris dans la fabrication des produits dont nous usons chaque jour, rendra la chose plus sensible encore. Les tissus de coton, les calicots, sont aujourd'hui à vil prix et dans l'usage ordinaire des classes les moins aisées. Il n'en était point ainsi au siècle dernier, avant qu'Arkwright eût inventé son célèbre métier à filer. Les tissus de coton étaient à haut prix, parce que le fil, à l'aide duquel ils étaient fabriqués, demandait beaucoup de main-d'œuvre et coûtait cher. Alors ils n'entraient pas dans la consommation de tout le monde. Tant que le nouveau métier, qui épargnait dans des proportions surprenantes le travail pour obtenir un même résultat, tant que ce métier resta dans la possession exclusive de son inventeur, ou de ceux à qui, en vertu de son brevet, il cédait le droit de s'en servir, le prix de ces tissus resta à une certaine hauteur, parce que le filateur qui avait le monopole de la production par les nouveaux procédés n'abaissait le prix du fil qu'il livrait au tisserand qu'autant qu'il lui convenait pour étendre son profit par une certaine extension de la vente. Il profitait de la différence que la rareté relative de son fil établissait, entre ses frais de production diminués par les facilités du nouveau métier et le prix de vente. Cette différence constituait son produit net. Mais lorsque le procédé nouveau fut tombé dans le domaine public, alors, par la concurrence que tous les producteurs se firent entre eux, le prix se

trouva réduit au niveau des frais de production rendus beaucoup moindres par l'invention d'Arkwright, c'est-à-dire par
l'emploi de l'utilité gratuite que réalisait cette invention.
Dès ce moment, cette utilité gratuite se répandit sur la société
tout entière par le bas prix du fil et des tissus fabriqués
avec ce fil. Cette utilité ne se trouva plus alors cotée dans
le commerce; elle était néanmoins très perceptible pour
tous les membres de la société, notamment pour les membres des classes inférieures qui se procuraient, avec peu de
sacrifices, une chose dont la consommation était jadis hors
de leur portée.

Qu'on ne se hâte pas de conclure de ce qui vient d'être
dit que l'utilité qui ne coûte rien devrait, dans tous les
cas, être mise à la disposition de toute la société. Il y a
des raisons d'intérêt et de nécessité sociale qui réclament
ici l'application du droit de propriété sur les forces qui
produisent ces utilités. Je m'en expliquerai plus loin en
parlant de la distribution de la richesse.

Comment les valeurs peuvent se mesurer. — Les
valeurs peuvent être mesurées, sinon par des procédés
rigoureux, du moins avec une exactitude approximative
suffisante dans la pratique journalière de la vie.

C'est par leurs semblables que les choses se mesurent;
ce sera donc par la valeur que l'on mesurera la valeur,
comme les poids se mesurent par les poids et les longueurs par les longueurs. C'est ainsi qu'une quantité de
blé ou d'argent, comparée successivement, quant à la
valeur, avec les divers objets sur lesquels portent les
transactions de la société, servira à déterminer leur
valeur relative, chacun de ces objets ayant plus ou moins
de valeur suivant que, pour cette même quantité de blé

ou d'argent, on en donnera une quantité plus ou moins considérable.

En pratique, dans un même lieu et pour une époque déterminée, cette appréciation de la valeur relative des choses aura toute l'exactitude désirable. Mais s'il s'agit de lieux différents et d'époques plus ou moins éloignées, elle cessera d'être rigoureuse, et elle ne pourrait être prise comme telle sans donner lieu à de graves mécomptes.

En effet, la valeur est chose essentiellement mobile parce que les éléments sur lesquels elle repose, l'utilité et la rareté, sont changeants et mobiles de leur nature. La chose que l'on prétendrait prendre comme terme de comparaison peut, d'un pays à un autre ou d'une époque à une autre, subir des changements notables dans sa valeur relativement à toutes les autres choses, de telle sorte que tous les calculs que l'on voudrait établir en la prenant pour base d'appréciation se trouveraient radicalement fautifs. Où en serait-on, par exemple, si l'on voulait comparer la valeur actuelle des tissus de laine avec leur valeur il y a cent ans, en prenant comme mesure commune, soit l'or, soit l'argent? La valeur de ces deux métaux ayant étonnamment varié depuis le commencement de ce siècle, la comparaison établie sur ce terme pécherait par sa base même : comme on en peut dire autant de toutes les choses qui ont une valeur, il faut conclure qu'il n'y a pas de mesure absolument rigoureuse des valeurs.

Mais ce serait exagérer cette conclusion que de l'appliquer au cas où la comparaison s'établit dans les mêmes lieux et pour des époques peu éloignées. Comme les variations qui surviennent dans la valeur, au moins pour certains objets d'un usage général et constant, sont dans de telles conditions de peu d'importance, on peut, sans craindre de tomber dans des erreurs graves, la prendre pour terme de comparaison. Et de fait, c'est ce qui se pratique tous les jours, aussi bien dans les supputations qui ont pour objet les intérêts privés que dans les calculs plus étendus et plus élevés qui ont pour objet l'intérêt commun de la société. C'est ce que nous faisons d'instinct et d'habitude, lorsque nous rapportons la valeur des divers objets de nos transactions à l'or et à l'argent, frappés en monnaie. Mais encore faut-il être réservé dans les conclusions à tirer de ces sortes de comparaisons et d'évaluations. Ce qui se passe sous nos yeux depuis cinquante ans, l'ébranlement de notre système monétaire, la crise aiguë et prolongée que nous traversons et qu'il faut attribuer en partie aux variations survenues dans la valeur de l'or et dans celle de l'argent, la perturbation de tous les rapports civils et commerciaux dont ces variations sont la cause, doivent nous rendre très circonspects.

II

LES MOYENS DE FACILITER LES ÉCHANGES
LA MONNAIE, LE CRÉDIT

Remarque.

Les questions que je vais aborder ici sont spéciales et toutes pratiques ; elles tiennent pourtant aux lois générales que la science économique a pour tâche d'exposer. Je ne pourrais entrer dans les détails de ces questions sans manquer au but que je me propose dans cet écrit, qui est de donner de l'ordre économique, tel que les sociétés chrétiennes le conçoivent et doivent tendre à le réaliser, une notion générale, complète autant que possible, et néanmoins renfermée dans les limites d'un précis.

Pour toutes les questions de pratique et d'application, je renvoie aux traités spéciaux qui ne manquent pas. Parmi ces traités j'aime à citer un des derniers en date, celui de l'éminent et tant regretté Claudio Jannet, qui a pour titre : *le Capital, la spéculation et les finances au XIXᵉ siècle*.

Il y a aussi des traités généraux de la science économique dans lesquels, sans adopter tous leurs principes, sans les suivre en tout, on peut trouver sur les questions spéciales des exposés très instructifs. Une fois les convictions formées sur les principes supérieurs, qui s'imposent au chrétien dans l'ordre économique comme ailleurs, et qui constituent le fond de la saine économie politique, on peut utilement, pour les questions de fait et les solutions pratiques, consulter et étudier ces traités.

La simplification des échanges. — Les échanges se compliquent d'autant plus et rencontrent d'autant plus d'obstacles que, par la division croissante du travail, ils s'opèrent à des distances plus éloignées et portent sur une variété d'objets de plus en plus grande.

Comme les produits ne peuvent être utilisés que lorsqu'ils sont parvenus dans les mains du consommateur, tous les obstacles qui s'opposent aux échanges tendent à diminuer la puissance productive de la société. En effet, il faut em-

ployer à les vaincre une somme d'efforts qui, appliqués
directement à la production, accroîtraient la somme des
utilités mises par le travail à la disposition de la société.
Toutes les combinaisons, toutes les institutions qui auront
pour effet de simplifier et de faciliter les échanges, ajouteront donc à la puissance du travail social.

Les intermédiaires. — La première conséquence à
tirer de ce principe est relative aux intermédiaires qui,
dans la plupart des cas, s'interposent, par la nécessité des
choses, entre le producteur et le consommateur.

Comment, par exemple, la manufacture qui produit par
grandes masses les tissus dont le peuple fait ses vêtements,
pourrait-elle directement fournir à chacun la quantité de
produits qui répond à sa modeste consommation? Les
entrepreneurs de la grande industrie ne pourraient entrer
dans ce détail, d'abord parce qu'ils y perdraient un temps
que réclame la direction de leur fabrication, puis parce
qu'ils seraient exposés à de fréquents mécomptes, par l'impossibilité d'apprécier de loin la solvabilité de chaque acheteur. De toute nécessité il faut qu'un intermédiaire au
moins, le marchand en détail, intervienne ici pour rendre
possibles les relations entre le producteur et le consommateur ; et ce n'est que par cette intervention que celui-ci
trouvera près de lui, suivant la mesure de ses besoins et au
moment même où ses besoins les demandent, les objets que
fabrique la grande industrie.

Le rôle de l'intermédiaire est donc, dans ce cas, également avantageux aux deux parties, et la société retire de
son intervention un véritable profit.

Mais si l'on multiplie outre mesure les intermédiaires, si
là où il suffit d'un commerçant qui prend directement en

10.

fabrique le produit qu'il vendra en détail aux consommateurs, on fait intervenir deux ou trois commerçants par les
mains de qui la marchandise passera successivement, le
produit se chargera, à chaque transmission, d'un surcroît
de frais qui représentera le bénéfice de chaque intermédiaire ; et ce surcroît sera d'autant plus considérable que
le cercle des opérations de ces divers intermédiaires sera
moins étendu. Il est évident qu'il y aura là pour la société
une déperdition de force productive qui se traduira en une
hausse artificielle sur le prix des produits, au grand détriment des consommateurs.

Donc, tout ce qui tendra à mettre en rapport aussi direct
que possible le consommateur avec le producteur, constituera un progrès dans l'ordre matériel par l'économie
réalisée sur la somme d'efforts nécessaires pour donner de
l'utilité aux choses et pour mettre cette utilité à la disposition du consommateur.

Les sociétés coopératives de consommation sont un des
moyens les plus efficaces pour maintenir à un taux modéré
le prix des produits que consomment les classes ouvrières.
Un économiste contemporain en a très bien, en quelques
mots, défini le caractère et résumé le procédé : « cette
sorte d'association consiste à se cotiser pour acheter en gros
les objets nécessaires à la vie, tels que vêtements, chaus-
sures, denrées alimentaires ; on peut même comprendre
dans cette énumération les matières premières d'un grand
nombre d'industries. De cette manière, les associés évitent
l'augmentation de prix que le commerce de détail fait
subir aux marchandises, sans compter les fraudes et les
sophistications auxquelles il a souvent recours pour augmenter ses bénéfices. » Les qualités nécessaires à la réussite

de toute association sont particulièrement nécessaires ici :
le progrès très lent de ce genre de coopération, dont
les classes ouvrières pourraient tirer tant d'avantages,
nous fait voir que malheureusement ces qualités ne se
rencontrent qu'assez rarement dans l'état présent de nos
mœurs.

Les voies de communication. — Un des obstacles qui
opposent, dans les sociétés peu avancées, les plus grandes
résistances à la multiplication des échanges est le défaut
de bonnes voies de communication. Par la difficulté des
transports, la circulation des produits est lente et pénible.
Il faut un effort considérable pour voiturer à de petites
distances de faibles quantités de marchandises; chacun est
réduit à consommer les produits sur place, ou du moins
dans un rayon très peu étendu, l'effort nécessaire pour
transporter les marchandises étant tellement considérable,
qu'à une certaine distance leur prix s'en trouverait accru
au point qu'il serait hors de la portée du consommateur.
Ajoutez que quand les transports sont lents, quand les communications entre les hommes sont difficiles, les relations
directes du producteur au consommateur ne peuvent s'établir ; qu'il faut recourir à cette multitude d'intermédiaires
dont je signalais tout à l'heure les inconvénients, inconvénients qui ne disparaîtront que lorsque le détaillant, grâce
à la facilité des déplacements, pourra lui-même aller trouver
le producteur.

A toute amélioration dans les voies de communication
répond la destruction ou du moins l'amoindrissement d'un
obstacle dans l'ordre des échanges. Les producteurs rapprochés les uns des autres par la facilité et la rapidité des
communications, se mettront bien plus facilement d'accord

sur les conditions de leurs échanges, et acquerront sans peine cette connaissance des marchés qui est une condition essentielle de l'extension des transactions. Le marché agrandi par la réduction du prix, conséquence de la facilité plus grande des transports, permettra à la division du travail de s'étendre. Toutes les forces naturelles, qui auparavant demeuraient pour une grande partie sans emploi, les richesses latentes qui restaient inexploitées faute de moyens d'écoulement pour les produits, donneront tout ce qu'elles peuvent donner, et le domaine de l'utilité gratuite s'étendra, non seulement par la destruction des obstacles qui rendaient les transports si laborieux, mais encore par l'expansion de toutes les aptitudes naturelles, qui fourniront leur maximum de produit et se serviront les unes aux autres de débouchés.

Toutes les époques de grand progrès matériel ont coïncidé avec les grands progrès dans les voies de communication. Ainsi en fut-il pour le xiiie siècle, dont la grandeur matérielle sortit, pour la plus grande part, du grand mouvement des croisades. Ainsi en fut-il pour le xvie siècle après la découverte du Nouveau Monde. Ainsi en est-il de nos jours par la prodigieuse impulsion que l'emploi de la vapeur a imprimée à toutes les relations commerciales. Pourquoi insister davantage lorsque s'accomplissent sous nos yeux, dans le monde entier, des progrès industriels inattendus, incontestablement liés à la révolution opérée depuis cinquante ans dans le mode des transports.

La monnaie, la vente et le prix. — Au premier rang des moyens par lesquels les hommes ont rendu les échanges plus faciles, il faut mettre la monnaie. Je n'aborderai pas ici les nombreuses et importantes questions que fait naître la circulation monétaire. On peut écrire et l'on a, en effet, écrit là-dessus des volumes. Il suffit, pour le but que je me propose, de caractériser l'emploi de la monnaie dans l'ordre des faits généraux, et de déterminer la notion du prix.

Nul n'a mieux que M. Baudrillart, plus clairement et plus succinctement, défini la monnaie et expliqué son rôle dans les échanges. Je reproduis son exposé :

« Toutes les valeurs se mesurent les unes par les autres. Quand, pour se procurer une chose quelconque, on est disposé à donner une quantité double d'une autre chose quelle qu'elle soit, il est évident que la première est deux fois plus estimée que la seconde. Ainsi le rapport de leur valeur est fixé et l'on peut échanger et négocier les deux choses sur ce pied, sans avoir recours à une matière intermédiaire. On peut donner du foin pour du blé, du blé pour du bois, du drap pour de la soie, du cuir pour de la pierre. C'est en ce sens que Turgot a dit avec raison que toute marchandise est monnaie, de même qu'il ajoute que toute monnaie véritable est une marchandise.

« Mais il est évident que l'échange opéré dans les conditions qui viennent d'être indiquées est fort incommode. Je possède tant de kilogrammes de laine, tant de mètres de coton, et je voudrais avoir du blé. Je porte, Dieu sait au prix de quels efforts et de quels frais, ma richesse encombrante chez un cultivateur. Il a du blé, mais c'est du vin qu'il demande; je cherche à m'en procurer pour le lui donner ensuite : le vigneron n'a pas besoin de mon coton ou de ma laine, le fabricant qui la recevrait volontiers ne possède ni vin ni blé qu'il puisse me céder. Combien de déplacements pénibles! Que de pertes de temps! Que de difficultés! Dans l'intervalle des échanges que de denrées auront le temps de se corrompre! En outre, comment saurai-je exactement le rapport d'une denrée à une autre? Faute d'un dénominateur commun le marché se conclura péniblement. Ajoutez que beaucoup de ces marchandises ne sont pas divisibles de manière à bien correspondre avec les autres, ou ne le sont pas du tout.

« Tous ces inconvénients, et d'autres encore que nous soupçonnons à peine, rendraient l'industrie languissante, le commerce extrêmement restreint et le consommateur aussi mal que difficilement pourvu. Aussi l'instinct universel des peuples s'est-il porté vers l'invention d'un moyen d'échange plus commode et plus rapide, et ce même instinct les a-t-il menés, après divers tâtonnements, au choix de la même matière comme instrument des échanges. L'or et l'argent réunissent les caractères qui constituent une véritable monnaie; aussi ont-ils été adoptés par le choix unanime et spontané des peuples arrivés à un certain état de civilisation. Jusque-là les peuples ne se passaient point de monnaie pour leurs échanges, mais les monnaies étaient fort diverses et très imparfaites. C'est ainsi que l'on vit le fer et le cuivre, le blé, le sel, les coquillages servir de monnaie. Le cuir fut employé à cet usage en Russie jusqu'à Pierre Ier, et il n'y a pas deux siècles que le tabac remplissait cette fonction dans la Nouvelle-Angleterre. Dans les premiers temps on s'est servi encore, et même de nos jours on se sert encore dans quelques pays, comme en Chine, de métaux précieux, sous forme de barres et de lingots ou de poudre d'or.

« Quand la société est plus avancée, l'autorité compétente

intervient pour donner à ce moyen d'échange une commodité de plus. Elle partage ces métaux précieux en portions adaptées aux usages les plus ordinaires, elle leur imprime une marque qui en constate le poids total, et dans ce poids la quantité de matières étrangères, d'alliage, qu'il a été convenu d'introduire pour la facilité de la fabrication et la solidité de la pièce, mais qui ne compte pas pour la valeur réelle; c'est ce qu'on appelle le *poids* et le *titre*. Dans cet état, la monnaie circule pour ainsi dire avec la signature de l'État qui la garantit. Là se borne le pouvoir de l'autorité. Elle atteste la valeur de la monnaie et ne la constitue en aucune façon. Comme toutes les autres valeurs celle de l'or et de l'argent se règle par les frais de production et par la loi d'offre et de demande. Quand les frais de production diminuent, leur valeur baisse; quand ils sont très offerts, c'est-à-dire en grande abondance, cette valeur diminue de même. »

Une fois que l'usage de la monnaie s'est introduit, et lorsqu'il s'est généralisé, l'échange ne s'opère plus, sauf des cas très rares, que sous forme de vente, et le prix prend, dans la pratique, la place de la valeur en échange.

Il est à remarquer toutefois que la vente ne constitue pas un échange complet; ce n'est que la moitié d'un échange. Quand je vends mon blé, ce n'est pas en vue des écus que je reçois comme prix de cette vente, c'est en vue des objets utiles que je me procurerai à l'aide de ces écus, et ce ne sera que quand la vente aura été suivie d'un achat que l'opération d'échange, incomplète jusque-là, se trouvera achevée.

La monnaie étant l'instrument universel des échanges, toutes choses sont successivement mises en comparaison avec elle, et elle devient par là même la mesure de toutes les valeurs. C'est par son intermédiaire que se détermine la proportion suivant laquelle chaque producteur prend, dans la masse produite par le travail de tous les membres de la société, une part correspondante à sa part de sacrifices, c'est-à-dire de services, dans la production. « Grâce à la monnaie, dit Bastiat, l'échange peut prendre un développement vraiment indéfini. Chacun jette dans la société ses services sans savoir à qui ils procureront la satisfaction qui y est attachée. De même il retire de la société, non des services immédiats, mais des écus, avec lesquels il achètera en définitive des services, où, quand et comment il lui plaira. En sorte que les transactions définitives se font à travers le temps et l'espace, entre inconnus, sans que personne sache, du moins dans la plupart des circonstances, par l'effort de qui ses besoins seront satisfaits, aux désirs de qui ses propres efforts procureront satisfaction. L'échange, par l'intermédiaire de la monnaie, se résume en trocs innombrables, dont les parties contractantes s'ignorent. »

On voit comment la monnaie accroît la puissance du travail, en faisant disparaître les obstacles qui s'opposeraient aux échanges, si l'on était obligé de les conclure sans son intermédiaire. Il n'est pas, comme on l'a dit, de machine qui économise autant de temps et de peine que la monnaie.

Le crédit et les titres fiduciaires. — « Dans l'ordre logique, dit Bastiat, après le troc simple, après le troc à deux facteurs, ou l'échange composé de vente et achat, apparaissent encore les transactions étendues dans le temps et l'espace par le moyen du crédit, titres hypothécaires, lettres de change, billets de banque, etc. Grâce à ces merveilleux mécanismes, un effort exécuté aujourd'hui à Paris ira satisfaire un inconnu par delà les océans et par delà les siècles, et celui qui s'y livre n'en reçoit pas moins sa récompense actuelle par l'intermédiaire de personnes qui font l'avance de cette rémunération et se soumettent à en aller demander la compensation à des pays lointains ou à l'attendre d'un avenir reculé. »

Il faut pourtant se garder d'exagérer la puissance et les bienfaits du crédit, et pour cela il faut commencer par le bien définir.

Par le crédit, ou bien celui qui possède un capital en numéraire consent à le faire passer dans les mains d'un emprunteur qui en dispose comme de sa chose propre, sous la condition d'en restituer le montant à l'époque fixée et de la manière convenue entre lui et le prêteur; c'est la forme la plus simple du crédit. Ou bien le vendeur de certaines marchandises consent, en les livrant immédiatement, à n'être payé du prix qu'à une époque déterminée et de la manière convenue. Dans les deux cas, celui qui livre la somme ou les marchandises prend la qualité de prêteur et il a, de ce chef, sur l'emprunteur ou l'acheteur une créance exigible de la façon déterminée par la convention faite entre eux.

Le commerçant en gros qui vend à six mois de crédit à un détaillant qui a peu de capitaux mais qui est intelligent, actif et honnête, lui fait une avance qui fructifiera dans ses mains et lui permettra d'entreprendre des affaires dans lesquelles sans cela il n'aurait pu s'engager. En réalité, il lui prête une somme équivalente au prix des marchandises livrées à crédit. Le détenteur de matières premières,

le producteur de coton, par exemple, fait la même chose
lorsqu'il vend son coton dans les mêmes conditions, au
manufacturier qui n'a pas assez de capital circulant pour
mettre en pleine valeur son capital fixe. Au fond, l'un et
l'autre font, sous une autre forme, l'opération que fait le
capitaliste qui prête au commerçant ou au manufacturier une somme d'argent pour qu'ils l'appliquent à leurs
affaires.

Le crédit consiste donc toujours à faire passer un certain capital des mains du prêteur aux mains de l'emprunteur, et toutes les combinaisons auxquelles il donne lieu
ne font jamais que couvrir cette opération fondamentale et
essentielle.

Si le crédit a pour effet de faire passer le capital dans les
mains de ceux qui peuvent le faire fructifier, il accroît la
puissance du travail et il est avantageux à la société. Mais
si un emploi irréfléchi et outré du crédit fait passer le capital dans des mains indignes et inhabiles, le dommage causé
à la société sera aussi grand, plus grand peut-être, que
l'avantage qu'elle aurait retiré d'un usage loyal et mesuré du
crédit.

Par le crédit bien entendu, les capitaux passent des
mains de ceux qui ne peuvent ou ne veulent les faire fructifier, aux mains de ceux qui les appliquent à la production.
On a du crédit quand, par l'effet d'un ensemble de conditions qui sont de l'ordre matériel et de l'ordre moral, on
peut disposer de richesses appartenant à autrui. Le crédit
repose tout entier sur la persuasion où est le prêteur que
toutes les conditions du prêt seront fidèlement remplies
par l'emprunteur, et cette persuasion dérivera, soit des
sûretés que donne la situation matérielle établie de celui

qui demande le crédit, soit de ses qualités morales connues, notamment de sa probité, de son intelligence et de son activité.

On voit, par tout ce que je viens de dire, que le crédit ne multiplie pas les capitaux et qu'il ne fait que les déplacer. Grâce au crédit, le capital et le travail, qui demeureraient stériles s'ils restaient isolés, se rencontrent et se fécondent mutuellement; mais par lui-même le crédit ne crée rien. Ses effets dépendent entièrement de l'emploi qui est fait des capitaux qu'il déplace. Sans le crédit, il pourrait arriver que, le capitaliste n'ayant point les capacités industrielles nécessaires pour utiliser le capital, la société perdrait tous les avantages qu'elle peut en retirer. Dans ce cas, la consommation improductive, par laquelle la richesse disparaît sans retour, remplacerait la consommation reproductive par laquelle la richesse se perpétue en même temps qu'elle s'applique aux besoins des travailleurs. Mais aussi il peut arriver que les capitaux mis par le crédit à la disposition d'entrepreneurs imprudents, incapables ou malhonnêtes, disparaissent, soit dans les désastres d'entreprises hasardées ou mal dirigées, soit dans les folies de spéculations qui n'ont rien de commun avec le travail sérieux et producteur. La perte matérielle que subira la société ne sera pas, dans ce cas, moindre que dans le premier, et le détriment moral qu'elle en éprouvera pourra être beaucoup plus grave.

N'oublions pas que si le crédit a l'avantage de rendre à l'activité des richesses que l'incapacité ou l'indolence de leur propriétaire laisserait inutiles pour la société, cet avantage n'est autre chose que le moyen de réparer ce qui, dans certains cas, est en soi un mal : l'oisiveté du capitaliste. La situation la plus favorable à la stabilité et au progrès régulier des sociétés dans l'ordre matériel, serait celle où les capitalistes emploieraient eux-mêmes leurs capitaux, et seraient travailleurs en même temps que capitalistes. L'emploi du capital par son propriétaire présente des garanties de prudence et de sérieux dans les entreprises, qui ne se rencontrent pas toujours chez le producteur qui travaille avec les capitaux d'autrui.

Notre époque a vu se répéter souvent les abus du crédit. Ils présentent d'autant plus de gravité que les combinaisons par lesquelles le crédit s'organise ont plus de puissance. Je ne fais qu'indiquer ici ces combinaisons. Les limites de cet écrit ne me permettent pas d'entrer dans la partie technique des opérations du crédit, qui est compliquée et demanderait trop de développements.

Le caractère des diverses combinaisons du crédit dépend de la nature des titres qui servent d'instruments à ces combinaisons. Ces titres peuvent être rangés sous quatre catégories.

1° La simple reconnaissance, c'est-à-dire le billet par lequel l'emprunteur reconnaît sa dette. C'est la forme rudimentaire du crédit; elle ne donne lieu par elle-même à aucune complication. Ce n'est que lorsqu'elle sert, sous la forme d'obligation au porteur, à la constitution des grandes associations industrielles, qu'elle peut se prêter à une grande extension du crédit.

2° Le billet à ordre, qui donne au prêteur la faculté de rentrer dans ses avances en mettant par l'endossement un autre prêteur à sa place. Ce billet favorise l'extension du crédit sans prêter à de graves abus; et comme il sert, en passant de main en main, à solder des transactions sur des produits équivalents à la somme d'argent qu'il donne le droit de percevoir, il épargne le numéraire, et par cela même simplifie les échanges.

5° La lettre de change, qui aide merveilleusement aux transactions par l'échange des créances entre les places les plus éloignées. L'opération fondamentale du change sera rendue facilement saisissable par un exemple où les choses seront réduites à leur plus simple expression et dégagées de toutes les complications qui peuvent se présenter dans la pratique. — Je suppose qu'un négociant français vend aux États-Unis des marchandises d'une valeur de 100 000 francs. D'autre part, un négociant américain vend en France des marchandises de même valeur. Le premier aura de ce chef 100 000 francs à percevoir aux États-Unis, et le second 100 000 francs à percevoir en France. Au lieu de faire voyager, chacun de leur côté, une somme de 100 000 francs en écus, ils se donneront réciproquement une délégation de 100 000 francs sur leurs débiteurs respectifs. Le négociant français déléguera sa créance de 100 000 francs au négociant américain qui se paiera, à l'aide de cette délégation, du prix des marchandises qu'il a vendues en France, tandis qu'à l'inverse le négociant français se paiera des marchandises qu'il a vendues en Amérique avec la délégation que le négociant américain lui aura donnée. Cette opération s'accomplit à l'aide de traites, c'est-à-dire de lettres de change tirées de part et d'autre et négociées à la Bourse des deux pays. La lettre de change aboutit donc à une compensation des valeurs cédées entre les deux places contractantes, sans que le numéraire intervienne autrement que comme mesure des valeurs.

C'est par l'escompte, c'est-à-dire par la cession de la

créance que représente le billet à ordre ou la lettre de change, que s'effectuent la plupart des opérations de crédit; c'est par l'escompte que ces titres entrent dans la circulation. Un négociant qui se trouve en possession d'un effet de commerce payable à six mois et qui désire percevoir immédiatement le montant de sa créance, cède son titre, avec le droit qu'il donne, à un capitaliste qui lui remet une somme égale au montant de la créance, moins un prélèvement représentant l'intérêt de la somme jusqu'au jour de l'échéance, ainsi que la compensation des désavantages de toute nature que l'opération peut présenter. L'escompte est, comme on l'a dit, l'achat au comptant d'une créance à terme. C'est de a un véritable prêt que fait au porteur du billet celui qui l'escompte, et le taux de l'escompte correspond à l'intérêt de la somme ainsi prêtée. C'est par les opérations de l'escompte que, d'ordinaire, les banques font leurs prêts. Les emprunteurs des banques leur présentent des effets de commerce revêtus de leur signature, et les banques ont pour garantie du remboursement de ces effets la solvabilité de ceux qui les ont souscrits.

En fin de compte, grâce à l'intervention du crédit, par l'emploi des billets que je viens de caractériser, ce sont les produits qui s'échangent contre les produits, fait capital qu'il ne faut jamais perdre de vue, quand on étudie les combinaisons et complications qui peuvent se produire dans les échanges. Déjà par la définition de la vente, on a pu voir que, deux ventes équivalant à un échange, ce sont, en définitive, les produits qui s'échangent contre les produits, et que le numéraire n'intervient dans l'opération qu'à titre d'instrument des échanges, et non comme but de l'échange, ce but étant les objets utiles que l'on se procure par des ventes et des achats successifs. Dans les opérations du change, le numéraire n'intervient que pour mesurer les valeurs, et ce sont les produits qui, sans aucun mouvement de numéraire, s'échangent contre les produits.

Par eux-mêmes, les effets de commerce, la lettre de change, le billet à ordre ne servent qu'à faciliter des transactions réelles, et ils accroissent considérablement par là la puissance du travail.

4° Le billet de banque. — Lorsque le billet, ou simple reconnaissance, est au porteur et payable à vue, lorsqu'il peut passer sans aucune formalité d'endossement d'une main à une autre, il sert, comme la monnaie, à solder successivement un nombre de transactions indéfini. C'est le cas pour le billet de banque, qui est une promesse de la banque par laquelle il est émis de payer, à présentation, au porteur, la somme qui s'y trouve énoncée. Le billet de banque est le titre fiduciaire par excellence. Lorsque le crédit de la banque est bien établi, il entre comme le numéraire dans la circulation par la persuasion où chacun se trouve qu'au moment où il le désirera il obtiendra, au guichet de la banque, l'argent que le billet représente.

Les banques. — C'est quand l'emploi de ces divers titres de crédit se rattache aux grandes institutions de crédit, notamment aux banques de circulation, dont la spécialité est l'émission des billets de banque, c'est alors qu'il étend extraordinairement le crédit et qu'il donne ouverture aux plus graves abus. Autant l'intervention des banques procure de solidité au crédit et d'extension féconde aux affaires, lorsqu'elles fonctionnent avec sagesse et loyauté, en vue d'appliquer les capitaux aux opérations régulières du travail véritablement producteur, autant elle peut être fatale lorsqu'elles prêtent leur concours aux folles tentatives de la spéculation.

Le crédit d'une banque peut s'établir par une de ces impressions indéfinissables de l'esprit public en matière de confiance financière, par un de ces engouements que secondent et surexcitent trop fréquemment des manœuvres au moins indélicates. Une fois la banque en possession du crédit, elle pourra, en admettant à l'escompte des effets de commerce qui ne répondent qu'à des entreprises hasardées, donner à ces entreprises une vie factice. Les habiles saisiront ce moment pour tirer profit de l'affaire, et ils sauront, en la livrant à temps aux mains des dupes, en rejeter sur ceux-ci les suites désastreuses. En escomptant les effets de commerce, la banque substitue son crédit au crédit des souscripteurs de ces effets. Les capitaux que ceux-ci n'auraient point obtenus sur leur simple signature, ils les obtiennent sur la garantie de la banque, laquelle est exprimée par le billet de banque qui leur a été donné lors de l'escompte, en échange de leur papier. Qu'arrivera-t-il si les entreprises que la banque couvre de son crédit ne sont pas sérieuses? Au bout d'un certain temps elles auront consumé les capitaux que le crédit aura déplacés à leur profit; bientôt viendra le moment où, leurs produits ne trouvant point de placement sur un marché qui ne les réclamait pas, leurs opérations seront forcément suspendues. La banque n'aura plus alors, pour garantie du paiement de ses billets, que le papier de ces entreprises dont le capital s'est évanoui et dont le néant est dévoilé aux yeux de tous.

Dès lors le crédit de la banque sera perdu. Le crédit de

la banque une fois perdu, le crédit de tous ceux qui s'appuyaient sur elle, même de ceux qui ne recouraient à ses avances que pour des opérations sérieuses, se trouvera ébranlé. La gêne se répandra partout; toutes les affaires seront entravées, et l'exagération du crédit, au profit de la cupidité et de l'avidité de quelques-uns, deviendra un mal général, et souvent prolongé, pour la société tout entière.

Et ce ne seront pas toujours les manœuvres coupables et les spéculations déloyales qui seront les causes de ces périlleuses exagérations du crédit. L'amour passionné du gain et l'esprit d'aventure, qui se rencontrent souvent dans les sociétés livrées aux impulsions de l'ordre matériel, suffiront pour les produire et pour amener les désastres qui les suivent fatalement.

Que la modération dans la recherche des succès matériels, conséquence du mépris pour la richesse qui accompagne toujours l'attache aux biens spirituels, redevienne, par l'action du christianisme sur les âmes, une habitude dominante de la société, et vous ne verrez plus se reproduire ces grands désordres financiers dont nos sociétés ont trop souvent à souffrir.

C'est à tort que l'on imputerait ces désordres aux banques en général. En elles-mêmes, elles ne sont que des instruments dont on peut à volonté tirer le bien ou le mal, suivant les dispositions de ceux qui s'en servent. Que l'esprit de travail sérieux et patient se substitue à cette impétueuse avidité qui prétend faire, en peu de temps et sans grande peine, une grande fortune; que le sentiment de l'honneur dans une position modeste, avec la simplicité des goûts, remplace les insatiables vanités et la passion des jouissances qui débordent aujourd'hui dans nos

mœurs, et tout, dans l'ordre des échanges et des transactions financières comme ailleurs, sera rendu à son cours
naturel.

Ce n'est point dans le crédit même qu'est le mal; il est
dans la fausse application qu'on en fait. Les banques ne
font qu'accroître la puissance du crédit. Bien conduites,
les banques aident à diriger et à modérer le crédit, et elles
peuvent servir de frein aux emportements de la spéculation,
aussi bien qu'elles peuvent leur servir d'instrument. C'est
grâce à leur puissant et ingénieux mécanisme que les opérations qu'implique le solde des échanges se centralisent,
se régularisent et se simplifient, de façon que, d'un bout
du monde à l'autre, les produits s'échangent contre les
produits.

Le crédit est donc, quant à l'ordre matériel, un lien de
plus, et un des plus étroits, dans cette grande solidarité où
vivent tous les peuples qui couvrent la terre. La monnaie,
quelque grandes que soient les facilités qu'elle apporte aux
échanges, serait impuissante à les opérer dans les conditions d'économie, de promptitude et d'universalité que
donne l'usage des titres de crédit par l'intervention des
banques. On peut dire qu'un bon système de crédit est une
des conditions premières du développement matériel d'un
peuple. C'est donc encore ici, non l'usage, mais l'abus
qu'il faut combattre; or, l'abus tient à des causes de
l'ordre moral auxquelles seul l'esprit chrétien peut porter
remède.

La moralité base du crédit. — Comme tout système
d'échange un peu développé implique le recours au crédit,
on peut dire que la puissance de l'échange sera toujours
proportionnée à la puissance de moralité qui fait la solidité

du crédit. La pratique la plus élémentaire du crédit, la
vente à crédit ou le prêt à court terme entre des personnes
que rattachent l'une à l'autre des relations journalières,
repose essentiellement sur la garantie que donne au prêteur
la probité de son emprunteur. Cette garantie devient de
plus en plus nécessaire à mesure que le crédit s'étend et
que ses opérations s'accomplissent entre personnes plus
éloignées les unes des autres. C'est alors qu'est indispensable le sentiment de l'honneur commercial sous l'empire
duquel la confiance peut devenir générale.

Mais le sentiment de l'honneur commercial qu'est-il,
sinon la puissance même des mœurs chrétiennes? Qui donnera jamais, aussi bien que la crainte de Dieu et l'obligation de respecter le bien d'autrui fondée sur le commandement divin, cette constante habitude de fidélité
scrupuleuse dans les transactions, d'où résulte cette confiance de tous à tous qui est l'âme des affaires? Non seulement l'homme dont toutes les actions s'accomplissent sous
la pensée de Dieu sera scrupuleux dans l'exécution de
toutes ses obligations, mais il sera de plus rigoureusement
attentif à ne rien risquer, de crainte de compromettre,
avec son avoir, les droits de ses créanciers; il offrira donc,
au plus haut point, toutes les garanties morales du crédit.
Quand ces sentiments seront généralement répandus dans
une société, les échanges s'y feront aux conditions les plus
avantageuses, et la circulation atteindra son maximum
d'activité et de fécondité. On pourra dire que cette société
possède véritablement des mœurs commerciales, et ces
mœurs ne seront qu'une des formes de la vertu chrétienne.

III

LA LIBERTÉ DES ÉCHANGES

Le principe général. — A prendre les choses en général, et en faisant abstraction des différences de nationalité, rien n'est plus simple que la question du libre échange. C'est, sous une autre forme, la question de l'emploi des utilités gratuites.

Les aptitudes des diverses populations et du sol qui les porte sont très différentes. Dans une même contrée, du nord au midi, ces différences sont parfois très marquées. La région septentrionale de la France produit avantageusement le lin, tandis que la région méridionale fournit la soie, à la production de laquelle le climat du nord ne saurait se prêter. Dans une même région, telle province sera essentiellement agricole, telle autre sera essentiellement industrielle; parmi les régions où domine l'agriculture, telle cultivera avec succès la vigne, et telle autre, inhabile à ce genre de culture, donnera les plus riches moissons. En se bornant à demander à chaque pays ce qu'il produit le plus facilement, l'effort nécessaire pour créer chaque produit se trouvera réduit, autant que la nature des choses le comporte; l'emploi des utilités gratuites sera aussi étendu que possible, et le travail atteindra le maximum de puissance dont il est susceptible pour un état donné des procédés industriels.

La division du travail, réalisée entre les diverses régions d'une même contrée et entre les diverses parties d'une même région, aura les mêmes avantages que la division du travail réalisée entre les individus d'une même localité. Chaque pays, chaque province, travaillant suivant ses aptitudes naturelles, produira, moyennant une somme d'efforts déterminée, plus d'objets qu'il n'en serait produit, avec cette même somme d'efforts, dans un pays auquel la nature n'aurait pas donné les mêmes aptitudes. Tous ces produits étant échangés les uns contre les autres, chaque pays se trouvera posséder, pour une même somme de travail, une quantité de richesses bien supérieure à celle qu'il aurait pu se procurer, s'il s'était obstiné à produire par lui-même toutes les choses nécessaires à ses besoins. Le nord recevra du midi, à un prix modéré, la soie qu'il ne pourrait produire qu'avec des sacrifices tels que le prix en serait hors de la portée de la plus grande partie des consommateurs; et, en retour, le midi recevra du nord le lin que celui-ci produit dans les meilleures conditions.

Les diversités dans les aptitudes personnelles des populations auront les mêmes effets que les diversités dans la nature du sol. Chaque groupe de population étant voué spécialement au genre de production pour lequel il a le plus de facilités naturelles, chacun de son côté produira davantage, et aura à offrir aux autres groupes de producteurs une somme de produits plus considérable, en même temps que ceux-ci auront à lui donner, en retour, des produits qui seront aussi plus abondants. Dans cet arrangement, il y aura bénéfice pour tout le monde, parce que le but à atteindre par le travail ayant été exactement proportionné aux aptitudes des travailleurs, ce but se trouvera réalisé avec la moindre peine possible.

La part de l'utilité gratuite dans un produit sera toujours

en raison de cette harmonie entre les diverses productions et les aptitudes naturelles de la terre et des hommes. L'échange accompli dans ces conditions aura pour résultat un accroissement dans la puissance productive du travail de toutes les parties qui y prennent part. Prétendre faire produire à chaque contrée tous les objets qui entrent dans sa consommation, ce serait se mettre en contradiction avec la nature même des choses, ce serait de gaieté de cœur repousser les utilités gratuites que la Providence offre à l'homme, et susciter au travail des obstacles que la nature n'y a point mis; ce serait aller à l'encontre du but que poursuivent les hommes dans l'ordre matériel, puisque ce serait chercher à réduire la puissance du travail au lieu de chercher à l'accroître.

Ramenée à ces termes, la question est des plus simples. Elle ne l'est pas moins, et la solution s'offre avec des caractères d'évidence plus saisissants encore, lorsque, au lieu d'établir la comparaison entre les diverses parties d'une même contrée, on l'établit entre les diverses contrées du globe. Qui penserait, par exemple, à contester l'avantage que trouve l'Europe à tirer des contrées tropicales les denrées coloniales, et à y expédier en retour les objets à la production desquels se prêtent son climat et l'état de sa civilisation? Les faits sont ici tellement frappants qu'on peut dire que, de tout temps, ils ont été reconnus par ceux qui ont fixé leur attention sur cet ordre de choses.

Le principe des nationalités. — C'est quand la question de l'existence des nationalités et de leur rôle dans le mouvement général du monde vient se mêler à la question d'intérêt matériel, que les difficultés commencent pour le libre échange. Un célèbre économiste allemand, List,

a fondé sur le principe de la solidarité nationale une
théorie des échanges internationaux, qui apporte aux principes absolus du libre échange des restrictions considérables. Pourvu que l'on conserve aux principes de cette
théorie leur caractère essentiellement relatif, et qu'on
évite d'en induire ce qui ne s'y trouve pas contenu, c'est-
à-dire le principe d'une protection absolue et immuable
du travail national, on reconnaîtra que le système de List
repose sur une donnée d'une vérité incontestable. Voici
comment on peut résumer ce système.

Ce n'est point sans dessein que la Providence a placé
les peuples dans des conditions si différentes de position
géographique, de sol, de climat, de langage, de caractère
et de constitution politique. Comme la vie sociale est la
résultante de l'activité des individus qui composent la
société, comme c'est par le concours harmonique de toutes
les individualités que se produit le mouvement général de
la société, c'est aussi par le concours harmonique de tous
les peuples divers que s'accomplit dans l'humanité l'œuvre
de Dieu. La société est un tout organique. Il faut, pour
remplir sa destinée, qu'elle possède en soi tout ce qui est
nécessaire à son existence collective, dans l'ordre matériel aussi bien que dans l'ordre moral. Elle ne pourrait y
renoncer sous prétexte d'accroître les jouissances matérielles de ses membres, parce qu'elle renoncerait, par
cela même, à accomplir sa destinée, ce qui serait contre
nature.

Si le libre échange devait avoir cet effet, il serait condamné *a priori* au nom des principes essentiels de toute
vie sociale, et aussi, par conséquent, au nom des principes
qui régissent toute vie individuelle, celle-ci ne pouvant

point se développer indépendamment de celle-là. Si, après examen des faits, il se trouve qu'au moins en ce qui concerne certaines productions, et relativement à certaines périodes du développement social, le libre échange aurait pour effet de priver la société des éléments de puissance et de progrès dont elle ne pourrait se passer sans compromettre son existence, ou du moins sa grandeur dans l'avenir, il faudra conclure qu'en certains cas la loi générale de la liberté des échanges doit recevoir des exceptions. Ces exceptions, dont l'ensemble constitue le système protecteur de chaque pays, peuvent être, suivant les circonstances, plus ou moins étendues.

Conciliation et conclusions. — De savoir ce que tel ou tel pays peut, à un moment donné, comporter de liberté commerciale, ou ce que l'état de son industrie peut réclamer de protection, c'est une question de fait, qui ne peut être résolue que par un examen détaillé de la vie industrielle de chaque pays en particulier. Cette question sortirait du cadre que je me suis tracé. Il faut que je me borne à quelques remarques générales.

D'abord la liberté des échanges ne doit pas exclure les droits mis à l'entrée des produits étrangers, en tant que ces droits constituent, au même titre que les autres impôts indirects, une ressource pour le trésor public ; de plus, les douanes sont un moyen indirect d'assurer une prime et, par cette prime, un prix rémunérateur aux industries que l'on veut mettre à même de lutter, dans leurs premiers développements, contre des industries similaires plus anciennes, et par conséquent plus productives, chez d'autres peuples. La prime, au lieu d'être puisée dans le trésor, sera prélevée sur tous les consommateurs du produit. C'est un mode particulier de percevoir l'impôt qui doit fournir les ressources nécessaires au payement de cette prime, et rien de plus. Quand cet impôt est prélevé au profit d'industries capables d'acquérir avec le temps, dans le pays qui les protège, toute leur puissance productive, il n'a rien que de juste et d'avantageux. Les sociétés, qui vivent dans l'avenir autant que dans le présent, ont fréquemment à faire des sacrifices de ce genre, et l'on peut affirmer qu'une société qui se refuserait à les subir entrerait par là même immédiatement dans la voie de la décadence.

Il en serait de même pour une industrie naturelle au pays, jadis prospère, et qui se trouverait, par suite de circonstances particulières, engagée dans une crise qui la menacerait de ruine. Des droits protecteurs seraient alors utiles pour ménager à cette industrie le temps de réaliser les perfectionnements et les transformations qui la mettraient à même de travailler fructueusement. Il en serait de même encore pour une industrie dont les produits seraient nécessaires à la prospérité générale du travail national, auquel elle fournit des moyens de s'exercer que les événements politiques pourraient l'empêcher de tirer du dehors. Ces considérations trouvent aujourd'hui leur application pour l'industrie agricole, qu'on ne peut laisser s'épuiser et déchoir sans que la décadence et la ruine de la société s'ensuivent. Toutes les industries étant solidaires, et se servant de débouchés les unes aux autres, la ruine de l'agriculture serait la ruine de tout le monde.

Ce que la Justice et la saine politique n'admettront jamais, c'est que, sous prétexte de développer le travail national, on accorde à perpétuité, à certaines industries, une protection qui constituerait un privilège, à la faveur duquel ces industries pourraient s'enfermer indéfiniment dans une routine très avantageuse à leur paresse, mais aussi très désavantageuse à la société. La protection ainsi comprise se résout en une diminution de la puissance productive de la société, sans que ceux-là même en faveur de qui elle existe en retirent aucun autre profit que de se dispenser d'être intelligents, ingénieux, actifs dans le travail. En effet, la concurrence que se font entre eux les producteurs protégés, ramenant inévitablement, dans le travail privilégié comme partout ailleurs, les prix de vente au niveau des frais de production, au bout d'un temps qui ne sera pas long, ils verront disparaître leurs bénéfices exceptionnels. Il y aura donc là pour la société une perte sans compensation aucune, et l'on ne pourrait songer à l'imposer à un peuple que dans les cas, heureusement très rares, où les conditions de la sécurité et de la défense nationales exigent ce sacrifice. Ce n'est pourtant pas une hypothèse chimérique : l'acte de navigation de Cromwell en est, pour l'Angleterre, un exemple très positif et très probant.

En regard de cette théorie absolue de la protection, il y a la théorie absolue du libre échange, la théorie libérale du laissez-faire, laissez-passer, appliquée aux relations commerciales. Cette solution radicale de la question des échanges internationaux prétend se fonder sur le droit naturel qu'a tout homme de chercher, par tous les moyens que l'honnêteté ne réprouve pas, à augmenter tant qu'il peut ses jouissances personnelles. Ce que j'ai dit tout à l'heure des légitimes exigences de la nationalité en matière d'échanges de peuple à peuple, est une réfutation suffisante de ces dangereuses exagérations.

L'opinion est de plus en plus fixée aujourd'hui pour repousser les conclusions excessives de ces deux écoles. On
est d'accord pour accepter la protection contenue dans les
limites de la justice, et établie de façon à provoquer le
progrès du travail national, au lieu de l'aider à se maintenir dans une stérile routine. En un mot, la protection
comme moyen, et la liberté comme but, telle est la formule
qui rallie aujourd'hui les esprits sages et pratiques.

IV

DES COMPLICATIONS QUI PEUVENT SE PRODUIRE
DANS LES ÉCHANGES

Relation entre la production et les échanges. —
Toute production devant, à raison de la division générale
du travail, aboutir à un échange, les deux ordres de faits
se trouvent, dans le mouvement économique, en intime
relation. L'équilibre ne peut pas être troublé d'un côté
sans qu'il le soit de l'autre en même temps. Tout excès ou
tout déficit dans la production a son contre-coup sur les
échanges, de même que toute perturbation dans le cours
régulier des échanges réagit sur la production et jette l'industrie dans des embarras plus ou moins graves.

Accroissement avantageux de la production. —
L'accroissement de la production est un bienfait pour la
société, mais il faut qu'il se fasse régulièrement dans toutes
les parties du travail en même temps. Ce n'est que dans
ces conditions que le surplus des produits, qui est dû à
la fécondité plus grande du travail, correspondra à une

demande réelle de ces produits, et que l'équilibre des échanges ne sera point troublé.

Comme ce sont toujours les produits du travail qui s'échangent les uns contre les autres, et qu'en définitive les produits ne s'achètent qu'avec des produits, toutes les fois que, pour tous les genres d'industries, la quantité ou la qualité des produits ira s'élevant par la puissance plus grande du travail, le marché n'éprouvera aucune modification et l'offre et la demande se maintiendront dans les mêmes proportions; tous les producteurs auront à s'offrir réciproquement, ou bien une quantité de produits plus considérable, ou bien des produits en même quantité mais de qualité plus parfaite. La somme des utilités directes se sera proportionnellement accrue dans toutes les productions. Tous seront plus riches, parce que chacun disposera d'une somme d'utilités gratuites plus considérable, sans que rien soit dérangé dans l'équilibre général des échanges.

Si la société est pénétrée des principes du christianisme, cette amélioration n'aura rien de fâcheux pour les mœurs. D'abord, quant aux classes inférieures, qui forment la masse en toute société, on sait combien est grande la distance entre leur situation présente et cet état d'aisance qui, sans amollir leurs mœurs, leur assurerait cette liberté et cette dignité extérieure de la vie, dont les habitudes chrétiennes sont la source première et que l'indépendance d'une position aisée aide à maintenir. Cette distance est telle qu'en fait, l'accroissement de richesses le plus considérable qu'il soit possible de supposer ne pourrait la combler. Quant aux classes aisées et aux classes riches, si leurs habitudes sont chrétiennes, au lieu de profiter de la puis-

sance de leur travail pour accroître leurs jouissances matérielles au détriment de leur énergie morale, elles s'en
serviront pour étendre celles de leurs consommations qui
répondent à des besoins de l'ordre moral en élevant les
esprits et les cœurs et en donnant plus d'éclat et de grandeur à la vie sociale.

Le développement général de la puissance du travail
dans ces conditions aura pour conséquence un mouvement
de transformation dans les industries, qui amènera un
classement nouveau entre les divers genres de productions. Comme, de fait, le développement de la puissance
du travail ne s'opère jamais qu'avec une certaine lenteur,
ce classement se substituera à l'ancien petit à petit et sans
trouble, de sorte que rien, en fin de compte, ne sera
dérangé quant à l'équilibre des échanges.

Accroissement désavantageux de la production. —
Mais si la production, au lieu de s'accroître harmonique-
ment sur tous les points en même temps, s'accroît démesu-
rément dans certaines industries seulement, l'équilibre
des échanges se trouvera rompu. Les productions demeu-
rées stationnaires n'offriront qu'un marché insuffisant aux
producteurs qui auront développé sans mesure leur industrie et dépassé les limites que leur traçait l'état du marché.
Ceux-ci se verront alors surchargés de produits qu'il leur
sera impossible d'écouler.

La situation qui résultera de cet excès de production,
de cette surproduction, sera fâcheuse ; elle pourra même
devenir grave. La circulation s'arrêtera. Les capitaux,
rendus immobiles dans les mains des producteurs, sous
forme de produits achevés mais impossibles à écouler,
cesseront de fournir au travail l'aliment qu'ils lui don-

naient d'ordinaire. Le travail sera donc forcément suspendu pour toutes les industries où la production aura été exagérée. Les ouvriers de ces industries, privés de leurs salaires, ou du moins d'une grande partie de leurs salaires, seront dans la nécessité de restreindre leurs consommations. Toutes les industries dont ils étaient les consommateurs se verront donc, à leur tour, arrêtées dans leur mouvement régulier par le défaut de débouchés. Le mal ira de la sorte se propageant d'une industrie à l'autre, et finira par jeter dans la société une perturbation d'autant plus intense que les excès de production qui ont rompu l'équilibre des échanges auront été poussés plus loin.

Ces mêmes effets se produiraient, si l'équilibre des échanges était rompu parce qu'une ou plusieurs des industries de la société ont cessé subitement de produire la somme d'utilités qu'elles produisaient d'ordinaire. C'est ce qui arrive dans les années de mauvaises récoltes. Les produits des industries manufacturières deviennent alors surabondants relativement aux produits de l'industrie agricole. Les producteurs de l'ordre agricole, ouvriers, fermiers, propriétaires, étant dans la gêne, ne peuvent plus acheter comme auparavant les produits manufacturés qui manquent de débouchés. Encore une fois l'équilibre des échanges est rompu, de sorte que les difficultés qui ont leur source dans un déficit de la production ne sont pas moindres que celles qui ont leur origine dans l'exagération de la production.

Surabondance générale des produits. — Que plusieurs des grandes industries d'un pays poussent à l'excès leur production et se trouvent, par suite de cet excès même, dans la nécessité de la restreindre subitement;

comme ceux qu'elles occupent sont les consommateurs de presque tous les produits du travail national, quand le salaire leur manquera et que leurs consommations s'arrêteront, les débouchés se fermeront pour la plus grande partie des industries qui se partagent l'activité de la société, et ces industries souffriront, par contre-coup, à des degrés divers, du même mal dont souffrent les industries qui sont la cause première du désastre.

Il pourra arriver aussi, mais plus rarement, que tous les produits surabonderont sans qu'aucune perturbation soit survenue dans la production. Il en sera ainsi toutes les fois que la consommation habituelle de la société s'arrêtera tout d'un coup. N'est-ce pas ainsi que les choses se sont passées lorsque la révolution de février, épouvantant tout d'un coup, par le triomphe de la démagogie, une société qui vivait dans la plus profonde sécurité, les consommations s'arrêtèrent instantanément, de façon que tous les produits, même les produits agricoles, se trouvèrent avilis, et qu'une affreuse détresse remplaça, pour les classes ouvrières, l'aisance dont elles jouissaient quelques semaines auparavant!

Les crises économiques. — D'une façon ou d'une autre, ces sortes de perturbations se produisent assez fréquemment dans les sociétés contemporaines. Quand elles ne sont que partielles, elles peuvent avoir pour résultat de jeter certaines classes dans un état de souffrance qu'il faut sans doute chercher à atténuer et à abréger, mais qui n'est point un mal dont la société ait à s'alarmer. Il est impossible, au milieu des complications que fait naître l'extension des relations commerciales, alors que ceux qui opèrent les échanges ne sont plus directement en présence les uns des autres, et qu'ils se trouvent au contraire à de grandes distances, il est impossible que l'on puisse toujours, sur tous les points et pour tous les genres de travail, proportionner exactement la production aux besoins du marché. Habituellement il y aura, dans la plupart des productions, un certain état de fluctuation entre la surabondance et le déficit, duquel résulteront, pour tous ceux qui sont engagés dans ces productions, des embarras plus ou moins sérieux. Quand ces embarras ne dépassent pas une certaine limite, on peut les considérer comme inséparables de la condition même de la vie humaine, où rien n'est certain et absolument assuré, la Providence n'ayant pas voulu que, sur cette terre où il ne doit passer que quelques jours, l'homme pût jouir en rien d'une inaltérable sécurité. Les incertitudes, les difficultés, les obstacles se rencontrent partout dans notre existence. On les voit même grandir et s'étendre à mesure que grandissent et s'étendent les puissances de notre vie. C'est ainsi qu'à raison même des progrès de l'échange les complications qui l'accompagnent ne font que se multiplier et s'aggraver. Ce n'est que par un redoublement de vigilance et de sagesse qu'on parvient à les prévenir ou à en atténuer les fâcheuses conséquences. Quand cette vigilance et cette sagesse font défaut, le mal prend les proportions d'un désastre; il a reçu dans le langage de notre temps un nom qui en exprime énergiquement la gravité : il s'appelle une crise.

Les crises ne sont pas toujours la suite des fautes de l'homme. Des événements au-dessus de sa volonté peuvent en être la cause. Une année de mauvaise récolte jettera la société dans une crise dont les effets pourront se faire sentir longtemps sur la condition des masses. Mais alors même que le fait de l'homme n'est pour rien dans les origines de la crise, la direction imprimée par la volonté humaine au mouvement des affaires, au moment où elle éclate, exercera une influence considérable pour en atténuer ou en aggraver les conséquences. Qu'une crise alimentaire afflige une société où tous les travaux sont bien distribués, toutes les industries solidement assises, où rien n'est factice ni hasardé dans les entreprises, cette crise, sans doute, ne se traversera pas sans peine, mais les maux qu'elle aura causés pourront presque toujours se réparer assez promptement. Au contraire, quand une crise de cette nature tombe sur une société mal assise dans l'ordre industriel, l'ébranlement qu'elle imprime y fait des ruines que l'on ne répare pas de longtemps.

Les crises qui laissent les traces les plus profondes et les plus douloureuses sont celles qui ont pour cause l'exagération extravagante de certains genres de travaux et de production, sous l'empire d'une passion aveugle pour le gain. Ces sortes de crises affligent périodiquement nos sociétés. Par elles, l'équilibre des échanges se trouve si gravement compromis, que ce n'est souvent qu'après de longues année d'affreuses souffrances pour les classes ouvrières qu'on le voit à grand'peine se rétablir.

Quand la passion des jouissances matérielles s'est emparée des âmes, et que les hommes portent dans cet ordre de choses cette puissance d'aspiration et d'action dont Dieu les a doués pour un plus noble but, il leur faut, à tout prix et sur l'heure, conquérir la richesse et, avec la richesse, les jouissances et l'éclat extérieur qui sont devenus le rêve de leur vie. On consent, pour réaliser ce rêve, à prendre de la peine, mais il faut que cette peine soit

courte et que le profit soit considérable. Or, tous les
genres de travail ne se prêtent pas également à ce rapide
développement et à cet accroissement subit de la puissance productive qui fait croire à de faciles et immenses
profits. Les industries manufacturières se prêtent à cette
illusion. C'est donc vers ces industries que les impatiences
maladives du matérialisme contemporain se tournent. C'est
en portant de ce côté leurs efforts désespérés qu'elles
jettent la perturbation dans l'ordre matériel tout entier,
et suscitent dans la société des calamités dont ceux
qui n'ont été que leurs instruments sont les victimes les
plus cruellement éprouvées. C'est le peuple qui, par la
perte de son salaire, paye les fautes des princes de la
spéculation. C'est le peuple qui meurt de faim, tandis
que les puissants de la manufacture et de la banque vont
chercher, dans de nouvelles aventures, les moyens d'alimenter un luxe qui aggrave, en y insultant, la détresse
de l'ouvrier.

Qui pourra empêcher le retour périodique de cette fièvre
d'industrie et de spéculation d'où sortent tant de maux?
C'est dans l'ordre moral qu'est la source du mal, et c'est là
qu'il faut chercher le remède. A la place de cet aveugle
entraînement vers la richesse, de cette activité inquiète
et insatiable qui imprime à la société des secousses accom-
pagnées de tant de misères, mettez les habitudes modestes
et renoncées de la vie chrétienne, et le problème sera
résolu.

Notre siècle, tout attaché qu'il est aux jouissances et
aux vanités de la richesse, commence à ressentir péniblement le vide que laisse dans les âmes cette ardente préoccupation des intérêts purement matériels. Il sent que

cette activité fiévreuse, par laquelle il s'efforce d'atteindre à
un bien-être sans limites qui lui échappe au moment où il
croit en approcher, que cette activité toujours trompée
l'épuise et le tue. « J'avoue, dit Stuart Mill, un des plus
grands économistes de l'Angleterre contemporaine, j'avoue
que je ne suis pas enchanté de l'idéal de vie que nous présentent ceux qui croient que l'état normal de l'homme est
de lutter sans fin pour se tirer d'affaire; que cette mêlée
où l'on se foule aux pieds, où l'on se coudoie, où l'on
s'écrase, où l'on se marche sur les talons, où la vie de tout
un sexe est employée à courir après les dollars, et la vie de
l'autre à élever des chasseurs de dollars, est la destinée la
plus désirable pour l'humanité. Ce n'est pas une perfection
sociale dont la réalisation puisse devenir le but des phi-
lanthropes à venir. »

Il n'y a pas de plus grand obstacle au progrès social que
l'instabilité perpétuelle et les secousses périodiques qu'im-
-priment à la société les crises industrielles et commerciales.
Je dirai plus tard, en parlant de la misère, comment,
même avec la meilleure volonté du monde, les classes ouvrières voient, par le retour fréquent de ces crises, tous
leurs efforts pour consolider et élever leur condition
frappés d'impuissance. Donnez aux classes qui sont pré-
pondérantes dans les affaires, la modération chrétienne
des habitudes; à la passion du luxe et des jouissances sub-
stituez des vues et des aspirations d'un ordre plus élevé;
reportez les âmes vers les choses d'en haut; apprenez aux
hommes à mépriser la richesse et à n'y voir que ce qu'y
voit le christianisme, un moyen d'atteindre un but supérieur
à l'ordre matériel; en un mot, donnez pour mobiles à la
société les mobiles de la vie chrétienne, faites du renonce-

ment la règle des mœurs, et vous verrez l'industrie prendre un cours de progrès régulier, que pourront troubler encore ces accidents ou ces égarements passagers, avec lesquels il faut toujours compter quand on a affaire à des hommes, mais qu'on ne verra plus à chaque instant arrêté par des bouleversements désastreux.

CHAPITRE IV

DES BORNES DANS LESQUELLES LA PROVIDENCE
A RENFERMÉ
LA PUISSANCE DE L'INDUSTRIE HUMAINE

———

I

LE PROGRÈS DES SUBSISTANCES PAR RAPPORT AU PROGRÈS
DE LA POPULATION

Comment la question se pose. — L'homme ne produit qu'avec le concours des agents extérieurs; il faut à son travail un objet et des moyens d'action. Sa puissance de produire est donc nécessairement subordonnée aux facilités plus ou moins grandes, aux résistances plus ou moins énergiques qu'il peut rencontrer dans les forces du monde physique. Parmi ces forces, il en est qui s'offrent à l'homme en quantité vraiment illimitée, eu égard au rapport présent de la population avec le globe, et qui s'emploient dans des conditions telles que tous ceux qui les exploitent, quel que soit leur nombre, retirent toujours de leur con-

cours un résultat proportionnel à l'effort par lequel ils les
mettent en mouvement. Cela est vrai pour les forces qui
ne sont en aucune façon susceptibles d'appropriation individuelle. Mais de toutes les forces productives, ce sont les
moins nombreuses. La plupart des forces dont se sert l'industrie ne se développent qu'à l'aide de substances mobiles,
il est vrai, mais susceptibles d'appropriation. Ces forces sont
inépuisables, en ce sens que les corps auxquels elles sont
inhérentes venant à se multiplier, elles peuvent se multiplier au moins dans la même proportion. Cent livres de
chlore blanchiront au moins dix fois autant de pièces de
toile que dix livres; la propriété que possède la chaleur de
sécher les objets, de les distiller, de les fondre, de les
durcir, d'imprimer à d'énormes fardeaux un mouvement
rapide au moyen de la compression de la vapeur, est au
moins mille fois aussi grande pour mille tonnes de houille
que pour une seule.

Si l'homme n'usait des forces naturelles que dans ces
conditions, l'ordre physique n'opposerait au développement de la production d'autre limite que le manque d'espace nécessaire pour le déploiement d'un nombre de travailleurs croissant sans cesse, ou bien l'épuisement des
éléments à l'aide desquels l'homme suscite les forces dont
il use pour la production. Ainsi la masse du combustible
répandu sur le globe, quelque immense qu'elle soit, est
toujours une quantité limitée; à la rigueur, on conçoit que,
dans le cours des siècles, un moment vienne où elle se
trouverait épuisée. Jamais toutefois, depuis que le monde
existe, aucun peuple ne s'est approché, même de loin, de
cette limite fatale; tous ont été arrêtés, longtemps avant d'y
atteindre, par des résistances plus prochaines qui ont

ralenti le mouvement ascendant de la population, et dont notre but même est ici de déterminer la nature et le mode d'action.

La puissance productive du sol par rapport à la population. — C'est quand le sol intervient, comme élément principal, dans la production que la puissance du travail rencontre une limite réelle et actuelle, dont les effets se font sentir partout sur l'ordre matériel, et constituent une des difficultés capitales de la vie humaine.

La production manufacturière emploie principalement, et souvent presque exclusivement, des forces indépendantes du sol, tandis que la production agricole emploie surtout des forces essentiellement inhérentes au sol. De là, entre les manufactures et l'agriculture, une différence très tranchée quant à la possibilité de multiplier les produits dans les deux ordres. De tous les économistes, c'est Stuart Mill qui a analysé ces faits avec le plus de pénétration et de précision. Voici en substance ses vues sur ce point si important.

La terre diffère des autres éléments de la production, le travail et le capital, en ce sens qu'elle n'est pas susceptible d'un accroissement indéfini. Son étendue est limitée, et l'étendue des espèces de terrains productifs l'est encore davantage. Il est évident, en même temps, que la quantité des produits qu'on peut obtenir d'une portion de terre n'est pas indéfinie. C'est dans cette limitation, quant à l'étendue de la terre et quant à sa puissance productive, que consistent les limites réelles de l'accroissement de la production.

La limitation de la production résultant des qualités du sol, ne ressemble pas à l'obstacle que nous oppose un

mur qui reste immobile à une place déterminée, et au pied
duquel tout mouvement est absolument arrêté. Nous pouvons plutôt la comparer à un tissu très élastique et très
susceptible d'extension, qui ne peut guère être étiré avec
tant de force qu'on ne puisse l'étirer encore davantage,
mais dont cependant la pression se fait sentir longtemps
avant que la limite soit atteinte, et se fait sentir avec
d'autant plus de force qu'on approche davantage de cette
limite.

A partir du moment où l'espèce humaine s'est adonnée
à la culture avec quelque énergie et y a appliqué des
instruments de quelque perfection, la loi de la production,
en tant qu'elle tient à la terre, est que, dans un certain
état d'habileté et d'instruction agricole, le produit ne s'accroît pas avec le travail dans une proportion égale. En
doublant le travail, on ne double point le produit, ou, pour
exprimer la même chose en d'autres termes, tout accroissement de produit s'obtient par un accroissement plus que
proportionnel dans l'application du travail à la terre.

Le fait qu'un surcroît de produit ne s'obtient que par
une augmentation plus que proportionnelle de dépense
devient évident, par cela même que les terres de qualité
inférieure sont mises en culture.

Les terres inférieures, ou les terres situées à une plus
grande distance du marché, sont naturellement d'un rapport inférieur, et l'on ne peut par elles satisfaire à une
augmentation dans la demande que par une augmentation
dans les frais et, par conséquent, dans les prix. Si une
demande plus grande continuait à être satisfaite par la
culture des terres de qualité supérieure, auxquelles on
appliquerait une quantité additionnelle de travail et de

capital, sans y faire des dépenses proportionnellement plus considérables que celles à l'aide desquelles elles rapportent la quantité qu'on leur a d'abord demandée, les propriétaires et les fermiers de ces terres pourraient vendre à plus bas prix que tous les autres et accaparer tout le marché. Les terrains d'une qualité inférieure, ou les terrains placés dans une situation plus reculée, pourraient sans doute être cultivés par leurs propriétaires pour se procurer des subsistances et une position indépendante; mais il ne serait jamais de l'intérêt de personne de les affermer pour en tirer un profit. Le fait qu'on peut en tirer un profit suffisant pour déterminer à y appliquer des capitaux, est une preuve que la culture sur les terrains d'élite a atteint le point au delà duquel tout emploi plus considérable de capital et de travail ne serait pas, à tout prendre, d'un rapport plus considérable que le rapport qu'on peut obtenir, aux mêmes frais, de terrains moins fertiles ou situés moins favorablement.

La loi générale de l'industrie agricole, c'est donc (en faisant la part des exceptions accidentelles et temporaires) que le produit de la terre, choses égales d'ailleurs, augmente dans un rapport moindre que l'augmentation du travail.

Ce principe, ce fait incontestable, ne donnerait pas la solution de la question, si l'on n'y joignait un autre fait : celui de la puissance des perfectionnements agricoles agissant en sens contraire du premier. Il se produit en effet, dans le développement des cultures, un mouvement en sens contraire du mouvement qui tend à réduire le rendement de la terre : c'est le progrès général des procédés du travail, et notamment du travail agricole.

Les perfectionnements dans les procédés de l'agriculture sont de deux sortes : quelques-uns font rendre à la terre un produit brut plus considérable, sans entraîner une augmentation équivalente de travail; d'autres n'ont pas le pouvoir d'augmenter le produit, mais ils ont pour conséquence de diminuer le travail et les dépenses à l'aide desquels on obtient le produit.

Parmi les premiers, il faut citer la renonciation au système de jachère, auquel on a substitué la rotation des cultures, et l'introduction de nouvelles céréales pouvant entrer très avantageusement dans le système de rotation. Immédiatement après, vient l'introduction de nouvelles denrées alimentaires contenant une plus grande quantité de principes nutritifs. Dans cette même classe de perfectionnements, il faut placer la connaissance plus complète de la propriété des engrais et des moyens plus efficaces de les employer, l'introduction d'agents de fertilisation nouveaux et plus puissants, des inventions telles que le défrichement du sous-sol, le drainage, etc., qui augmentent dans une proportion considérable le produit des terrains de certaines qualités; le perfectionnement dans l'éducation ou dans le mode de nourriture des animaux de travail, l'augmentation de la masse des animaux qui consomment et convertissent en substances destinées à l'homme ce qui autrement serait perdu, et ainsi de suite.

L'autre espèce de perfectionnements, ceux qui diminuent le travail, mais sans augmenter pour la terre la faculté de produire, consiste dans la construction mieux entendue des instruments de travail, l'application de nouveaux instruments qui épargnent le travail manuel, tels que les machines destinées à vanner et à battre le grain, une application mieux entendue et plus économique de la force musculaire. Ces perfectionnements n'ajoutent rien à la productivité de la terre, mais ils contribuent autant que les premiers à balancer la tendance qu'ont les frais de production des produits agricoles à s'élever avec le progrès de la population et de la demande. L'amélioration des voies de communication est analogue dans ses effets à cette seconde classe de perfectionnements agricoles. De bonnes routes équivalent à de bons instruments de travail. Il importe peu, en effet, que l'économie de travail s'opère en tirant les produits du sol ou en les transportant sur les lieux où ils doivent être consommés; ce qui importe, c'est que le consommateur puisse les acquérir sans trop de sacrifices. D'après des considérations semblables, on voit qu'une foule de perfectionnements purement mécaniques, qui n'ont, du moins en apparence, aucune relation avec l'agriculture, permettent cependant d'obtenir une quantité donnée de denrées alimentaires avec une dépense plus faible de travail; ainsi un perfectionnement important dans les procédés de la fabrication du fer tendrait à diminuer le prix des instruments agricoles. Le même effet résulterait de tout perfectionnement dans les procédés de ce qu'on peut appeler la fabrication à laquelle la matière des subsistances est soumise après qu'on l'a isolée de la terre, la mouture et la panification. La première application du vent ou de la force hydraulique à la mouture du blé eut pour effet de réduire le prix du pain, autant que l'eût fait une découverte importante en agriculture; et tout perfectionnement important dans la construction des moulins à blé exercerait proportionnellement une influence analogue.

On peut dire qu'il n'est aucun perfectionnement possible,

dans les arts de la production, qui, d'une manière ou d'une autre, n'exerce une influence contraire à la loi de diminution du rendement du travail agricole. Et ce ne sont pas seulement les perfectionnements industriels qui ont cet effet ; les améliorations dans le système de gouvernement et presque tous les genres d'avantages moraux et sociaux exercent une action identique.

« En résumé, tous les agents naturels dont la quantité est bornée, non seulement sont par cela même bornés dans leur puissance productive, mais, longtemps avant que cette puissance ait atteint ses dernières limites, ils ne satisfont les nouvelles demandes qu'à des conditions de plus en plus pénibles. Cette loi peut néanmoins être suspendue, ou maîtrisée temporairement, par tout ce qui augmente la puissance générale de l'homme sur la nature, et particulièrement par tout progrès dans ses connaissances et par l'empire que ces connaissances lui donnent sur les propriétés et l'action des agents naturels. »

Ces conclusions ne sont point exemptes de quelque exagération et je ne puis les admettre que moyennant des réserves notables. Tout en reconnaissant que les efforts de l'homme peuvent reculer les limites que la nature des choses impose à la puissance du travail agricole, Stuart Mill semble croire qu'il y a un terme fatal contre lequel ces efforts finiront nécessairement par rester impuissants, en telle sorte que l'obstacle peut être reculé, mais non surmonté. D'après l'éminent économiste, tout ce que peut faire l'homme par ses progrès dans la culture, c'est de contrarier pour quelque temps la loi de décroissance dans la puissance du travail agricole. Mais cette loi, un moment suspendue, reparaîtrait avec une énergie de plus en plus

marquée, à mesure qu'on approcherait du terme fatal où
tout accroissement dans le nombre des travailleurs serait
nécessairement suivi d'une diminution dans la puissance
productive du travail, et où, par conséquent, la production
de la société serait insuffisante à la faire vivre.

Je ne puis admettre ces conclusions. Elles forment la base
du système de Malthus, dont Stuart Mill embrasse les doctrines. Sans accepter les théories par lesquelles on a essayé
d'établir, à l'encontre des idées de Malthus, que la puissance du travail s'accroît en raison même de l'accroissement du nombre des producteurs, je pense qu'il y a dans
cette question un certain milieu, indiqué par le bon sens et
par l'observation des faits, suivant le cours ordinaire de la
vie humaine.

Bastiat et Carey sont les auteurs de la théorie où l'on pose
en principe que « toutes choses égales d'ailleurs, la den-
sité croissante de la population équivaut à une facilité
croissante de production ».

Les limites d'un précis ne comportent pas l'exposé de la
controverse si vivement engagée, il y a une quarantaine
d'années, entre les deux écoles. Il suffira de faire remarquer
que Bastiat, tout en soutenant la proposition qui vient
d'être énoncée, tout en la présentant comme un axiome de
la science économique, est obligé de reconnaître, comme
tout le monde, que la puissance du travail est limitée
par la nature des choses, de telle façon que les produits
ne se multiplient pas toujours en proportion du nombre
des producteurs. Il faut reconnaître toutefois que ses
théories ont cela de bon que, par la discussion et l'examen
approfondi des faits qu'elles ont provoqués, elles ont
rendu impossible, pour tous les esprits droits, les exagé-

rations qui constituent le fond des thèses de Malthus et
de son école.

Il est maintenant reconnu que les sociétés arrivées à un
certain degré de civilisation ne rencontrent point, dans les
conditions de la production agricole, un obstacle absolu tel
que le conçoit l'école de Malthus, obstacle qui les mettrait
dans la nécessité d'opter entre l'état stationnaire, quant à la
population, et une misère toujours croissante.

Nul ne peut assigner de terme précis aux améliorations
du sol et aux perfectionnements dans les procédés du travail, à l'aide desquels un même espace de terrain, avec
une dépense de travail égale pour chaque producteur,
nourrit une population de plus en plus nombreuse. Nul ne
peut dire que ce résultat devienne plus difficile à atteindre
à mesure que le nombre des producteurs s'accroît par
rapport à une étendue donnée de territoire, parce que nul
ne peut dire où s'arrêteront les inventions du génie de
l'homme conduit et éclairé par la Providence.

Mais il reste ce fait, dont Stuart Mill nous donne la
raison scientifique, et dont tous, d'instinct et par le cours
même de la vie, nous sentons l'évidence : c'est que les
progrès du travail agricole, par la nature même des
choses, ne s'opèrent que lentement et difficilement, en
telle sorte qu'ils suivent le mouvement d'accroissement
de la population, mais, d'ordinaire, ne le devancent point.

Ce n'est que sous l'empire de la nécessité que l'homme
accomplit les efforts indispensables à la réalisation de ces
progrès. La force mystérieuse qui préside à la multiplication de l'espèce humaine tend à dépasser, dans son impétuosité, les progrès du travail; mais aussi, toutes les fois
que l'homme sait résolument se soumettre à la nécessité, et

accomplir les efforts auxquels la Providence subordonne toutes ses conquêtes sur le monde matériel, l'obstacle recule et les générations nouvelles trouvent, avec leur place au soleil, leur juste part des fruits par lesquels la terre récompense le travail du laboureur.

Toutefois une chose demeure certaine, comme fait d'expérience : c'est que l'obstacle est toujours lent à reculer, en même temps que les générations sont toujours promptes à s'avancer, de telle sorte que, cette part des fruits de la terre, qui ne fait pas défaut à l'homme qui travaille, n'est jamais, pour la grande masse de l'humanité, que le nécessaire, et le nécessaire moyennant de rudes et incessants labeurs.

La loi de la population. — En résumé, il est aussi impossible d'admettre que l'homme puisse croître indéfiniment en nombre en même temps qu'en bien-être, qu'il est impossible de prétendre que la nature des choses ait mis à ses progrès une borne fatale, au delà de laquelle tout accroissement dans le nombre des hommes serait suivi, nécessairement, d'une rapide aggravation dans les maux qui pèsent sur la vie humaine. Toute la controverse qui avait pris pour point de départ ces deux propositions extrêmes n'a laissé debout que cette vérité de fait et de bon sens : *l'humanité peut s'accroître indéfiniment, mais toujours péniblement.*

Tel est le caractère de la limite posée, depuis le commencement, par la force des choses, au développement de la puissance productive du travail. Le travail, dans l'ordre agricole, maintient sa puissance plus qu'il ne l'accroît. S'il l'accroît par moments, c'est de peu et au prix de sacrifices qui font renaître, sous une autre forme, la loi générale et constante du travail et de la vie pénible. Ceci n'est plus une conception arbitraire de l'esprit humain, c'est un fait qu'atteste l'expérience de tous les temps ; c'est, dans toute la rigueur du terme, une loi de l'existence présente de l'homme. Cette loi, l'auteur de la nature humaine nous l'a imposée, non comme règle primitive de notre existence, mais comme châtiment de la faute que commit le premier homme, en essayant de se soustraire à la destinée de renoncement et de progrès par la libre abnégation de soi-même que le Créateur lui avait faite.

Après bien des essais, dans lesquels ont été mises en œuvre toutes les ressources de l'esprit scientifique moderne, en vue d'établir que l'humanité avait eu tort de se croire soumise pour toujours à la dure loi du besoin, on est contraint, par la science même dont on invoquait l'autorité, de revenir à la parole par laquelle Dieu a prononcé, sur l'homme coupable, un arrêt irrévocable.

Aux premiers jours de son existence, comme aujourd'hui, l'homme prétendait se faire l'égal de Dieu. En lui donnant droit sur toutes les choses de ce monde, Dieu avait mis à ce droit une limite ; il lui avait interdit de toucher aux fruits de l'arbre de la science du bien et du mal. Adam transgresse cette défense, et Dieu laisse tomber sur lui cette sentence dont ses fils n'ont cessé de porter le poids : « La terre sera maudite à cause de ton péché. Tu n'en tireras qu'avec peine ta subsistance durant les jours de ta vie. Elle te produira des ronces et des épines, et tu te nourriras de l'herbe qu'elle fait croître. Tu mangeras ton pain à la sueur de ton visage, jusqu'à ce que tu retournes à la terre d'où tu as été tiré. »

Voilà le fait, le principe, la loi, dont les conséquences

dominent tout l'ordre matériel des sociétés humaines. De ce fait et de cette loi naissent toutes les difficultés de cette question de la population, devant laquelle la science politique hésite et se trouble, et dans laquelle apparaît, plus qu'en toute autre, l'impuissance des doctrines qui rejettent les principes du christianisme.

II

COMMENT LES HOMMES PEUVENT CROITRE EN NOMBRE SANS QUE LE TRAVAIL PERDE DE SA PUISSANCE

L'accroissement de la population est un bien. — L'accroissement rapide et continu de la population n'est point, comme le voudrait faire croire le matérialisme économique, un de ces fléaux qui conduisent les peuples à la décadence et à l'anéantissement par la misère. C'est au contraire, en principe général, une bénédiction, un signe, en même temps qu'une source de progrès et de force. La Providence l'a ainsi réglé dès le commencement.

En soumettant la terre à l'homme, Dieu donne pour loi à l'espèce humaine de croître et de multiplier. Telle est la loi du progrès pour l'humanité, loi vraiment divine dans son origine comme dans son but, car c'est de la bénédiction de Dieu que l'homme tient la fécondité, et c'est la gloire de Dieu que l'homme répand sur la terre en multipliant les générations capables de le connaître et de l'aimer, de faire éclater par leurs œuvres la grandeur de Celui dont notre âme porte en elle l'image.

Le sentiment du genre humain est resté fidèle à cette loi.

Consultez le bon sens des nations, et vous verrez que partout une société où la population décroît est considérée comme une société en décadence. Même parmi les économistes qu'ont séduits les doctrines étroites de Malthus, on ne peut voir sans alarmes un mouvement rétrograde de la population, fût-ce dans les sociétés les plus avancées où il semble, d'après les Malthusiens, que l'accroissement de la population soit le plus à redouter.

Expansion normale de la population. — Pour qu'une société soit dans ses conditions normales de force et de prospérité, il faut que sa population s'accroisse d'un mouvement continu, régulier, modéré; il faut que le nombre des hommes et la puissance du travail en général s'augmentent dans une même proportion, de façon à donner à une population de plus en plus nombreuse, non point ce bien-être indéfini que rêve l'école matérialiste, mais ce nécessaire de la vie qui met l'homme à même d'accomplir sur la terre les destinées supérieures auxquelles Dieu l'appelle.

Quand on ne voit dans l'homme qu'un être livré aux impulsions des sens, tirant des appétits matériels toutes ses raisons d'agir, il est naturel qu'on s'applique à borner le nombre des hommes en vue d'étendre les jouissances de chacun. A ce point de vue quelques rares familles, abondamment pourvues de tout ce qui fait les délices de la vie, accompliraient mieux la destinée de l'humanité que des populations nombreuses obligées de lutter, à chaque heure de leur existence, pour tirer de la terre leur pain quotidien. Il est naturel encore, quand on comprend ainsi l'homme et les mobiles qui le gouvernent, de le croire toujours fatalement poussé par l'instinct des sens à une multiplication

sans mesure, et par conséquent à une misère sans terme.
Si l'homme n'a d'autre loi que le développement de ses
jouissances, pourquoi contiendrait-il le plus impérieux de
ses instincts? Qui pourrait empêcher que la faculté de multiplier rapidement en progression géométrique, dont l'espèce est douée, au lieu d'être une simple puissance que
jamais on ne voit se traduire en fait, ne devienne une désastreuse réalité? L'homme suivant alors la loi de l'instinct,
qui est la loi des brutes, serait, comme la brute, arrêté
dans sa multiplication par l'insuffisance des moyens d'alimentation. Suivant une pareille hypothèse, la population,
doublant dans une période qui pourrait être fort inférieure à la période de vingt-cinq ans admise par Malthus,
on conçoit que le travail agricole serait dans l'impossibilité de surmonter assez rapidement les obstacles que
lui oppose la force des choses, pour que la multiplication
des produits suivît la multiplication des hommes. S'il en
était ainsi, la loi de la population serait vraiment une
loi fatale, contre laquelle irait se briser toute la destinée
humaine, et il y aurait, dans l'œuvre du Créateur, une
contradiction aussi douloureuse qu'inexplicable.

Mais où donc a-t-on vu l'homme livré de la sorte aux instincts de la bête? Ne le voit-on pas, au contraire, même
dans la plus profonde dégradation où il puisse tomber, dans
l'état sauvage, rester supérieur, au moins par des coutumes
inspirées d'un vague sentiment de devoir et de dignité, à
la grossière loi de l'instinct? Plus la civilisation est élevée,
plus elle est fondée sur les vrais principes de la destinée
humaine, et plus ont de puissance ces considérations supérieures, ces hautes aspirations de l'âme, qui réduisent la
puissance des instincts physiques sur l'homme et les sou-

mettent de plus en plus à la loi du monde spirituel. D'une façon ou d'une autre, dans toutes les sociétés, par cela même que l'homme est homme, il y a une certaine force modératrice qui détourne les conséquences extrêmes de la loi de multiplication.

Dans les sociétés où l'on prétend concilier une haute culture intellectuelle avec tous les raffinements du sensualisme, cette action modératrice s'exerce par des pratiques honteuses, par une violation des droits de l'humanité, qui conduisent inévitablement la société à la ruine.

Dans les sociétés fondées sur une saine entente de la destinée humaine, la force modératrice revêt un caractère de puissance morale et de force d'expansion dans l'ordre spirituel qui, loin d'être une cause de décadence, est au contraire une des sources les plus fécondes du progrès.

Mais ce n'est pas seulement en contenant la puissance de multiplication dont il est doué, que l'homme maintient l'équilibre entre la population et les subsistances, c'est aussi en élargissant sans cesse, par les progrès du travail agricole, les ressources que lui fournit l'exploitation du sol. Comme nous l'avons vu au paragraphe précédent, ce n'est qu'avec peine qu'il parvient à soumettre à sa domination les forces de la nature, de façon à leur faire rendre, pour un nombre de consommateurs toujours croissant, un produit croissant dans les mêmes proportions. En cela gît la difficulté principale de la vie humaine, quant à l'ordre matériel. Mais c'est une difficulté féconde, car les efforts que fait l'humanité pour la vaincre sont l'occasion de ses plus grands progrès. Sans la nécessité qui le presse à tous les moments de son existence, l'homme, cédant aux séductions de la paresse, se renfermerait dans un éternel et stérile repos.

Dieu, en qui la bonté ne se sépare jamais de la justice, tout en l'assujettissant à des labeurs constants, en punition de sa faute, a voulu que ces labeurs fussent la source de sa grandeur.

La population se presse à la limite des subsistances. — Ainsi qu'on l'a dit, la population s'avance continuellement à la limite des subsistances. Cette limite recule sans cesse, sous le poids des flots toujours plus pressés des générations humaines, mais comme elle ne cède qu'à la force et lentement, ceux qu'elle contient en éprouvent perpétuellement une certaine gêne, et la vie difficile est leur condition constante. Cette gêne se fait sentir plus rigoureusement à ceux dont le revenu ne constitue que le nécessaire, et ceux-là forment l'immense majorité du genre humain. Sans doute il est humiliant pour l'orgueil de l'homme de se sentir enchaîné à cette dure loi du besoin. On comprend que le matérialisme, qui s'est fait un idéal de grandeur par les satisfactions matérielles, reconnaissant qu'il est impossible à l'homme de multiplier à son gré les moyens de jouissance, porte ses efforts de l'autre côté, et insiste sur les moyens d'arrêter le mouvement ascendant de la population. De cet oubli de la véritable condition de l'homme naissent les difficultés interminables dont on a inutilement embarrassé la question de la population.

Le nécessaire ne manque pas dans les sociétés où règnent les mœurs chrétiennes. — Quand on part des données chrétiennes, la solution s'offre d'elle-même; elle se résume en ceci : qu'une société où la population croit d'après une progression même assez rapide, si elle reste en toutes choses fidèle à la loi morale qui régit la destinée humaine, trouvera toujours, non pas la richesse

et la jouissance pour tous, mais du moins le nécessaire
de la vie matérielle, avec cette dignité de la créature raisonnable et libre qui constitue le nécessaire de la vie morale.

Dieu, en condamnant l'homme à manger son pain à la
sueur de son visage, laisse assez entendre que ce pain ne
lui sera pas refusé quand ses labeurs sauront le conquérir.
En prononçant cette peine, Dieu ne révoque point la bénédiction primitive qu'il avait répandue sur le genre humain.
lorsqu'il dit à Adam : « Croissez et multipliez, couvrez la
terre et assujettissez-la à votre domination. » Les faits,
envisagés à la lumière du bon sens, nous montrent que la
Providence a disposé toutes choses pour que cette bénédiction et cette malédiction eussent en même temps leur effet.
Toutes les fois que les peuples restent fidèles aux préceptes
essentiels de la loi divine, par leurs institutions et par
leurs mœurs, dans la vie sociale comme dans la vie privée,
on voit la Providence les conduire par les voies de l'ordre
naturel, à travers les épreuves du travail, et par les
épreuves mêmes, à l'accomplissement des bénédictions
divines.

Le progrès du travail. — A ne considérer que l'industrie agricole, et en supposant les ressources de la société
circonscrite au territoire qu'elle occupe, il y a encore,
grâce à l'expansion du travail, dans les races qui ont conservé, au moral comme au physique, toute leur vigueur,
un champ immense ouvert au progrès de la population.
Comme nous l'avons dit plus haut, il y aurait témérité à
assigner au progrès agricole aucune limite précise et
fatale. Jamais on ne l'a tenté et, parmi ceux qui ont défendu
avec le plus d'insistance les doctrines de Malthus, on est
toujours demeuré sur ce point dans le domaine des asser-

tions vagues et dénuées de preuves positives. D'ailleurs, ce n'est pas seulement à son territoire qu'un peuple peut demander sa subsistance. A mesure que la civilisation multiplie et consolide les relations des différentes parties du globe, il devient plus facile de tirer des contrées étrangères ce que le sol national ne peut fournir. Nous savons aujourd'hui, et nous ne savons que trop, ce que les contrées lointaines et moins anciennes dans la civilisation, peuvent jeter de denrées alimentaires sur notre vieux continent.

Il est à remarquer d'ailleurs que, dans l'ordre industriel, le travail fait chaque jour, chez les peuples avancés, des progrès qui dépassent par leur rapidité le progrès de la population le plus rapide qui se puisse concevoir. Sans doute le progrès du travail manufacturier, dont les produits ne contribuent que pour la moindre part à la consommation des masses, ne suffiraient point, à eux seuls, pour rendre possible sans danger une très rapide multiplication des hommes ; mais, combinés avec les progrès plus lents de l'agriculture, ils aident à étendre le champ ouvert au progrès de la population.

Une chose frappe dans la marche de l'histoire : c'est que, par un dessein visible de la Providence, à toutes les époques où le genre humain tend à prendre une grande expansion, correspondent les grandes découvertes qui changent la face du monde matériel, en modifiant profondément les procédés du travail et en étendant prodigieusement les relations des diverses parties du globe. Or ce que le génie de l'homme, guidé et soutenu par la Providence, a su accomplir jusqu'ici, pourquoi serait-il impuissant à l'accomplir dans l'avenir ?

L'émigration. — Il faut d'ailleurs se rappeler que les hommes ne sont point fatalement enchaînés au sol sur lequel ils sont nés. Ce n'est pas à l'expansion de l'humanité dans les limites de telle ou telle contrée privilégiée par l'antiquité et la puissance de sa civilisation, que se bornent les vues de la Providence. C'est dans le monde entier qu'elle convie l'humanité à se répandre. La peine que peuvent éprouver les hommes à vivre sur un territoire où ils se sentent trop pressés, est un des moyens dont Dieu se sert pour les pousser vers des pays lointains, dans lesquels s'ouvrent à leurs progrès des espaces indéfinis.

L'émigration et la colonisation sont incontestablement au nombre des voies par lesquelles l'humanité s'achemine vers les destinées que Dieu lui trace, et elles sont aussi une ressource, et une ressource en quelque sorte indéfinie, contre les maux dont un accroissement de population affligerait les sociétés déjà vieilles en civilisation. Ici, encore une fois, c'est la dure nécessité qui agit ; c'est de la pression qu'elle exerce sur la vie humaine que procèdent les grands mouvements des peuples par lesquels se sont accomplies tant et de si merveilleuses conquêtes dans l'ordre purement matériel. Par un double effet de cette même cause, la vie s'étend sur le globe en des régions où elle n'avait encore pénétré qu'imparfaitement, en même temps qu'elle maintient, et même accroît ses ressources, dans les lieux où elle a depuis longtemps développé toute sa puissance. Les peuples que l'on a vus, dans le monde ancien et dans le monde moderne, atteindre par la colonisation à une si grande prospérité, y seraient-ils jamais parvenus s'ils n'avaient eu d'autre souci que de restreindre leurs générations en vue d'accroître la somme de leurs jouissances ?

Remarque importante. — Tout ce qui vient d'être dit nous conduit à cette remarque, très importante pour la pleine intelligence de la question, et pour la solution pratique des graves difficultés qu'elle présente : ce n'est point par telle ou telle mesure, par telle ou telle impulsion imprimée à la société dans un ordre de faits particuliers, que se résout la question de la population. Ce n'est que dans l'ensemble des impulsions auxquelles obéit la société, et dans l'ensemble des faits qui en sont la conséquence, que peut se trouver la solution. La question de la population, bien comprise, est la question sociale suprême, en laquelle se résument toutes les questions particulières. En cette question c'est la société qu'il faut prendre d'ensemble. Ce n'est qu'avec toutes les forces, toutes les aptitudes, toutes les vertus de la société, que la solution peut en être donnée.

Il faut ici, comme toujours pour les grands problèmes de l'ordre social, remonter jusqu'aux premiers principes, jusqu'à ces principes qui donnent la vie et le mouvement à tout. C'est par leur action que s'accomplissent les progrès qui permettent le développement continu de la population; c'est de leur action que procèdent les influences modératrices qui contiennent ce développement en ses justes limites. C'est de la force morale, de l'élévation des âmes et de l'énergie des volontés, qu'il faut tout attendre. Cette force morale pousse l'homme à tous les progrès, en même temps qu'elle le rend supérieur aux grossiers instincts des sens. Elle fait prédominer en toute sa conduite les vues élevées et les saines aspirations d'un être que Dieu destine aux vraies grandeurs, aux joies nobles et profondes de la vie spirituelle.

Perturbations accidentelles dans l'équilibre de la population et des subsistances. — Comme tout en ce monde est faible, changeant et divers, même dans les sociétés où l'homme est le plus fort contre les instincts de sa nature matérielle, il y aura des moments où son énergie morale semblera défaillir. Il arrivera aussi que, par des complications qu'on ne saurait éviter, et comme conséquence des évolutions qui s'accomplissent dans l'ordre matériel à certains moments, les travaux, par lesquels une partie considérable des classes ouvrières trouve la vie, n'auront plus, dans les conditions arriérées où ils s'exercent, la puissance de nourrir ceux qui s'y livrent. L'équilibre entre la population et les moyens de vivre se trouvera alors rompu partiellement, mais dans des proportions parfois assez considérables. La transformation de certaines de nos grandes industries, notamment de l'industrie linière, a fourni un exemple d'une crise de cette nature.

Aucune société n'échappe à ces embarras et à ces crises. Mais une société où régneront les hautes influences morales, que nous caractérisions tout à l'heure, finira toujours par en triompher. Ces crises sont au nombre des difficultés de la vie présente auxquelles les meilleurs et les plus forts, parmi les nations comme parmi les individus, restent toujours soumis. Elles deviennent, par les efforts que l'on fait pour les surmonter, une nouvelle source de progrès. En pareil cas, chez les peuples doués d'une force morale suffisante, on verra, après quelque temps, la prospérité de la société passagèrement compromise reprendre son cours régulier; un moment arrêtée dans sa marche ascendante, la population reprendre bientôt son essor ordinaire. De génération en génération, des forces nouvelles s'ajouteront aux

forces accumulées par les laborieux efforts des hommes
durant le cours d'une longue civilisation; le progrès du
travail suivra le progrès de la population, et celle-ci s'avancera avec une force d'expansion toujours constante, mais
aussi toujours contenue.

C'est parce que les choses prennent naturellement ce
cours, que l'on a pu voir des sociétés périr faute d'hommes,
mais qu'on n'en a point vu, malgré tant de sinistres pré-
dictions, pour qui l'excès de population ait jamais été autre
chose qu'un embarras plus ou moins prolongé, mais toujours
passager. On a vu les sociétés se perdre en faussant et en
outrant les instincts de prévoyance dont elles sont douées,
mais on ne les a pas vues périr pour les avoir mis en oubli.

III

LES SOLUTIONS UTILITAIRES

Malthus fait appel à l'amour du bien-être. — C'est
à Malthus qu'il faut faire remonter toutes les théories du
sensualisme moderne sur la population. Que Malthus fût
sensualiste, utilitaire si l'on veut, c'est ce qu'il est impossible de nier quand on a lu attentivement son *Essai sur le
principe de population*. La doctrine utilitaire s'y trouve dans
ses premiers principes et avec ses plus rigoureuses applications. Tout le système de Malthus sur la population n'est
autre chose que la théorie du progrès social au point de
vue sensualiste.

Pour Malthus, le besoin d'être nourri, d'avoir des vêtements et un domicile, en général tout ce qui nous préserve

des souffrances que causent la faim et le froid, est la principale cause qui met en jeu l'activité humaine. « Il n'est
personne, dit Malthus, qui ne sente combien le désir de
satisfaire ces besoins a d'avantages lorsqu'il est bien dirigé. »
Lorsque ce désir pousse à des actions illégitimes, la société
recourt à la répression : « Toutefois, dans tous les cas, le
désir est en lui-même également naturel, également vertueux. C'est au principe de l'amour de soi, si étroit en
apparence, que sont dus tous les efforts par lesquels chacun
cherche à améliorer son sort, et tous les nobles travaux de
l'esprit humain, tout ce qui distingue la civilisation de
l'état sauvage. »

Avec une pareille doctrine, Malthus ne peut rien comprendre au progrès par le sacrifice. Le mouvement sans
cesse ascendant de la population, lequel est suivi, mais
toujours avec une certaine lenteur, par le développement
de la production en général, la difficulté de vivre qui résulte
de cet état de choses pour les classes les plus nombreuses,
lui apparaissent comme les causes de tous les maux de la
société. Malthus reconnait l'impossibilité d'échapper à cette
disposition souveraine des choses par laquelle le progrès
matériel de l'humanité est sans cesse entravé et ralenti.
Or, le progrès matériel est pour lui le principal but des
sociétés et il faut que, d'une façon ou d'une autre, elles
l'atteignent. Se sentant impuissant à modifier le premier
des termes desquels dépend la difficulté, en renversant
l'obstacle qui empêche l'humanité de croître indéfiniment
en bien-être en même temps qu'en nombre, Malthus est
nécessairement amené à porter tous ses efforts sur le second
terme de la question. C'est le mouvement progressif de la
population qu'il tente d'arrêter, afin qu'un nombre d'hommes

moins considérable réalise, par des jouissances individuelles
plus étendues, le seul but que la doctrine utilitaire assigne
à l'humanité.

La contrainte morale. -- Malthus, hâtons-nous de le
dire, n'est jamais descendu jusqu'aux ignominies par lesquelles ses disciples, cédant aux entraînements de la logique,
nous ramènent aux plus infâmes pratiques du paganisme.
Malthus n'a jamais fait appel qu'à la vertu; malheureusement, c'est la vertu telle que la conçoivent les utilitaires
qu'il invoque. Il prêche à tous, mais particulièrement aux
classes les plus nombreuses, la contrainte morale, c'est-
à-dire « l'abstinence du mariage jointe à la chasteté ».

La vertu qui conseille la contrainte morale, Malthus la
fait dériver uniquement de l'intérêt propre, principe premier de sa morale. Comme motif déterminant de garder le
célibat, il allègue d'un côté l'espérance du bien-être que
s'assurera le célibataire en renonçant au mariage, et de
l'autre la crainte des difficultés qu'entraînerait la charge
d'une famille. Tout repose dans cette doctrine sur l'amour
du bien-être. Pour l'inculquer aux masses, il faut leur faire
connaître les douceurs du bien-être, et pour cela s'efforcer
de répandre dans toutes les classes le luxe : « Non un luxe
excessif chez un petit nombre de personnes, mais ce luxe
modéré qui est utile soit au bonheur, soit à la richesse.
Si l'on accorde qu'en toute société qui n'est pas à l'état de
colonie nouvelle, il faut absolument que quelque obstacle
puissant soit mis en action; si, d'un autre côté, l'on est
convaincu par l'observation que le goût de l'aisance et des
commodités de la vie détourne bien des gens du mariage,
par la certitude d'être privés de ces biens qu'ils estiment,
on doit convenir qu'il n'y a pas d'obstacle au mariage moins

préjudiciable au bonheur et à la vertu que ce goût, lorsqu'il est généralement répandu. »

Malthus se trompe, quand il croit qu'en rendant la vie facile par la rareté relative de la population, il accroîtra la puissance du travail et assurera aux masses une somme considérable de bien-être. L'homme dont la doctrine utilitaire gouverne la vie cherche, et, en vertu même de ses principes, a le droit de chercher avant tout ce qui satisfait le plus ses penchants. Or, n'est-ce pas une vérité de fait que le penchant au repos, ainsi que l'éloignement pour le travail, en un mot la paresse, sont parmi les instincts les plus universels et les plus enracinés dans l'humanité déchue? La loi de la vie difficile, en faisant de l'effort une constante nécessité, accoutume l'homme au travail; elle lui donne l'énergie nécessaire pour vaincre les obstacles et le met, moyennant la peine du travail, en possession des biens suffisants. Mais la mollesse des populations livrées à la vie facile et sensuelle, de quel effort est-elle capable, que pourra-t-elle pour la création des richesses nécessaires à la vie?

Inefficacité de la contrainte morale. — La doctrine de Malthus, comme toutes les fausses doctrines, abonde en contradictions. Quel espoir peut-on fonder sur la contrainte morale dans une société où régnera l'intérêt propre, et où, par conséquent, chacun aura pour seul but et seule règle de conduite la satisfaction de ses penchants? Ceux qui renonceront au mariage par égoïsme, renonceront-ils pour cela à donner satisfaction à la plus tyrannique des passions? Fera-t-on autre chose, par le célibat fondé sur de telles raisons, qu'ouvrir une source de vices et de misère bien plus féconde que celle qu'on voudrait tarir?

Malthus lui-même semble avoir senti cette impuissance de son principe quand il dit, avec un certain laisser aller que sa morale utilitaire explique : « Je serais inconsolable de dire quoi que ce soit qui pût, directement ou indirectement, être interprété dans un sens défavorable à la vertu. Mais je ne pense pas que les fautes dont il s'agit doivent, dans les questions morales, être envisagées seules, ou même qu'elles soient les plus graves que l'on puisse concevoir. Elles ne manqueront jamais, il est vrai, ou du moins elles manqueront rarement d'entraîner après elles des malheurs, et, par cette raison, elles doivent être fortement réprimées. Mais il y a d'autres vices dont les effets sont encore plus pernicieux, et il y a des situations dont on doit être plus alarmé : l'extrême pauvreté expose à plus de tentations encore. » En effet, pour un utilitaire, la pauvreté n'est-elle pas le plus affreux des vices? Mais Malthus a beau faire, le vice ne sauverait pas de la pauvreté; il ne ferait que la multiplier et l'aggraver. Le désordre engendrerait une population non moins nombreuse et cent fois plus misérable que ne serait la population née des mariages dont Malthus redoute la fécondité, puisqu'elle porterait le double poids du dénûment physique et de la misère morale.

Décadence des sociétés par le Malthusianisme. — Une société où régneraient souverainement les doctrines de Malthus, s'éteindrait lentement dans la mollesse, le libertinage et l'égoïsme.

Rien ne serait plus triste qu'une telle société. Le cœur se serre à la pensée de ce monde où chacun n'aurait d'autre souci que de s'assurer les étroites jouissances du bien-être, et de comprimer dans son âme l'expansion des sentiments les plus légitimes et les plus propres à élever l'âme humaine. Heureusement le monde n'a jamais rien vu de pareil. Malgré les défaillances momentanées des mœurs, il a toujours conçu autrement la grandeur et la félicité de l'homme. Quoi qu'on fasse, l'intérêt propre ne pourra jamais rien ennoblir; tout ce qui en naîtra sera toujours entaché de bassesse. Non seulement l'intérêt propre sera toujours vil, mais il sera toujours impuissant. Il n'y a de vraiment fécond que l'amour qui, par l'abnégation, rattache l'homme à Dieu et à ses semblables, et le répand au dehors en donnant tout leur essor à ses plus hautes facultés.

Il est digne de remarque que les tendances des théories de Malthus sont toutes, non point vers le progrès, mais vers l'état stationnaire. Le repos dans les jouissances matérielles est son idéal. Mais les sociétés humaines sont faites pour le progrès, tellement que l'état stationnaire est pour elles une souffrance et une impassibilité. Le plus renommé parmi les économistes contemporains de l'Angleterre, Stuart Mill, formule expressément cette théorie de l'état stationnaire comme la condition normale des sociétés. Il nous donne cette théorie comme la conséquence naturelle des doctrines de Malthus qu'il embrasse. Le sensualisme moderne, pas plus que le rationalisme antique, ne peut rien concevoir au delà. Sous prétexte de progrès matériel, on nous ramène au paganisme.

Conséquences extrêmes du Malthusianisme. — Pour réaliser cette conception sociale, manifestement contraire aux instincts et aux aspirations de l'humanité, instincts et aspirations qui répondent au plan de la Providence sur la vie humaine, l'école de Malthus n'a reculé devant aucune des conséquences de la doctrine du maître. Ni l'infamie, ni l'injustice des moyens ne l'ont arrêtée. Tout le monde sait à quel point elle ravale la dignité du mariage. Les audaces du Malthusianisme en cette matière délicate ont révolté même le socialiste athée qui fit tant de bruit en 1848. Proudhon a protesté, au nom de la dignité humaine, contre ces turpitudes du matérialisme économique. Il a montré, avec une irrésistible puissance de logique, que la société serait rapidement précipitée vers sa ruine par la dégradation et la destruction de la famille, si la morale sensualiste parvenait à faire prévaloir, en cette matière, les préceptes qui sont la conséquence nécessaire de ses principes.

Reconnaissant leur impuissance à rien obtenir par la contrainte morale, les Malthusiens ont fini par s'adresser à la contrainte légale. On voit ainsi le naturalisme moderne invoquer, au détriment de la liberté individuelle, l'omnipotence de l'État, et substituer à l'action des mœurs impuissantes le despotisme de la loi. Il est des pays où l'on a poussé le mépris de la liberté individuelle jusqu'à interdire le mariage aux indigents et aux ouvriers avant qu'ils aient atteint une certaine position. Cette odieuse politique n'a eu qu'un résultat : accroître le nombre des naissances illégitimes sans diminuer en rien l'accroissement de la population.

Conclusions. — Les faits sont plus forts que les théories. L'histoire l'atteste : tous les progrès sont étroitement liés au progrès de la population. Quand il s'arrête, tous les progrès s'arrêtent avec lui.

Le progrès de la population est à la fois la source, la fin et le signe de tous les progrès.

Il en est ainsi parce que, dans l'ordre terrestre, tout se fait pour les hommes et que rien ne se fait sans eux. Une

population qui s'accroit constamment ne peut maintenir sa
prospérité que par des efforts énergiques et incessants, et
ces efforts donnent naissance à toutes les grandes conquêtes
de l'homme sur le monde. Le mouvement toujours ascendant de la population réalise le progrès par la vie pénible,
le seul que Dieu ait permis à l'homme. Poursuivre ce progrès, en substituant la loi de la jouissance à la loi du sacrifice, est une entreprise contre nature, aussi vaine que coupable.

IV

LA SOLUTION CATHOLIQUE

**Les sociétés fidèles aux impulsions de l'Église ne
connaissent ni l'excès de population ni la dépopulation.** — La morale catholique, avec les mœurs et les institutions qui en découlent, donne au problème de la population la seule solution qui offre à la société de sûres garanties de prospérité, de force et de durée, par le développement régulier de toutes ses tendances naturelles et
légitimes. C'est en faisant de la chasteté, pour toutes les
conditions de la vie, une obligation rigoureuse; c'est en
prêchant la chasteté dans le mariage et la chasteté dans le
célibat, que l'Église catholique assure la fécondité des
races en même temps qu'elle contient leur expansion dans
de justes limites.

On a reproché à l'Église tantôt de pousser, par les principes de sa morale sur le mariage, à un accroissement
inconsidéré de la population, tantôt d'imposer au progrès

de la population, par le célibat de ses prêtres et de ses ordres religieux, des restrictions fatales à la prospérité des peuples. On n'a pas vu que l'Église, en imprimant en même temps aux mœurs cette double impulsion, évitait par cela même les deux écueils contre lesquels vont se briser toutes les sociétés qui prennent leur règle en dehors de ses principes; l'excès d'une population qui s'accroît plus rapidement que les subsistances, et une décroissance constante de la population qui enlève aux sociétés leur ressort et les conduit à une inévitable décadence.

Le progrès de la population, source de prospérités dérivant de la bénédiction divine. — L'Église maintient les sociétés dans la voie du progrès, parce que, en même temps qu'elle leur imprime une tendance constante à s'accroître en nombre, elle développe sans cesse en elles, comme je l'ai montré dans mon deuxième chapitre, toutes les puissances du travail. Grâce à l'impulsion que les sociétés reçoivent de l'Église, l'accroissement de la population, contenu dans de justes bornes et accompagné d'un développement parallèle de la puissance du travail, est à la fois leur honneur et leur force.

Les peuples chrétiens l'ont toujours ainsi compris. Chez eux, on a toujours vu dans l'accroissement de la population une bénédiction divine. N'est-ce pas, en effet, dans cette bénédiction que Dieu, à l'origine, comprend toutes les autres, quand il dit au premier couple : « Croissez, multipliez, remplissez la terre et soumettez-la à votre domination? » Mais, par suite de la faute originelle, le châtiment s'adjoint à la bénédiction, tellement qu'il n'en peut plus être séparé. L'homme déchu n'a pas été privé de toutes les grandeurs auxquelles Dieu l'avait destiné, mais il faut qu'il

les conquière au prix de la peine et du sacrifice. La bénédiction que Dieu avait répandue sur l'homme innocent dans
le paradis terrestre, il la renouvelle à l'homme déchu,
lorsque après le déluge il admet à la réconciliation le genre
humain en la personne de Noé et de ses fils.

Multiplier ses générations et les répandre sur le globe, sera
toujours pour l'homme le terme suprême de tous les progrès. Les mystérieuses impulsions qui l'y portent sont la
raison déterminante des efforts par lesquels s'accomplissent
tous les progrès de la civilisation. L'humanité aura à
souffrir et à lutter à tous les moments de son existence,
parce que, en suivant sa tendance naturelle, elle s'accroît
sans cesse, et que, à chaque pas qu'elle fait dans cet
accroissement, il lui faut un nouvel effort, une nouvelle
peine, pour étendre la puissance du travail; car, d'elle-
même, cette puissance ne ferait que décroître à mesure
que croîtrait la population, si, par mille labeurs, l'homme
ne s'ingéniait à lui conserver son énergie. L'homme réalise
donc par là le progrès, mais la même loi qui l'y pousse le
tient enchaîné à la peine et lui fait du travail pénible une
inflexible nécessité.

Dieu, dans sa justice, a voulu que la vie de l'homme fût
laborieuse, mais il a voulu aussi que, moyennant le labeur,
sa vie fût assurée. En conviant, par des bénédictions réité-
rées, le genre humain à une continuelle expansion, Dieu
n'aurait pu, sans se jouer de sa créature, la mettre, par
la disposition naturelle des choses, dans l'impossibilité
d'accomplir la destinée qu'il lui assignait. Dieu a mis à
l'accomplissement de cette destinée, dans quelque ordre de
faits que se déploie l'activité humaine, une condition :
l'obéissance aux préceptes par lesquels il a défini le bien

et le mal. Cette condition observée, il ne peut pas y avoir d'obstacle absolu qui arrête le progrès de l'espèce humaine sur le globe, et lui impose par la misère une limite fatale.

On peut affirmer, sans crainte d'être démenti par les faits, que le pain ne manquera jamais à une société où les hommes se livreront vaillamment au travail, en prenant pour règle de leur vie les préceptes de la morale catholique. La misère, qui trop souvent afflige une partie notable de nos sociétés, n'a point d'ordinaire pour cause un obstacle fatal qui condamnerait à la stérilité le travail de l'homme. Elle a sa principale source dans une inertie blâmable qui paralyse les forces du travail, et dans les coupables écarts de conduite qui dissipent, au profit de vices honteux, des ressources dont l'usage bien entendu donnerait à tous, non point la richesse, mais du moins la vie.

Le mariage et le célibat. — L'Église a toujours lutté contre la doctrine et les mœurs du paganisme, que le rationalisme et le sensualisme économique tentent de restaurer dans nos sociétés chrétiennes. Comment, par son influence sur les sociétés du moyen âge, elle avait couvert de populations saines, vigoureuses, laborieuses, des contrées que le sensualisme païen avait dépeuplées, on le pourra voir au quatrième livre, de mon traité sur *la Richesse dans les sociétés chrétiennes*. Le témoignage de l'histoire est, en cette matière, irréfutable. L'Église a toujours, avec une inébranlable fermeté, maintenu le commandement divin sur la dignité et la sainteté du mariage. Jamais elle n'a accepté, sous l'influence de l'école de Malthus, comme type du bonheur, un célibat égoïste, dans lequel les jouissances du bien-être tiennent lieu de toutes les joies légitimes de la vie.

Aux hommes qui vivent dans le monde, l'Église offre la famille comme le type de la vie régulière et souhaitable à tous égards, au point de vue matériel aussi bien qu'au point de vue moral. N'est-ce pas un fait incontestable qu'en fortifiant les bonnes habitudes et en détournant du désordre, le mariage développe la puissance productive de l'ouvrier et accroît en lui l'esprit de prévoyance et d'économie? D'ailleurs, par l'effet de l'association, le mariage, en même temps qu'il rend le travail plus fécond, rend aussi la vie moins dispendieuse.

L'Église pousse au mariage les hommes qui restent dans le monde et qu'aucune vocation particulière n'appelle à la vie religieuse; mais en même temps elle convie de toutes ses forces la jeunesse au travail, elle éloigne d'elle, par ses enseignements et par sa direction morale, les vices qui détournent du travail. Elle entoure, avec un soin maternel, les premières années de l'homme de toutes les précautions qui peuvent écarter de son âme vierge encore le souffle impur du vice; elle s'efforce de le soustraire aux passions qui lui ôteraient l'empire sur lui-même et qui le livreraient à des convoitises dont le remède se trouverait à peine dans un mariage prématuré, auquel manqueraient trop souvent les éléments matériels du bonheur domestique. L'Église, en fortifiant l'homme contre lui-même, en l'armant contre les penchants les plus impétueux de son cœur, lui donne le moyen d'attendre, dans un célibat honoré par le travail et la chasteté, le moment de fonder avec avantage une famille.

Le célibat dans la vie laïque ne sera jamais qu'une rare exception. Il est pourtant, comme le mariage, au nombre

des lois de notre existence, et, dans presque toutes les
sociétés, si peu qu..lles aient conservé de sens moral,
nous le trouvons élevé à la dignité d'institution. On sait
que les sociétés antiques, au milieu de la plus profonde
corruption, avaient conservé le sentiment de l'honneur dû
à la virginité. De nos jours, au sein du paganisme le plus
dissolu, dans ce céleste empire où la recherche des plaisirs
et l'intérêt pro.... sont les seules règles de la vie, on
rencontre sur les grandes routes des arcs de triomphe
élevés à la divinité et à la virginité. Ce qui n'est plus, dans
ces sociétés rongées par le vice, qu'un ressouvenir lointain
et affaibli des vertus des preaii...s âges, est au sein du
christianisme un fait considérable, une réalité toujours
vivante, exerçant sur les mœurs, par la grande institution
du célibat religieux, l'influence la plus étendue, la plus
profonde et la plus décisive. Cette institution atteste mieux
que toute autre la puissance du christianisme pour la
régénération des âmes. C'est par elle que, sans poursuivre
directement aucune fin relative à l'ordre matériel, l'Église
catholique met indirectement une limite à l'accroissement
excessif de la population.

**Heureuse influence du célibat religieux sur le
progrès social.** — Tandis que le matérialisme économique essaie de résoudre le problème par la stérilité,
l'esprit catholique le résout par la fécondité. Le célibat
religieux notamment agit dans ce sens. En même temps
qu'il enlève à la population une partie de sa puissance
d'expansion, et qu'il garantit la société des maux qui
résulteraient d'une multiplication trop rapide, il la préserve
de l'invasion d'un mal contraire et plus redoutable encore,
de l'épuisement de la population.

Rien ne peut mieux servir à assurer la propagation régulière des familles que les exemples de vertu que répandent de tous côtés ceux qui, par le vœu de chasteté, ont consacré leur vie à la plus céleste des vertus. Ces exemples sont une prédication plus efficace que toute autre pour élever le cœur du père de famille au-dessus des étroites préoccupations de l'intérêt matériel. Ils lui font envisager la vie sous son aspect véritable, comme un combat dont le prix est, non point la richesse et la fausse grandeur qu'elle donne, mais la dignité vraie et les joies pures de l'âme, par l'accomplissement des préceptes divins; ils font taire en lui les inquiétudes exagérées de l'avenir; ils le détournent de ces honteux calculs qui réduisent le nombre des enfants, afin de mieux leur assurer le bien-être; ils éloignent de l'enfance les pernicieuses influences d'une éducation faussée par l'orgueil et la cupidité, qui développerait dans l'enfant la source de tous les vices comme de tous les malheurs; ils donnent enfin au père de famille, par l'exemple du sacrifice, la force d'accomplir résolument les devoirs austères de sa condition.

Bien loin donc que le célibat religieux introduise la stérilité dans les sociétés qui le pratiquent, il y maintient au contraire la fécondité. Mais ce serait peu de leur donner la fécondité dans l'ordre physique par l'expansion des races, si on ne leur donnait en même temps la fécondité dans l'ordre moral par l'expansion de toutes les vertus. C'est là proprement et essentiellement la fécondité du célibat religieux. Par la plus haute des vertus et par le plus héroïque des renoncements, il suscite toutes les vertus et tous les renoncements.

Des populations nombreuses, couvrant de leurs flots pressés le territoire d'un État, sont, à tous égards, une source de force, de force morale comme de force matérielle. Dans une population nombreuse, le mouvement des esprits, l'élan des âmes sont plus prompts et plus forts ; l'activité du travail est plus intense et les moyens dont il dispose plus variés et plus étendus ; la solidarité, dans l'ordre moral comme dans l'ordre matériel, est aussi plus étroite, et la puissance d'action de l'humanité dans toutes les directions se trouve considérablement accrue. Mais à côté de ces avantages, il y a les désavantages et les périls. Les entraînements vers le mal sont plus vifs, les corruptions plus rapides à se propager, les complications plus fréquentes et plus dangereuses, les désordres plus faciles à exciter. Pour parer à ces dangers, il faut dans la société une effusion plus grande de cet esprit d'amour et de sacrifice qui tend à prévenir tous les désordres et à réparer tous les maux. Par qui cet esprit d'amour et de sacrifice sera-t-il entretenu et ravivé dans le monde, si ce n'est par ceux-là même qui, sous l'impulsion de l'amour, font de leur vie un continuel sacrifice ?

Action générale de l'Église quant à la population. — Trop souvent on a cherché, et on a cru trouver dans l'institution du célibat religieux le moyen capital, certains semblent dire l'unique moyen de résoudre les difficultés que soulève la question de la population. C'est de ce côté que plusieurs ont porté presque exclusivement leur attention. Il y a dans cette manière de prendre les choses une vue étroite, insuffisante, fausse jusqu'à un certain point, du rôle social de l'Église et du plus grave des problèmes qu'agite la science économique. Ce n'est que lorsque le

célibat religieux est combiné avec l'ensemble des institutions et des impulsions morales de la société catholique,
qu'il lui assure cette juste mesure de fécondité qui est la
première condition de sa force et de ses progrès.

C'est en activant le travail par la pratique du renoncement ; en répandant les habitudes d'ordre et d'économie ;
en développant l'esprit d'entreprise et de colonisation ; en
rendant plus rares, par l'apaisement des passions de la
jeunesse, les unions irréfléchies qui conduiraient à la
misère ; en diminuant, par la régularité des mœurs, le
fléau des naissances illégitimes ; c'est enfin en ajoutant à
toutes ces influences le principe modérateur du célibat
religieux que l'Église catholique, sans qu'elle se soit
jamais posé, comme le fait la science politique, le problème de la population, a trouvé les meilleurs moyens de
le résoudre.

CHAPITRE V

DE LA RÉPARTITION DES PRODUITS DU TRAVAIL

———

I

DE LA DISTRIBUTION DES RICHESSES EN GÉNÉRAL

Observations préliminaires. — Il semblerait, à
entendre les novateurs qui se sont donné mission de refaire
l'ordre économique, et la science qui en explique les lois,
qu'il n'y a à s'inquiéter dans les questions de cet ordre que
de la distribution des richesses. Quant à la production, il
est convenu que le travail social ne peut manquer de
donner des résultats suffisants, et que la seule difficulté est
de répartir ce résultat de façon à contenter tous les appétits. On semble oublier que la part de chacun de ceux qui
ont coopéré à la production ne peut être satisfaisante, que
si le travail a été mené de façon à fournir une masse assez
considérable pour que tous puissent y prendre une somme
d'utilités répondant à la pleine aisance dont on veut que
tous soient pourvus. On semble ne pas soupçonner qu'il

est tel système de répartition des produits qui, si on l'imposait à la société, paralyserait le travail et ferait, par conséquent, diminuer la masse à répartir, au grand détriment de ceux qui doivent prendre part à la répartition, c'est-à-dire des travailleurs.

Sans doute l'arbitraire des pouvoirs publics peut exercer sur la distribution de la richesse une influence qui ne saurait s'exercer au même degré sur la production, parce que ici on va se heurter aux lois fondamentales de la vie et de l'activité humaine, dans l'ordre matériel, lois absolues qui tiennent à la constitution même de la personnalité humaine et aux conditions de son action sur les objets du monde physique. Toutefois, même pour la distribution des richesses, une fois certains principes de vie sociale admis, il s'ensuit, quant à la répartition des richesses, un ordre de conséquences auxquelles il est impossible de se dérober.

Il y aura donc, pour assurer le bien-être du grand nombre par une bonne répartition de la richesse, d'abord à rechercher dans quelles conditions le travail donnera une masse à distribuer suffisante pour que chacun ait une [part] convenable : c'est ce que j'ai fait dans les chapitres qui précèdent. Ensuite il y aura à déterminer suivant quels principes de vie sociale la distribution de la masse produite se fera de façon à assurer le bien-être du grand nombre, dernier objet, et seul objet légitime des recherches de l'économiste.

Toute doctrine engendre un ordre social formé à son image, et tout ordre social détermine une certaine répartition des richesses, dont l'équité ou l'iniquité répond aux principes sur lesquels s'établissent les relations des membres de la société. Quelle différence, en effet, entre la

répartition des produits du travail dans les sociétés
païennes et cette même répartition dans les sociétés chrétiennes!

Chez les peuples païens, le travail est asservi et exploité
sans autre mesure que l'intérêt du maître. La ration du
travailleur se fixe comme celle de la bête de somme, que
le propriétaire entretient avec la moindre dépense possible, et seulement en raison du profit qu'il peut en retirer;
cesse-t-il d'être productif, le maître cesse de l'entretenir.
Non seulement les esclaves, mais tous les petits et tous les
faibles sont livrés à l'exploitation des forts et des puissants.
Fréquemment dans l'antiquité les cupidités des grands
réduisent le citoyen à une misère qui ne lui laisse de refuge
que dans la révolte ou dans le plus abject assujettissement.

A mesure que le christianisme s'empare des âmes et
pénètre dans les mœurs, ces iniquités s'effacent et disparaissent insensiblement. Dès sa première apparition dans le
monde, le christianisme pose les principes d'équité et de
charité qui émanciperont les classes inférieures et leur
assureront, par la liberté et l'assistance mutuelle, leur juste
part dans les fruits du travail de la société. Par l'impulsion
de la charité et par la seule puissance de la liberté, l'Église
à peine établie va en ce sens plus loin que ne pourra
jamais aller aucune législation humaine. Elle établit, par
la communauté volontaire et charitable, un ordre de relations qui pourra servir d'idéal aux efforts des hommes
pour restituer aux pauvres et aux faibles leur part légitime
des avantages de la vie sociale, mais qui, par la force des
choses, ne pourra être imité que de très loin dans les
sociétés où les hommes sont nombreux et les intérêts compliqués. Grâce à l'action de l'Église sur les mœurs, ces tra-

vailleurs, à qui le paganisme avait refusé la propriété
d'eux-mêmes, acquirent, avec la liberté, le droit de propriété en toute son étendue. Ils purent, en disposant, avec
une indépendance toujours croissante, de leur travail, en
recueillir les fruits sans avoir à subir d'autres lois et
d'autres chances que celles auxquelles, par le cours naturel
des choses, tous les hommes se trouvent soumis.

**Principes sous l'empire desquels s'opère, dans les
sociétés chrétiennes, la répartitiou des produits du
travail.** — Dans la société chrétienne, c'est par le cours
naturel de la liberté, et par l'application régulière du droit
de propriété, conséquence de la liberté, que se déterminent les revenus de tous ceux qui ont pris à la production
une part directe ou indirecte. C'est par l'action de la loi
d'offre et de demande que se fixe, en général, et sauf l'action de la loi chrétienne de la charité et du respect dû à la
personnalité humaine, la valeur des services rendus par
chacun et, par conséquent, la rémunération de ces services.
Le socialisme voudrait renverser cet ordre naturel des
sociétés où les relations économiques se fondent sur la
liberté et la propriété. Il prétend faire régler, par les pouvoirs publics, l'attribution à chacun de sa juste part dans
le résultat du travail social. On a cent fois démontré depuis
cinquante ans, par des arguments de fait irréfutables,
qu'il n'y a dans les systèmes de ces téméraires novateurs
que chimères et impossibilités; que la masse ouvrière n'y
trouverait, après de courtes expériences, au lieu du bien-
être qu'on lui fait espérer, qu'une misère sans mesure et
sans terme. Mais ce que ne peuvent ces nouveautés subversives pour la juste amélioration du sort du grand nombre, l'Église a mission de le faire, et elle l'a fait, durant le

cours des siècles, par la constante propagation des préceptes
et des conseils de l'Évangile.

Il y a dans les sociétés chrétiennes, pour tous les travailleurs, en tant qu'hommes appelés par la disposition du
Créateur à une destinée morale supérieure aux intérêts
purement temporels, il y a pour tous une justice, des
droits, auxquels tous peuvent prétendre et dont l'Église,
suprême gardienne de la justice dans le monde qui a reçu
le baptême, a toujours pris énergiquement la défense.
Cette justice, ces droits, elle les a toujours définis avec
l'autorité suprême dont Dieu l'a revêtue, proportionnant
son intervention aux circonstances dans lesquelles elle
était réclamée. C'est ce que faisait récemment encore le
Pontife suprême lorsqu'il établissait, dans un acte de souveraine autorité, que, pour déterminer en toute justice le
salaire de l'ouvrier, il ne faut pas tenir compte seulement
des conséquences de la loi d'offre et de demande, mais
qu'il faut faire entrer en ligne de compte, avec la personnalité de l'homme, ses devoirs envers Dieu et envers lui-
même quant à la conservation de son existence pour
laquelle le salaire est le moyen nécessaire. Et l'Église travaille à ce résultat, non seulement par ses définitions en
matière de justice, mais aussi par son action sur les âmes
et par la transformation que l'amendement des âmes opère
dans les mœurs. Il ne suffit point, en effet, de la justice et
des lois pour assurer à la société une répartition des
richesses toujours équitable et avantageuse à tous. L'exploitation et l'oppression ont leur source première dans la
perversion des mœurs, elles dérivent à la fois de la corruption des petits et de la corruption des grands.

Lorsque les mœurs sont corrompues et énervées, on voit

l'abaissement et l'oppression du grand nombre naître de la
liberté même, et elle en devient l'instrument le plus actif.
Les puissants, abusant des avantages que leur donnent leurs
lumières, leurs richesses et la concentration de leurs forces,
réduisent à leur merci ceux que la pauvreté, leur défaut
de lumières et l'éparpillement de leurs forces laissent sans
défense. De telle sorte qu'au sein de la liberté la plus absolue on peut voir renaître, pour les classes qui n'ont de
ressources que le travail de leurs bras, une situation qui,
en fait, aura quelques-uns des effets les plus désastreux de
la servitude.

Mais quand le mal est parvenu à ce point, on pourra voir
aussi l'oppression s'exercer en sens inverse et passer des
riches aux pauvres. Ceux-ci, profitant de leur liberté civile
et politique pour opposer, par l'association, la force du
nombre à la force de la richesse, des lumières et de l'influence, ne s'aperçoivent pas qu'en déclarant la guerre à la
propriété des riches ils tarissent les sources de leur propre
vie et se préparent un avenir où, sans trouver le bien-être,
ils rencontreront infailliblement la plus dure des servitudes, celle que le césarisme socialiste fait peser sur la
société tout entière.

Dans les sociétés pénétrées de l'esprit chrétien, la charité,
la bienveillance, la pratique de l'assistance mutuelle, les
facilités à s'associer pour la protection des intérêts communs, sont les forces modératrices et défensives de la
liberté. Par la charité, le strict droit, dont l'exercice ne
connaît aucune borne là où règne le principe de l'intérêt
propre, sera constamment ramené à l'équité. Les misères
que le cours naturel des choses amène inévitablement,
l'insuffisance des revenus du travailleur que la meilleure

organisation légale ne saurait prévenir lorsqu'elle a sa cause dans des accidents de l'ordre physique, ou dans des faiblesses inséparables de la condition humaine, se trouveront atténuées, quelquefois même compensées, par la charité et par les institutions fondées sous ses inspirations. Tout en laissant subsister l'inégalité des conditions, qui est et sera toujours une des lois de la vie sociale, les principes de charité et de modération chrétienne empêchent cette inégalité de devenir extrême.

Difficultés préliminaires résolues. — La recherche des lois qui président à la distribution des richesses n'est pas sans difficultés. Les faits se présentent en cette matière avec des caractères multiples et compliqués qui, au premier abord, semblent les rendre insaisissables à l'analyse. Il faut avant tout, pour prévenir les objections et pour assurer les fondements de notre étude, que nous fixions rigoureusement nos points de départ, et que nous établissions la légitimité de notre procédé.

Sous quelles catégories peut-on ranger les personnes entre lesquelles la richesse se répartit? Ces catégories étant définies et les différentes sortes de revenus qui leur appartiennent étant caractérisées, par quel procédé sera-t-il possible d'établir les règles d'après lesquelles se fixe le taux de chaque revenu?

Une fois ces questions résolues, et à l'aide des lumières que leur solution nous aura procurées, nous parviendrons à démêler, au milieu de la diversité et de la multiplicité des faits particuliers, les causes par lesquelles se déterminent les diverses sortes de revenus et à préciser le mode d'action de ces causes.

A ne considérer d'abord que la coopération directe apportée à l'œuvre de la production, les produits se répartissent entre tous ceux qui ont concouru à les créer; or la production ne s'effectue que par le concours du travail, des agents naturels et du capital. De là, trois catégories de revenus distincts, ayant chacune ses lois propres : la *rente*, qui est la part afférente au propriétaire des agents naturels, le *salaire*, qui est la part afférente au travailleur, et l'*intérêt*, qui est la part afférente au propriétaire du capital.

J'ai dit, dans mon deuxième chapitre, comment tous ces éléments de la production se trouvent réunis dans les mains et sous la direction de l'entrepreneur ou patron. C'est aussi par son intermédiaire que se fait la répartition des résultats de la production, c'est par les conventions qui interviennent entre l'entrepreneur et les propriétaires des forces productives que s'opère la répartition des produits. L'entrepreneur comprend dans ses frais de production les sommes qu'il paie à chacun d'eux, et il faut, pour que son opération soit rémunératrice, qu'il retrouve le montant de ces sommes sur le prix de vente de son produit; de plus, il faut qu'il y trouve, outre le remboursement de toutes ses avances, une certaine somme qui sera la rémunération de la peine qu'il aura prise pour organiser l'entreprise et en diriger les détails, et qui lui assurera la compensation des risques qu'il aura pu courir. Cette rémunération sera le *profit* de l'entrepreneur.

Mais comment, dira-t-on, établir une relation, assurée et vraiment pratique, entre les lois de la distribution de la richesse réduites à cette simplicité, et cette distribution telle qu'elle s'opère tous les jours en fait? Ne semble-t-il pas qu'elle ne peut se présenter sous cet aspect, simple et facile à saisir, qu'au moyen d'une hypothèse, et que, dans la réalité, elle se complique de combinaisons diverses qui ne peuvent se plier à une pareille généralisation?

D'abord il arrivera très fréquemment que plusieurs des éléments de la production se trouveront réunis dans les mêmes mains, en sorte qu'il n'y aura point à faire de partage des revenus. Ensuite la production sociale se répartit en une multitude d'opérations, et l'on ne voit pas au premier aspect qu'il y ait entre elles un rapport nécessaire duquel dérive une loi commune de répartition des produits. Enfin il n'arrive jamais qu'un produit soit commencé et terminé par un seul entrepreneur, de façon qu'à la fin de l'opération toute sa valeur se trouve répartie entre les propriétaires, les travailleurs et les capitalistes qui ont concouru à le créer. La valeur d'une pièce de calicot, par exemple, ne représente pas seulement la rente payée au propriétaire de l'atelier où elle a été tissée, le salaire du tisserand et l'intérêt payé au capitaliste qui a fait les avances indispensables; il a fallu, pour produire ce tissu, consommer des matériaux et des matières premières, il a fallu du fil, il a fallu du combustible pour alimenter la machine qui met en mouvement les métiers. La valeur de ces matériaux s'ajoutera aux éléments que nous venons d'indiquer et devra se retrouver sur le prix de vente du calicot. Le prix ne pourra donc plus être réduit, par l'analyse, aux divers revenus afférents à ceux qui ont concouru à la production; il s'y rencontre un élément étranger qui dérange l'exactitude de notre calcul, et ne lui laisse d'autre portée que celle d'une formule abstraite, ne répondant à rien dans la réalité.

Ces difficultés ne sont qu'apparentes. Si l'on veut bien me suivre dans l'analyse à laquelle je vais me livrer, on

acquerra la conviction qu'on peut très bien, en prenant la
société tout entière comme une grande association de producteurs, considérer chacune des trois classes propriétaires des sources de revenus comme des copartageants dans
le produit du travail social; on verra qu'il y a véritablement
des lois générales d'après lesquelles la part afférente à
chacune de ces classes se détermine. Pour tout ce qui va
suivre je réclame du lecteur une attention particulière.

La production d'un même objet se répartit entre un certain nombre de groupes transformateurs, par les mains
desquels il passe successivement. Prenez, par exemple,
une pièce de toile : vous rencontrerez d'abord un groupe
de producteurs agricoles, où se trouvera : un fermier qui
sera l'entrepreneur, un propriétaire qui aura fourni la
terre pour la culture du lin, un capitaliste qui aura fait
les avances et des ouvriers qui auront exécuté tous les
travaux de la culture. Le prix du lin représentera la somme
des revenus de tous ces différents producteurs. Après le
cultivateur, viendra le filateur. Il commencera, en payant
le prix du lin qu'il va transformer en fil, par rembourser
au cultivateur tout ce que celui-ci aura employé à payer les
divers revenus de ses coproducteurs. Cela fait, il appellera
lui aussi à son aide les trois éléments de la production et
payera à chacun son revenu sur les résultats de l'opération. Il vendra alors son produit, dont le prix comprendra :
1° la somme des revenus payés par lui, et, de plus, 2° la
somme de tous les revenus payés par le producteur agricole, lesquels constituent le prix de la matière première,
c'est-à-dire du lin employé à la production du fil. L'entrepreneur qui transformera le fil en tissu procédera de
même; en sorte que la toile, au sortir de ses mains,

représentera l'ensemble des revenus soldés aux trois
groupes de producteurs qui ont successivement concouru
à la créer. Suivez jusqu'au bout toutes les transformations
de cette toile, jusqu'au moment où elle parviendra, sous
forme de vêtement, dans les mains de celui qui l'appliquera directement à son usage : vous aurez toujours à
constater les mêmes faits, et vous trouverez que la valeur
de ce vêtement se résout, en dernière analyse, en la
somme des *rentes*, des *salaires* et de l'*intérêt* payés aux
trois classes dans les mains desquelles se trouvent les trois
éléments généraux de la production.

Il est clair, d'après ce qui précède, que la somme de
toutes les valeurs créées dans la société se résout en
rentes, en salaires et en intérêts. Quelles que soient les
complications que puisse offrir la production dans son
ensemble, quelque inégale que soit la durée de l'application des forces productives dans leurs différents emplois,
tout revient à cette donnée première ; il suffit d'une simple
opération arithmétique pour y ramener toujours toutes
les combinaisons de la production.

Pour nous rendre compte de la loi qui préside à la
distribution de la richesse, nous n'aurons donc qu'à observer ce qui se passe dans chacun de ces groupes producteurs qui forment l'élément simple et primitif dans l'ordre
matériel, comme la famille dans la société. Quand nous
aurons déterminé cette loi, il nous restera un autre point à
éclaircir : il faudra montrer qu'elle agit d'une manière
uniforme et constante dans tous les groupes divers. Cela
fait, nous serons parvenus au but de notre recherche, nous
aurons saisi la loi générale de la distribution de la richesse
dans la société.

Loi générale de la répartition dans la richesse. —
Dans tout groupe producteur, la répartition de la richesse
se fait en raison de l'importance des services apportés à
l'œuvre commune par les possesseurs des diverses forces
productives, et cette importance se détermine, en général,
par l'action de la loi d'offre et de demande.

Au fond, la répartition s'opère d'après les principes qui
régissent le partage des bénéfices d'une association entre
tous les associés : chacun y prend une part proportionnée
à l'importance de ses apports, et les apports sont estimés
plus haut ou plus bas, suivant qu'il est plus ou moins difficile de les obtenir, soit à raison de leur rareté naturelle,
soit à raison de la peine qu'il faut prendre pour les effec-
tuer. Si les terres sont rares, par rapport à la demande
qu'on en fait, si les capitaux ne se trouvent qu'en petite
quantité, relativement au travail qui en demande le concours, la rente et l'intérêt du capital seront élevés, tandis
que le travail qui s'offre en abondance n'obtiendra qu'une
rémunération proportionnellement peu élevée.

Telle est la règle générale. Toutefois il faudra, pour la
mettre en œuvre, distinguer, suivant les cas, les divers
modes d'après lesquels elle s'applique. Ainsi la règle aura,
pour chaque espèce de revenus, des effets particuliers
qu'il faudra constater ; mais ce sera toujours, au fond, la
même règle.

Il est à remarquer que l'intervention de l'entrepreneur
ne change rien au cours naturel des choses, tel que je viens
de le décrire. L'entrepreneur sert d'intermédiaire entre les
diverses classes qui concourent à la production, mais la
position respective de ces classes ne s'en trouve en rien
modifiée. Les prétentions qu'elles débattraient directement

entre elles, si elles étaient placées simplement sous la loi de l'association, se débattent par l'entremise de l'entrepreneur. Celui-ci calcule la valeur probable du résultat de l'entreprise, et, en rapprochant cette valeur des sacrifices que l'entreprise exigera, il fixe les limites dans lesquelles il est tenu de se renfermer pour y trouver la rémunératioı. à laquelle il a droit. Dans cette condition, si, par la force des choses, il est obligé de faire la part plus grande à l'un des éléments de la production, à raison de l'importance plus grande que les circonstances lui donnent, il faudra qu'il la fasse d'auiant moins considérable aux autres. L'entrepreneur appréciera l'importance de chacun de ces éléments par la loi d'offre et de demande, comme leurs propriétaires l'eussent appréciée eux-mêmes s'ils avaient traité directement les uns avec les autres, sauf toutefois l'obligation spéciale qu'il a envers l'ouvrier, à qui il doit, si l'état de la production le permet, un salaire qui lui assure le nécessaire. Rien ne sera donc changé dans les conditions du marché, comme rien n'est changé aux conditions d'une vente, lorsque le vendeur et l'acheteur, au lieu d'arrêter directement entre eux leurs conventions, les arrêtent par l'intermédiaire d'un tiers.

Il y aura donc, pour chaque groupe producteur, un certain état de choses qui déterminera un certain taux pour les revenus de chacun de ceux qui concourent à son œuvre. J'affirme, de plus, que les causes qui déterminent ce taux étendent leur action à tous les groupes producteurs entre lesquels se répartit l'activité sociale, et tendent à établir entre tous, pour les mêmes catégories de revenus, un taux commun.

En effet, sous le régime de la libre concurrence, les

bras, les capitaux et les terres se portent naturellement vers l'emploi le plus avantageux. Si, d'une manière constante, la rente, les salaires ou l'intérêt du capital se trouvaient, dans certains groupes producteurs, plus élevés ou plus bas que dans d'autres, les éléments de la production afflueraient vers ces groupes ou s'en éloigneraient. Il résulterait de ce mouvement que, par l'accroissement ou la réduction de l'offre, les revenus, pris dans leur généralité, baisseraient dans les groupes où ils ont atteint une hauteur exceptionnelle, et qu'ils s'élèveraient dans ceux où ils se sont trouvés exceptionnellement déprimés. D'où suit qu'il y aura, par le fait de la libre concurrence, une tendance à l'égalité dans le taux des revenus entre tous les divers emplois du travail. Il y aura donc pour la société, quant à la répartition des résultats de la production, une situation générale de laquelle il résultera que la rente, les salaires et l'intérêt des capitaux, pris dans leur ensemble, seront déterminés d'une certaine façon, et que l'on pourra, pour la société tout entière aussi bien que pour un groupe producteur en particulier, caractériser par des lois générales la position respective des trois éléments producteurs quant à leur rémunération.

On pourra considérer l'ensemble de la production sociale comme une seule et même entreprise, dans le résultat de laquelle les agents naturels, le travail et le capital prennent une part déterminée par la valeur du concours qu'ils apportent à l'œuvre commune. On peut donc, en traitant de la distribution de la richesse dans la société, poser, en termes généraux, les lois qui règlent le taux de la rente, le taux des salaires et le taux de l'intérêt, sans encourir le reproche de raisonner sur des hypothèses auxquelles rien ne répond dans la réalité.

Toutefois il est essentiel de remarquer que les lois dont nous parlons ne constituent pas autre chose que des tendances, lesquelles peuvent être plus ou moins ralenties, plus ou moins entravées ou modifiées, par d'autres tendances en sens différent. Celles-ci ne seront pas assez puissantes pour annihiler l'effet des premières, mais elles peuvent néanmoins se produire avec un caractère d'action assez constante et assez générale pour qu'il faille en tenir compte, sous peine de se perdre dans des abstractions sans application au mouvement réel de la vie.

De fait, les forces productives ne seront pas toujours parfaitement libres de se déplacer pour chercher l'emploi le plus avantageux. En l'absence même de toute restriction légale, des raisons d'affection personnelle, de tradition de famille, de prédilection nationale, en un mot, tout ce qui constitue les mœurs et les coutumes; d'autres fois, des raisons purement matérielles, le défaut d'avances suffisantes, la difficulté, parfois l'impossibilité de dégager un capital depuis longtemps affecté à un certain emploi ou immobilisé dans le sol; toutes ces circonstances, ou d'autres semblables, empêcheront les tendances générales de l'état social de produire tous leurs effets sur la détermination des divers revenus, et, en certains cas, elles les maintiendront quelquefois au-dessus, quelquefois au-dessous du taux auquel ils seraient fixés, si les forces productives obéissaient seulement aux impulsions de l'intérêt sous la loi de la libre concurrence.

D'autres causes encore peuvent empêcher les revenus de se fixer, pour tous les emplois de la production, à un

15.

taux uniforme. Certains genres de productions présentent
des avantages, soit de l'ordre moral, soit de l'ordre matériel, qui, en y faisant affluer les forces productives,
en abaissent la rémunération; tandis que d'autres présentent des inconvénients qui détournent les forces productives de s'y engager, et qui tendront, par la rareté de l'offre.
à en augmenter la rétribution. Ici, l'exception aura un
caractère de persistance et d'uniformité qu'elle n'avait pas
quand elle prenait sa source dans des affections purement
personnelles et dans des situations tout individuelles. C'est
ainsi que, pour certains groupes producteurs, certains revenus seront constamment plus élevés que pour d'autres.

Nonobstant ces anomalies, la loi générale subsiste. Les
inégalités que je viens de signaler n'empêcheront pas les
causes qui fixent à un certain taux, pour une société donnée et à une époque déterminée, le montant des divers
revenus, de faire sentir leur action dans tous les cas. Les
salaires, par exemple, pourront être constamment plus
élevés pour le mineur que pour le maçon. Mais, s'il se produit dans la société, à certains moments, un ralentissement
du travail par suite duquel les bras deviennent surabondants, il y aura pour les salaires un mouvement de baisse
qui atteindra toutes les professions, en laissant subsister
toutes les inégalités proportionnelles établies entre elles,
quant aux salaires, par la différence des conditions suivant
lesquelles elles s'exercent. Les plus hauts salaires subiront
une réduction plus forte en elle-même, mais proportionnellement égale à celle que subiront les salaires les plus bas;
en sorte que les faits généraux de l'ordre social et les faits
particuliers à chaque profession exerceront simultanément
leur action.

Ces lois de la distribution des richesses, dont je viens de poser les fondements, en même temps que j'ai établi la légitimité des procédés de notre recherche, ne seront point essentiellement altérées parce qu'il arrivera que deux des forces productives, ou même les trois forces productives, se trouveront réunies dans les mêmes mains. Il pourra se produire, en pareil cas, une légère déviation; la loi générale fléchira un instant; mais cette déviation ne pourra jamais être assez prononcée pour déranger ou arrêter, quant à l'ensemble, l'action de cette loi. En effet, s'il venait un moment où les forces productives réunies dans les mêmes mains donnassent un revenu inférieur au taux normal, l'intérêt du propriétaire de ces forces productives serait de les faire fructifier séparément, pour en percevoir le revenu normal, et, par conséquent, de les remettre sous l'empire de la loi générale. On pourra relever des exceptions à la règle, par exemple pour le petit propriétaire qui, parfois, continuera l'exploitation de sa terre lorsqu'elle ne lui donne plus la rente et le salaire à leur taux normal; mais l'exception ne détruira pas la règle; si l'écart était très considérable, l'intérêt qu'on aurait à employer séparément les forces productives serait tel que, très fréquemment, il l'emporterait sur toutes les autres considérations, de façon que la règle reprendrait son empire.

Revenus des classes qui ne produisent pas directement la richesse. — Jusqu'ici j'ai établi les règles générales de la distribution de la richesse, comme s'il n'y avait dans la société que des hommes appliqués à produire la richesse. Mais la société comprend, outre les producteurs des richesses, un nombre considérable d'hommes voués aux travaux de l'ordre intellectuel et de l'ordre moral, ou bien appliqués à rendre aux autres hommes des services purement personnels, et qu'on ne saurait considérer comme des producteurs de richesses sans faire violence à la langue et au bon sens. Dans cette catégorie se trouvent les prêtres, les militaires, les magistrats, les fonctionnaires publics, les professeurs, les avocats, les médecins, les artistes, et, dans un ordre inférieur, toutes les professions qui ont pour objet des soins personnels, et qui, par ces soins, assurent à ceux au service de qui elles se mettent la libre disposition de leur temps, ou leur procurent quelque délassement.

Ces sortes de travaux ne produisent pas directement la richesse. Ce n'est qu'indirectement, par un circuit en quelque sorte, que ceux qui les accomplissent prennent leur part de la richesse produite par le travail de la société. Cette part, il faut qu'ils l'obtiennent, car, pas plus que ceux qui produisent la richesse, ils ne peuvent subsister sans elle, et cette part sera la juste rémunération des services qu'ils rendent dans la vie sociale, puisque la société ne saurait pas plus subsister sans ces services qu'elle ne saurait subsister sans les services de ceux qui s'appliquent à la production des biens matériels. Mais si l'on y regarde de près, on verra que le revenu des premiers se prélève sur le revenu de ces derniers, qui seuls, à proprement parler, produisent la richesse. Les premiers contribuent indirectement à la production de la richesse, en donnant à la société l'ordre et la sécurité, en même temps que les impulsions morales, scientifiques et artistiques nécessaires au travail. Mais leur activité ne se résume pas immédiatement en une création de choses utiles applicables aux besoins de l'homme. Pour obtenir ces choses, il faut qu'ils les reçoivent de ceux qui les produisent et qui les leur cèdent en échange des services d'un autre ordre rendus, soit à eux personnellement, soit à la société tout entière. C'est ce que l'on a appelé la *distribution secondaire*, pour la distinguer de la distribution primitive qui s'opère entre tous les producteurs de la richesse.

Dans la distribution secondaire, l'impôt joue un très grand rôle. C'est par l'impôt que la société prélève les sommes au moyen desquelles elle rémunère les services rendus à la communauté par les hommes voués aux travaux de l'ordre moral et de l'ordre intellectuel; et comme la plupart de ces travaux tiennent à la chose publique, la plus grande partie de la distribution secondaire s'opère par l'intermédiaire de l'État.

Application de la loi générale de la valeur à la répartition de la richesse. — En résumé, la richesse ne se distribue dans la société que par une série d'échanges, ayant pour résultat de mettre dans les mains de tous ceux qui ont concouru à la production, sous forme de produits destinés à la consommation directe, la part attribuée à chacun à raison de sa coopération dans l'ensemble du travail de la société.

Comme toutes les transactions qui touchent à l'ordre matériel s'effectuent sous la loi de la valeur, et comme nous sommes tous, par le fait de la division du travail, obligés de recourir à l'échange pour nous procurer les moyens de vivre, on peut considérer tout l'ensemble de la production d'une société comme une masse commune de valeurs dans laquelle chacun prend sa part, à raison de l'importance des services par lesquels il a concouru à l'effort commun de la société duquel résulte la masse des choses à partager. C'est par la loi de la valeur que se déterminera la proportion suivant laquelle chacun prendra sa part dans cette masse.

Ceux qui ont accompli dans la société les travaux de l'ordre moral et intellectuel, dont je parlais tout à l'heure, viendront, aussi bien que ceux qui ont produit directement la richesse, prendre dans la somme générale des valeurs une quantité proportionnée à l'importance de leurs services. Seulement, pour ceux-ci, comme le travail qu'ils ont accompli est d'un autre ordre, et qu'il a un autre caractère que le travail appliqué à la création des richesses, comme il obéit souvent à des mobiles supérieurs à l'ordre des intérêts, il arrivera, la plupart du temps, que leur rémunération ne sera en aucune façon proportionnée à l'importance des services rendus. Cette rémunération se fixera par l'influence des causes morales et elle se déterminera par l'action combinée de ces influences et des lois de la valeur. Mais sous cette double impulsion, il s'établira, pour chaque ordre de services, un certain taux de rémunération.

C'est donc toujours sous l'empire de la loi de la valeur que chacun prend sa part dans la masse des choses produites par le travail social. Au lieu d'un partage direct des richesses produites, il se fait entre tous une répartition de valeurs, chacun prenant, dans la masse des valeurs créées par l'activité sociale, une part proportionnée à la valeur que la loi d'offre et de demande, combinée avec l'action des mœurs et certaines influences morales supérieures, assigne à ses services. Mais il ne faut pas oublier que la loi de la valeur ne peut servir qu'à déterminer la proportion suivant laquelle se fera la répartition. Quant à la

masse même des choses à répartir, elle se détermine
par la puissance plus ou moins grande du travail. De cette
puissance du travail dépendra donc toujours l'importance
réelle, au point de vue de l'utilité et de la consommation,
de la part attribuée à chacun.

II

LA RENTE DE LA TERRE

Définitions. — Il est des forces productives dont l'emploi est essentiellement subordonné à la possession du sol :
la force végétative dont use l'agriculture, les dépôts de
richesses minières, les chutes d'eau, même certaines expo-
sitions où s'exerce particulièrement la force chimique des
rayons du soleil. D'ailleurs le sol, abstraction faite de toute
production, offre pour les usages de la vie certains avantages que chacun est disposé à payer. C'est du produit de
ces forces, et de ces avantages attachés à la possession du
sol, que dérive le revenu du propriétaire de la terre que
l'on nomme *la rente*.

La rente est égale à la différence entre la valeur des
produits, ou des utilités, que l'on retire de l'immeuble et
la valeur des sacrifices faits par celui qui exploite ou emploie l'immeuble. Quand le propriétaire exploite lui-même
sa terre, ou en retire lui-même les avantages, la rente ne
nous apparaît point sous forme de revenu distinct. Mais
s'il en cède l'usage à un autre, alors il perçoit un fer-
mage, ou un prix de location, qui presque toujours se
confond avec la rente; de sorte qu'en pratique, et géné-

ralement parlant, on peut les prendre l'un pour l'autre, en tenant compte pourtant, pour la location des immeubles bâtis, de certains éléments qui, à proprement parler, ne tiennent point à la rente, et qui influent sur le loyer de ces immeubles.

Les immeubles sur lesquels la rente se perçoit peuvent se trouver dans des conditions diverses. Ce seront : 1° des propriétés exploitées par l'industrie agricole; 2° des propriétés exploitées par l'industrie extractive; 3° des propriétés servant à des exploitations manufacturières ou commerciales; 4° des propriétés servant d'habitations. Pour écarter de cette question des complications qui pourraient l'embarrasser, il faudra rechercher à part, pour chacun de ces genres de propriétés, les faits qui donnent naissance à la rente et qui en règlent le taux.

La rente perçue sur les propriétés qu'exploite l'industrie agricole. — Cette rente peut comprendre à la fois un produit net, et le revenu des capitaux employés à améliorer le sol et qui s'y trouvent fixés de façon à ne plus faire qu'un avec lui.

Il faut se garder de confondre le capital immobilisé dans le sol avec le capital d'exploitation de la terre. Le capital d'exploitation est une condition nécessaire pour tirer du sol les productions sans lesquelles il ne rapporterait point de rente. Mais comme ce capital reste détaché du sol et susceptible d'être porté, suivant les circonstances, vers tel ou tel autre emploi, il garde sa nature de capital, et son revenu se détermine d'après la loi qui régit l'intérêt. Quant au capital employé à l'amélioration du sol, il est impossible de l'en distinguer, c'est le sol lui-même, et son revenu suit la loi du revenu de la terre, c'est-à-dire la loi de la rente.

La rente a des caractères particuliers, qui la distinguent des autres revenus, qui tiennent à la nature même des faits d'où elle tire son origine et qui en déterminent les fluctuations.

Par le cours du temps, il se fait dans le sol cultivé une immobilisation de capitaux considérable. Le plus souvent le capital est appliqué à la terre sous forme de travaux divers, ayant pour but ou de la défricher, ou d'en obtenir des récoltes plus abondantes. Le rendement du sol s'augmente ainsi de période en période, et la masse des subsistances offertes à la consommation va croissant. Mais en même temps, dans les sociétés en progrès, la demande va croissant aussi à raison de l'augmentation de la population. Par l'effet de cet accroissement simultané de la population et des subsistances, le prix du blé se maintient de façon qu'il peut y avoir une différence constante entre le coût de production du blé et son prix de vente, lequel dépasse les frais de production. Cette différence constitue la rente du propriétaire.

Il se peut que cette différence, cette rente, ne représente que le revenu des capitaux appliqués à la terre durant les temps antérieurs, que même elle le représente à peine, si l'on fait rigoureusement le calcul de tout ce que le cours des âges a accumulé dans la terre de travaux de toute espèce; il se peut aussi, lorsque l'accroissement de la demande des subsistances par l'accroissement de la population est rapide et considérable, que la différence, soit, au moins pour une partie, un produit net dû à la rareté de l'instrument de production, c'est-à-dire de la terre, dont le propriétaire est détenteur exclusif. C'est un monopole, mais un monopole naturel, qui ne s'exerce pas nécessairement au détriment de la société, comme certains le prétendent, car l'accroissement de la rente peut coïncider avec une situation où le prix du pain reste le même, où peut-être même il se trouvera diminué.

En effet, la rente perçue par le propriétaire sur un espace donné de terrain peut s'accroître dans sa masse, par suite de la fécondité plus grande de la terre, en même temps qu'elle diminue quant à la part proportionnelle du propriétaire dans le produit. Le propriétaire prélèvera alors une part moindre sur chaque hectolitre de blé produit par sa terre; la part du prix de chaque livre de pain qui correspond à la rente sera moins élevée; mais comme le nombre d'hectolitres produits sur une étendue donnée de terrain est plus considérable qu'il n'était avant l'introduction des perfectionnements qui ont accru le rendement, le revenu du propriétaire, qui se calcule suivant l'étendue du terrain, se trouvera augmenté.

On voit donc qu'il n'y a pas d'opposition radicale d'intérêts entre les propriétaires fonciers et les autres classes de la société. Sans doute, il pourra arriver que la rente s'accroîtra au détriment du consommateur, par l'élévation du prix du blé et la diminution de la puissance productive du travail agricole; mais ce sera le cas le plus rare. Presque toujours, au contraire, par l'effet des améliorations au sol et des perfectionnements dans la culture, elle s'augmentera sans grever d'une charge plus lourde le pain que mange le peuple; quelquefois même, elle s'augmentera en même temps que cette charge sera allégée.

Je me suis arrêté à l'hypothèse d'un accroissement continu de la rente. L'hypothèse contraire peut se présenter et, de fait, elle se réalise aujourd'hui, de façon à créer aux propriétaires et aux cultivateurs les embarras les plus sérieux, et à jeter un trouble profond dans toutes les opérations de l'industrie agricole.

La rente se maintient ou s'accroît, je viens de le dire, par suite de ce fait que l'offre du blé reste dans des limites relativement restreintes par rapport à la demande qui en est faite. Que, par suite de circonstances diverses, l'offre du blé se trouve augmentée de manière à en faire baisser le prix, la différence entre le coût de la production du blé et son prix de vente étant réduite, la rente du propriétaire sera réduite d'autant. Elle pourra même, si l'abaissement du prix du blé est excessif, disparaître complétement, au moins pour un certain temps. Il se pourra même qu'au cours de cette crise agricole, des terres de qualité inférieure soient abandonnées et demeurent en friche, le produit ne fournissant plus la compensation des frais de la production qui, vu l'infériorité du sol, sont, sur ces terres, relativement à chaque quantité de blé produite, plus élevés que sur les bonnes terres.

Les circonstances qui amènent cette situation désastreuse pour la propriété et pour la culture peuvent tenir à des causes très diverses. Parfois ce sera l'offre excessive de blés étrangers, comme il arrive présentement. D'autres fois le mal viendra d'une diminution dans la demande des subsistances, cas qui se présente dans les sociétés en décadence où la population diminue de jour en jour. Les limites de ce précis ne me permettent pas d'entrer dans ces particularités.

La rente, pour les terres affectées à la culture, peut encore trouver son origine, et la raison des modifications qu'elle subit, dans des circonstances spéciales.

En premier lieu, dans les aptitudes particulières de certaines terres qui donnent des produits possédant des qualités exceptionnelles et fort recherchées des consommateurs. Il est évident que, les consommateurs riches étant disposés à faire pour ces produits des sacrifices considérables, et l'offre de ces produits étant très restreinte, leur prix s'élèvera considérablement, sans que les frais d'exploitation de la terre soient beaucoup au-dessus du taux ordinaire. De là il résulte qu'il y a, entre le prix de vente des produits et leur prix de revient, une différence plus ou moins considérable, qui constituera pour le propriétaire de la terre une rente plus ou moins élevée. C'est surtout pour certains produits de luxe, tels que les vins des crus très renommés, que ces faits atteignent leurs conséquences les plus marquées. Toutefois leur influence se fait sentir dans tous les genres de cultures, même dans les cultures les plus usuelles et les plus répandues. En effet, il est des terrains naturellement plus propres que d'autres à la culture, et qui, pour une peine égale, rendent un produit plus considérable. Évidemment, pour ces terrains, la différence entre le prix de revient et le prix de vente des produits sera plus considérable, et la rente, par conséquent, plus élevée.

En second lieu, la situation de la terre influe aussi beaucoup sur le taux de la rente. Tout le monde sait qu'une terre située près d'un grand centre de population donne une rente plus élevée qu'une terre située dans une contrée où la population est rare. Cela tient en partie à ce que les produits de ces terres demandent, pour être portés sur le marché qui est tout proche, moins de frais de transport que

ceux des terres plus éloignées, et qu'il n'y a néanmoins
qu'un seul prix pour les uns et pour les autres. Mais le
taux élevé de la rente, dans ce cas, tient aussi à cette cir-
constance que, par suite des avantages particuliers que
donne à ces terres leur situation, on emploie à les améliorer des capitaux plus considérables. Au reste, il n'est pas
inutile d'ajouter que la situation d'une terre peut se modifier considérablement, quant aux débouchés, par la création
de moyens de communication et de transports plus perfec-
tionnés. Aussi voit-on d'ordinaire, dans les contrées où
s'ouvrent de grandes voies de communication, la rente de
la terre monter considérablement et rapidement.

Enfin les lois qui accordent des privilèges ou qui imposent
des charges à la propriété, peuvent aussi affecter la rente.
On l'a vue, en Angleterre, s'élever considérablement par
l'effet des *corn-laws*, qui mettaient à l'entrée des blés étrangers des droits considérables, et on l'a vue aussi, dans ce
même pays, s'abaisser et parfois disparaître complètement
sous le fardeau de la taxe des pauvres.

**La rente sur les propriétés exploitées par l'indus-
trie extractive.** — Il faut ranger dans cette catégorie les
mines, les carrières, les salines, les forêts primitives non
améliorées par le travail. La rente de ces propriétés aura sa
raison dans la rareté plus ou moins grande des produits
qu'elles donnent. Il est de fait que, pour ces divers genres
d'exploitations, il peut y avoir, et que souvent il y a une différence entre le prix de vente et le prix de revient, différence qui provient de ce que les mines, les carrières, et
autres propriétés semblables, ne se trouvent dans certains
pays qu'en quantité limitée et ne suffisent qu'à peine
aux besoins de la consommation. Les propriétaires de ces

immeubles, par la direction qu'ils donnent à leur exploitation, parviennent quelquefois à maintenir à un taux assez élevé les avantages que leur procure le monopole naturel dont ils sont en possession. Toutefois, le mouvement ascendant de la rente rencontre ici une limite : le travail, en recherchant et en mettant en exploitation toutes les richesses latentes que recèle le sol d'un pays, tend, par la concurrence, à réduire, ou du moins à contenir la rente des immeubles déjà exploités.

La rente sur des propriétés servant à des exploitations manufacturières ou commerciales. — Pour ces propriétés, le premier élément de la rente est la rareté relative du sol. Dans une société parvenue à un certain degré d'avancement, le sol peut presque toujours être utilement employé à la culture. Les parties du sol qui n'y seraient point propres, et celles-là seront toujours relativement à l'ensemble en petit nombre, seront d'ordinaire propres à d'autres usages réclamés également par les besoins de la vie sociale. Le sol sera donc rare et le propriétaire exigera, pour le livrer à l'industrie ou au commerce, une rétribution qui se déterminera principalement d'après le taux de la rente perçue sur les propriétés livrées à la culture. Ici les avantages de la situation exerceront une très grande influence. Quelle rente ne payera-t-on point, par exemple, en vue de l'établissement d'une usine destinée à la production du fer, pour un terrain proche des grandes voies de communication et proche en même temps des lieux qui fournissent la houille et le fer? Même effet pour des immeubles situés de façon à mettre le commerçant à la portée du consommateur. Qu'il se trouve dans une propriété une force naturelle qui épargne l'emploi des moteurs artificiels et coûteux, une chute d'eau, par exemple, la rente de cette propriété croîtra en proportion de l'économie qu'elle donnera le moyen de réaliser sur les frais de production.

La rente sur les immeubles affectés à l'habitation. — Les mêmes considérations s'appliquent, à peu de chose près, aux immeubles affectés à l'habitation. Ici également la situation pourra faire monter considérablement la rente, par les avantages qu'elle procurera, soit pour les relations sociales, soit pour la salubrité, soit pour le simple agrément de la vie.

Sur les propriétés bâties en général. — Quand il s'agit de propriétés bâties, il faut se garder d'oublier qu'il peut y avoir lieu d'appliquer, non seulement les principes de la rente, mais aussi les principes qui règlent le taux de l'intérêt. Ces principes exerceront une influence plus ou moins grande suivant que le capital employé à élever des constructions se trouvera engagé, par la nature de ces constructions, pour une durée plus ou moins longue.

Conclusions sur la rente. — Si l'on envisage l'ensemble des causes qui, dans les divers cas que je viens d'exposer, contribuent à déterminer le taux de la rente, on y reconnaîtra deux faits dominants : la rareté relative du sol d'abord ; en second lieu, l'utilité qu'il présente, soit par les forces naturelles qui y sont inhérentes, soit par les avantages de diverse nature qu'il peut offrir. On se convaincra, par cet examen, qu'en définissant les causes qui agissent sur le taux de la rente, dans les diverses circonstances où elle se perçoit, nous n'avons fait qu'appliquer à ces cas particuliers les règles générales de la détermination de la valeur en échange, en remontant aux éléments qui la constituent essentiellement, lesquels sont l'utilité et la rareté. C'est par l'action combinée de ces causes que le produit net se concentre, dans les mains des propriétaires fonciers, sous forme de rente. Je pense que ce sont les seuls principes généraux qu'il y ait à invoquer ici, et que ce qu'on appelle la théorie de la rente ne peut être que l'ensemble des applications qui en sont faites aux diverses situations dans lesquelles on use du sol avec tous les avantages qu'il présente.

III

DU RAPPORT DES SALAIRES AVEC L'INTÉRÊT DU CAPITAL

Comment se pose la question. — Lorsqu'on recherche les lois qui régissent le taux des salaires et de l'intérêt, ainsi que les relations qui rattachent l'une à l'autre ces deux sortes de revenus, on peut très bien faire abstraction de la rente. La rente, en effet, se fixe par un ensemble de causes qui n'ont pas de relation nécessaire avec les faits qui agissent sur le taux des salaires et de l'intérêt. Si la rente ne pouvait augmenter que par un renchérissement des denrées alimentaires, le taux des deux autres catégories de revenus serait affecté par les modifications survenues dans le taux de la rente. Mais nous avons vu qu'il n'en est point ainsi et que, la plupart du temps, lorsque le taux de la rente s'élève, le prix des subsistances n'en est point accru.

On peut donc considérer la rente comme un prélèvement opéré sur l'ensemble de la production de la société, laquelle forme la masse à partager entre les propriétaires,

les travailleurs et les capitalistes. Il ne restera plus alors
en présence que deux des copartageants, les travailleurs
et les capitalistes, dont les intérêts sont, par la nature des
choses, intimement liés, et, à certains égards, corrélatifs.
Ces deux copartageants débattront ensemble les conditions
de la répartition de la masse qui leur est dévolue, déduction faite de la part du propriétaire, et, suivant les circonstances, l'un ou l'autre aura l'avantage dans le débat.

**Relation proportionnelle entre les salaires et l'in-
térêt.** — Entre le taux des salaires et le taux de l'intérêt
il s'établit une certaine proportion. Il n'en peut pas être
autrement. En effet, puisqu'il s'agit d'une masse à partager
entre le travail et le capital, ce qui ne sera pas attribué à
l'un sera attribué à l'autre, et l'une des deux parts ne
pourra diminuer sans que l'autre s'augmente d'autant.

La proportion s'établira en faveur de celui des deux
éléments producteurs qui, étant peu offert relativement à
l'autre, aura par là le moyen de dicter ses conditions
dans le marché. Le travail ne peut rien sans les avances
et les moyens d'action que lui fournit le capital, et, d'autre
part, le capital resterait stérile s'il n'était mis en œuvre
par le travail.

Il résulte de là que le capital demande le travail, en
même temps que le travail s'offre au capital, et réciproquement. Quand le travail s'offrira en abondance au
capital, celui-ci fera la loi; la part du travail sera relativement faible, celle du capital sera élevée. L'inverse se
produira quand ce sera le capital qui s'offrira en grande
quantité et que le travail sera, par rapport au capital, en
quantité moins considérable.

L'intérêt est proportionnel, le salaire est réel. —

S'il ne s'agissait que du taux de l'intérêt, on pourrait s'en tenir à ces notions et ne considérer que la relation proportionnelle du capital au travail. Mais pour le salaire, il en va autrement.

Le taux de l'intérêt est essentiellement proportionnel et rien que proportionnel. Ce n'est autre chose que le rapport de la part qui revient au capital dans la production avec la somme des avances qu'il y a apportées. Si le capital avancé est de cent mille francs, et que la part attribuée au capitalliste, en sus de ses avances, dans le résultat de la production, soit de cinq mille francs, l'intérêt sera de cinq pour cent; il ne serait que de quatre, si cette part était de quatre mille francs. Dans toutes les spéculations relatives au taux de l'intérêt, on ne considère pas autre chose que ce rapport, et ce rapport est déterminé par la situation respective du travail et du capital, au point de vue de l'offre et de la demande.

Les choses se présentent autrement pour les salaires. Tandis que l'intérêt n'est qu'une simple relation de valeurs, le salaire implique une relation des valeurs attribuées au travail avec les besoins du travailleur.

Personne ne songera à considérer les salaires comme élevés, par cela seul que la part proportionnelle de l'ouvrier dans le produit à partager est considérable; et de fait, il arrive qu'avec une part proportionnelle faible, l'ouvrier jouit d'un salaire qui lui donne largement l'aisance. On a pu voir aux États-Unis l'intérêt très élevé et, par conséquent, la part proportionnelle du travail moindre, avec de hauts salaires, c'est-à-dire des salaires qui fournissent abondamment aux besoins de l'ouvrier. Si la puissance du travail est faible, par une conséquence nécessaire, la masse des produits à partager sera peu considérable. En vain l'ouvrier prendrait-il dans cette masse une part proportionnellement très élevée, la somme des choses applicables à ses besoins, qui constituera son salaire, sera toujours en réalité peu élevée. Avec une part considérable relativement au résultat du travail, le travail donnant peu, l'ouvrier pourra manquer du nécessaire.

Il faudra donc faire ce que n'ont pas fait tous les économistes, il faudra distinguer entre le salaire proportionnel et le salaire réel. Pour saisir les causes qui agissent sur le premier, il suffira de considérer le rapport du travail au capital. Mais quand on voudra se rendre compte des faits qui déterminent le taux du salaire réel, qui est à proprement parler le salaire, il faudra considérer, en outre, la puissance productive du travail.

Conclusion. — On voit donc que, s'il y a des relations intimes entre le taux du salaire et le taux de l'intérêt, l'un et l'autre pourtant se fixent par l'action de lois propres, qui demandent à être envisagées séparément. Dans les deux articles qui vont suivre, j'étudierai successivement les causes par lesquelles les salaires s'élèvent ou s'abaissent et les causes qui agissent sur le taux de l'intérêt.

IV

LES SALAIRES

Définitions. — Le salaire est la somme des objets utiles qui sont attribués à l'ouvrier en rémunération de son travail, et qui doivent lui fournir sa subsistance. Cette somme s'évalue d'ordinaire et se solde en numéraire.

Le salaire normal, que les économistes appellent aussi salaire nécessaire, est le salaire qui répond à la subsistance de l'ouvrier et à la subsistance de sa famille, dans les conditions d'une vie sobre et honnête. Le jeu de l'offre et de la demande peut porter le salaire courant quelquefois au-dessus, quelquefois au-dessous du salaire normal. Le salaire normal est le point central autour duquel s'effectuent les oscillations du salaire courant, avec une tendance constante à y revenir.

Si tous les travailleurs étaient associés entre eux, au lieu de travailler sous la direction et aux gages d'un entrepreneur, la part de l'ouvrier lui reviendrait sous une forme différente du salaire, sous la forme d'un partage des bénéfices de l'entreprise, déduction faite de ses charges, qui seraient la rente et l'intérêt. Mais au fond cette part du travailleur se déterminerait par les mêmes causes ; j'en ai dit plus haut les raisons. Je montrerai plus loin quelle influence l'association ouvrière pourrait avoir sur le taux du salaire. Ici je considère la rétribution de l'ouvrier dans sa forme ordinaire, en tant qu'elle consiste en une certaine somme de numéraire payée par l'entrepreneur à l'ouvrier pour l'emploi de son travail pendant un temps déterminé, somme à l'aide de laquelle l'ouvrier se procure les objets qui entrent dans sa consommation.

La loi des salaires. — Les salaires sont d'autant plus élevés que la part proportionnelle que prend le travailleur dans la masse à partager est plus forte, et que, par la puissance productive du travail, cette masse est plus considérable.

La première de ces conditions dépend du rapport de la

population au capital. Si la population est considérable par
rapport au capital, les bras s'offriront en abondance, tandis
que la demande sera restreinte, et le travail sera déprécié.
Pour que le travail soit à haut prix, et pour qu'une part
considérable lui soit attribuée dans le résultat de la production, il faut, au contraire, que le capital soit abondant
par rapport à la population. La part du travail sera d'autant plus élevée que le capital sera, relativement à la population, plus considérable. Mais la population étant naturellement progressive, il faudra, pour que la proportion
continue d'être favorable au travail, que la masse du capital
s'augmente en même temps que le nombre des bras. C'est
quand les capitaux s'accumuleront rapidement, de façon à
devancer, par leur mouvement d'extension, le mouvement
d'accroissement de la population, c'est alors que le salaire
proportionnel sera constamment élevé.

C'est ce qu'on a exprimé par une formule scientifique en
disant : la part proportionnelle de l'ouvrier dans le résultat
de la production est en raison directe du capital qui demande le travail, et en raison inverse du travail qui s'offre
au capital.

Pour que le salaire réel soit élevé, il faut quelque chose
de plus : il faut que la masse du produit à partager soit
telle, que la part qui en revient à l'ouvrier en échange de
son travail pendant un temps donné, pendant une année
par exemple, représente une quantité de choses utiles
suffisante pour assurer largement sa subsistance pendant
cette année.

Il faut pour cela que le travail de la société, pris dans
l'ensemble de ses applications, soit doué d'une puissance
productive suffisante. En effet, par l'action des lois qui

16.

président aux échanges, tous les producteurs sont solidaires les uns des autres. Le prix des choses, c'est-à-dire leur valeur respective, est constamment ramené, par l'effet de la loi d'offre et de demande, au niveau de leurs frais de production. Si la production de certains objets de consommation est difficile, s'il faut, pour l'opérer, surmonter de sérieux obstacles, prendre beaucoup de peine, en un mot, faire de grands sacrifices, le prix de ces objets s'élèvera en proportion de ces sacrifices. Tous ceux qui les consommeront ressentiront, par cette élévation de leur prix, les conséquences de la difficulté que l'on éprouve à les produire.

Éclaircissons les choses par un exemple. Qu'il faille, pour produire la quantité de blé nécessaire à la subsistance d'un homme pendant une journée, une somme de peine équivalente aux quatre cinquièmes du travail d'une journée, personne ne pourra obtenir cette quantité de blé qu'en cédant, en produits de quelque espèce qu'ils soient, les quatre cinquièmes du travail d'une journée. C'est en vain que l'ouvrier qui file le coton applique ses bras à un travail qui possède par lui-même une rare puissance; comme il faut, pour vivre, qu'il se procure des subsistances, si le travail agricole est peu fécond, il sera obligé, pour obtenir l'alimentation d'une journée, de sacrifier une quantité considérable de ce produit que son travail obtient en si grande masse en une journée. La question de savoir si la vie matérielle sera pour lui facile ou difficile, dépend donc de la question de savoir jusqu'où est parvenue la puissance du travail pour la production de tous les objets qui entrent dans sa consommation.

Parmi toutes les choses que réclament les besoins de l'homme, les denrées alimentaires tiennent, dans la vie de l'ouvrier, la plus grande place. Si, par un accroissement désordonné de la population, ou par une fausse direction donnée aux forces productives, le travail agricole perdait de sa puissance, l'effet de cette décadence de l'agriculture se ferait très promptement sentir sur la condition de la classe ouvrière tout entière. Le salaire diminuerait dans la proportion même où la puissance du travail agricole se trouverait réduite. Le mal serait moindre si la puissance du travail se trouvait diminuée pour les industries qui ne fournissent que les objets accessoires de la consommation du grand nombre. Mais ses effets n'en seraient pas moins réels, et toujours ils se résumeraient en une réduction dans les salaires.

. Non seulement l'influence de la puissance du travail est décisive et directe quand il s'agit des salaires réels, mais elle se fait sentir encore, indirectement il est vrai, mais très positivement, quand il s'agit des salaires proportionnels. En effet, le salaire proportionnel ne peut être élevé que si les capitaux s'accroissent rapidement. Or, l'accumulation des capitaux est subordonnée à deux conditions : l'épargne d'abord, et ensuite la puissance productive du travail qui fournit à l'épargne les richesses qu'elle met en réserve pour les appliquer à la production.

On voit donc qu'à tous égards la question de la puissance du travail social est décisive pour la question des salaires, et qu'elle la domine de tous côtés. Dans une société où le travail sera vraiment puissant dans ses principales applications, les salaires seront d'habitude suffisamment élevés.

Le taux habituel des salaires. — De l'action de ces causes résultera pour chaque pays, à une époque donnée, un certain état général des choses, quant aux salaires, qui seront d'une façon constante élevés ou réduits, suivant que des tendances favorables ou défavorables seront dominantes dans la vie sociale. Il y aura donc pour chaque pays et pour chaque période de la vie de ce pays, un taux habituel des salaires, déterminé par l'état général et constant des choses. Ce sera comme le centre vers lequel seront toujours ramenés les salaires, au milieu des oscillations que les circonstances locales et passagères pourront leur imprimer. Pour les sociétés où l'ordre économique se trouve établi dans son équilibre naturel, le salaire habituel coïncide avec le salaire normal que j'ai défini plus haut.

Le taux élevé des salaires est la condition première de la prospérité des classes les plus nombreuses, lesquelles vivent de leur travail; il est aussi la condition de la prospérité même de la société, puisqu'elle se compose en majeure partie des travailleurs. Le taux élevé des salaires, quand il a le caractère d'un fait constant, peut être considéré comme le signe, pour l'ordre matériel, d'une situation sociale où toutes les forces de la vie collective se trouvent dans les meilleures conditions de leur expansion.

Les fluctuations dans le taux des salaires. — Les fluctuations passagères des salaires, dans le cercle tracé par l'état général de la société, tiennent particulièrement à la proportion du capital avec les bras à employer. C'est dans cet ordre de choses que se produisent les modifications, quelquefois assez rapides, dans la demande du travail, qui ont sur la condition de l'ouvrier des conséquences qui, pour n'être que passagères, n'en sont pas moins très douloureuses à supporter, et qui peuvent avoir sur ses mœurs et sur sa condition habituelle des effets désastreux.

Par suite des incidents de la vie politique ou de la vie industrielle des peuples, le rapport du capital, qui demande le travail, au nombre des bras à employer, peut se modifier assez rapidement.

La guerre est souvent, à ses débuts, accompagnée d'une hausse dans les salaires, parce qu'en même temps qu'elle enlève des bras au travail, elle emploie à la création du matériel des armées des capitaux considérables. Mais au bout d'un certain temps, elle amène une situation toute différente par la destruction des capitaux qui en est l'inévitable suite.

L'immobilisation d'une portion notable du capital circulant d'un pays pour la construction de grands travaux publics, après avoir fait hausser momentanément les salaires, aura pour conséquence de les réduire ensuite, jusqu'à ce que l'accroissement de la puissance productive, qui peut résulter des travaux effectués, ait permis au capital circulant de se reconstituer dans ses proportions antérieures.

L'introduction des machines produit, au premier moment du moins, des effets semblables. Les machines remplaceront les bras; le capital circulant, qui autrefois alimentait les travailleurs, se trouvera remplacé par un capital fixe qui ne demandera, pour être productif, que le concours d'un petit nombre de travailleurs. La demande de travail diminuera donc d'autant, et, par suite, le salaire se trouvera réduit pour les industries où les machines nouvelles seront appliquées. Au bout d'un certain temps, la consommation augmentant considérablement par l'effet de la réduction des prix, les industries où fonctionnent les machines offriront au travail un emploi égal, quelquefois

même supérieur, à celui qu'elles offraient avant l'introduction du procédé mécanique, Mais il n'en est pas moins
vrai que les ouvriers de ces industries auront eu à traver-
ser une période de dépression des salaires, dont les conséquences auront été pour eux très pénibles, douloureuses
même parfois ; et il est vrai aussi que les difficultés
qu'éprouvent ordinairement les travailleurs à changer de
profession, et même à changer leur mode de travail, éten-
dront quelquefois sur plusieurs générations les souffrances
inséparables de ces sortes de transitions.

Les révolutions et les troubles politiques, en arrêtant
tout d'un coup la consommation, laissent engagée, sous
forme d'ouvrage fait, une partie souvent considérable du
capital circulant qui alimente le travail. Aussi voit-on
d'ordinaire, dans les commotions politiques, les salaires
s'abaisser en raison directe de l'ébranlement que subit la
société.

Une année de mauvaise récolte, des spéculations folles,
des entreprises hasardeuses, qui engloutissent, dans des
productions que l'état de la société ne demandait pas, une
partie de son capital, produisent des effets également
désastreux. Tout le monde sait jusqu'où, de notre temps,
dans les pays de grande industrie, le salaire peut être
réduit par les crises commerciales et industrielles.

Dans ces divers cas, c'est le capital qui, par une cause
ou par une autre, est détruit ou momentanément retiré de
la circulation. Le travail se trouve alors surabondant relativement au capital disponible pour la production, et il est
obligé de se contenter d'une rétribution d'autant plus
faible que, par le retrait du capital, la masse des moyens de
subsistance destinée aux travailleurs est plus réduite.

Diversité dans les salaires. — Dans tout ce qui vient d'être dit, nous avons supposé que le travail était également rétribué pour tous les emplois. Ce n'était là qu'une hypothèse que nous avons admise pour dégager la question des complications qui auraient pu l'obscurcir. En fait, les salaires peuvent différer de profession à profession et d'individu à individu.

On comprend, en effet, que suivant le danger que présente une industrie pour la vie ou la santé des travailleurs, selon que la nature de ses travaux est plus ou moins pénible ou répugnante, selon que l'opinion publique la tient en défaveur, il faille, pour y attirer les bras, une rétribution plus considérable. Les causes contraires, les facilités, les agréments que peuvent procurer certaines professions, agiront en sens opposé et abaisseront le salaire. De même pour les professions qui exigent une habileté particulière, le salaire s'élèvera, à raison de ce que les aptitudes spéciales s'offriront en nombre moins considérable. Par toutes ces causes, l'offre des bras, dans les conditions particulières où le travail s'exerce, se trouvera réduite et le salaire s'élèvera d'autant.

Il se formera entre toutes les professions comme une échelle des salaires, depuis celles qui, exigeant des aptitudes peu ordinaires ou exposant à des chances fâcheuses, obtiennent la rétribution la plus forte, jusqu'à celles qui, ne réclamant que les facultés communes de l'homme et n'entraînant aucun désavantage particulier, n'obtiennent que la moindre rétribution.

Ce ne sera pas seulement entre les différentes professions que s'établiront les différences de salaires, mais entre les divers travailleurs d'une même profession.

Ici c'est la considération du prix du travail qui déterminera la différence. En effet, ce sont les résultats du
travail que l'on paye par le salaire ; si ces résultats ont une
valeur exceptionnelle à cause de leur perfection, le salaire
qui en sera le prix atteindra un taux exceptionnel. Ces différences seront plus particulièrement marquées dans les
professions où le travail de l'ouvrier se rapproche davantage du travail de l'artiste. D'autres fois, ce ne sera pas la
qualité des résultats, mais leur quantité qui déterminera
une plus grande élévation des salaires. Il est des ouvriers
qui mettent au travail plus d'activité que d'autres, et qui,
durant un temps déterminé, sans produire mieux produi-
ront plus. Il est certain que ceux-là aussi percevront un
salaire qui sera plus considérable si l'on ne fait attention
qu'au temps employé, mais qui ne dépassera pas la mesure commune si l'on a égard à la valeur des résultats
obtenus.

C'est sur ces faits que se fondent les avantages du travail
à la tâche, c'est-à-dire du travail où l'on paie, non le temps
employé, mais les résultats obtenus. Ce mode de rétribution du travail a souvent pour conséquence de faire hausser
le salaire journalier en imprimant à l'ouvrier, par le stimulant de l'intérêt propre, une plus grande activité.

Les salaires peuvent se trouver abaissés par des causes
particulières, pour toute une classe de personnes. Il en
est ainsi du salaire des femmes, qui se trouve généralement fixé à un taux fort inférieur à celui des hommes.
Cette dépréciation tient à la faiblesse naturelle de la constitution des femmes qui les rend inaptes à un grand nombre de professions ; en outre, l'opinion, les règles des
convenances, qui sont aussi la plupart du temps des règles

de décence et de morale, les éloignent de plus d'un genre d'industrie. Beaucoup de femmes sont d'ailleurs, faute d'apprentissage régulier, dépourvues des aptitudes spéciales que l'éducation industrielle donne aux hommes : ajoutez la concurrence que font aux ouvrières livrées à elles-mêmes les ouvrières qui trouvent, dans la famille ou dans les institutions charitables, un appui et certains moyens d'existence, et vous aurez la raison de cet abaissement si regrettable de la rétribution du travail des femmes.

Au reste, quelles que soient ces différences dans le salaire des divers métiers et des divers individus qui s'appliquent au même métier, elles ne changent rien à l'action des causes générales qui déterminent le taux des salaires pour la société prise dans son ensemble. Par l'action de ces causes, les salaires haussent et baissent, sans que les différences qui s'établissent, par les conditions particulières du travail pour les métiers ou pour les individus, s'en trouvent affectées. La baisse ou la hausse s'effectuera proportionnellement à la situation de chacun.

Dans le cas d'une dépréciation générale du travail, toutes les classes de travailleurs seront atteintes, mais toutes ne souffriront pas également. Pour les rangs les plus élevés du travail, où la rétribution de l'ouvrier est considérable, la réduction des salaires n'atteindra que le superflu ; pour les rangs intermédiaires, où le salaire suffit à la vie, mais sans donner beaucoup plus que le nécessaire, la diminution des ressources fera passer l'ouvrier de l'état d'aisance à l'état de gêne ; pour les derniers rangs, où le travail donne à peine le strict nécessaire, toute diminution de salaire aura pour conséquence la misère. Les effets d'une baisse dans le taux des salaires seront donc très différents au point de vue de la condition des travailleurs, suivant que le travail aura en lui-même plus ou moins de valeur; mais l'action de la loi régulatrice des salaires s'exercera uniformément dans tous les cas.

Les salaires et le prix des subsistances. — On a fréquemment débattu la question de savoir si les salaires se règlent sur le prix des subsistances nécessaires à la classe ouvrière?

Il n'y a, en fait, d'autre loi du salaire que la loi d'offre et de demande, dont nous venons d'exposer les effets. Si, par suite du haut prix des choses nécessaires à la vie, l'offre du travail se trouve diminuée, les salaires s'élèveront de manière à se placer au niveau du prix des subsistances. A la longue il en sera ainsi, la population se proportionnant d'ordinaire aux moyens de subsistance. Néanmoins il est impossible d'assigner à ce mouvement aucune marche régulière, ni aucune limite absolue à la dépréciation des salaires. Nul ne peut dire jusqu'où l'homme, par l'empire qu'il exerce sur ses besoins, saura réduire ce qui constitue le nécessaire de la vie. L'Irlandais ne s'est-il point, pendant de longues années, restreint à une condition au-dessous de toutes les prévisions? A la longue pourtant, il faudra bien que l'équilibre se rétablisse, mais souvent ce ne sera qu'après une dépréciation prolongée des salaires, accompagnée de cruelles privations et d'une affreuse mortalité. Quelquefois aussi on verra l'équilibre se rétablir par l'émigration, comme il est arrivé pour l'Irlande. C'est navrant, mais tel est le fait, pour les sociétés qu'un désordre profond dans les mœurs, ou bien quelque oppression politique, a jetées hors de leurs voies naturelles.

On peut donc dire qu'à la longue le taux général et constant des salaires se déterminera d'après le prix des subsistances. Mais cette loi ne trouvera aucune application quand
il s'agira des fluctuations passagères que peuvent subir les
salaires. Ici ce sera fréquemment l'effet contraire qui se
produira : les salaires diminueront en même temps que le
prix des subsistances augmentera ; ce seront même souvent
les causes qui élèvent le prix des denrées alimentaires qui
feront, par contre-coup, baisser le taux des salaires. Ainsi
en est-il en cas de crise alimentaire. Aussi voit-on fréquemment, même pour les pays qui vivent dans un état de prospérité habituelle, les classes ouvrières passer en peu de
temps de l'état d'aisance à l'état de gêne, et quelquefois à
l'état de détresse, en sorte que ces fluctuations des salaires
sont au nombre des causes les plus actives de la misère
dont nos sociétés ont trop souvent à souffrir.

L'association ouvrière et les salaires. — On a
cherché dans l'association des ouvriers entre eux, et des
ouvriers avec les maîtres, un moyen d'élever les salaires.
Le but a été atteint pour certaines associations ouvrières,
il a été manqué pour le plus grand nombre.

Le but a été atteint toutes les fois que les associations ont
été composées d'un nombre d'ouvriers peu considérable,
choisis parmi l'élite de la population ouvrière ; parce que
chez ces ouvriers il s'est trouvé assez de bon sens pour
comprendre la nécessité d'une hiérarchie fortement organisée au sein de l'égalité qui règne dans l'association.

Quand les associations étaient formées entre les maîtres
et les ouvriers, il a fallu beaucoup de tact et de bienveillance du côté des maîtres, et beaucoup de sagesse du côté
des ouvriers. Mais ces qualités, essentielles des deux côtés,

ne se rencontrent qu'exceptionnellement dans l'état présent de nos mœurs. Que deviendrait une industrie où les
ouvriers prétendraient, en leur qualité d'associés, exercer
un contrôle continuel sur les opérations du patron, entra-
vant à chaque instant son action, enlevant à l'entreprise
l'unité de direction indispensable partout où les hommes
sont réunis pour une œuvre commune, lui ôtant les conditions de discrétion et de secret qui sont souvent nécessaires
à sa réussite, répandant partout l'incertitude et l'hésitation
là où le succès dépend de la rectitude, de la promptitude
et de l'énergie de l'action?

On aura beau faire, on ne renversera pas pour l'atelier
cette loi universelle de la hiérarchie qui règne partout dans
le monde social, dans l'ordre des relations privées comme
dans l'ordre des relations publiques. Elle tient à la constitution morale de l'humanité, et tant qu'il y aura des hommes
elle trouvera son application. Les énergumènes du socialisme
y useront leurs forces ; la nature sera toujours plus forte
que leurs utopies.

Lorsque les conditions essentielles de la production et de
la hiérarchie du travail ont été respectées, l'intérêt propriétaire a stimulé le zèle des ouvriers associés entre eux
et a rendu leur travail plus productif. On a vu en 1848
plusieurs de ces associations, après déduction faite des
retenues destinées à rembourser le capital avancé par l'État,
procurer à leurs associés des salaires plus élevés que ceux
des autres industries. L'augmentation des salaires tient ici
au développement exceptionnel de la puissance du travail,
et j'ai dit, en parlant plus haut de l'association ouvrière, que
ce n'est que dans des conditions particulières que l'association ouvrière peut donner au travail un surcroît de fécondité.

Influence des mœurs et de la coutume sur les salaires. — C'est un fait, noté plus d'une fois par les économistes, que la coutume peut modifier le taux des salaires, que souvent elle le fixe au-dessus de ce qu'il serait par l'action des causes générales ou particulières que je viens d'exposer. La bienveillance des patrons, quelquefois même les idées reçues, l'influence de l'opinion, la vanité même, peuvent avoir cet effet.

Dans les temps où la charité exerçait sur les mœurs une influence souveraine, les dispositions bienveillantes des riches envers les pauvres avaient souvent pour effet de maintenir les salaires à une certaine hauteur. La crainte de commettre, en réduisant à outrance le salaire de l'ouvrier, un de ces abus que la morale de l'Église catholique range parmi les péchés qui crient vengeance au ciel, faisait d'ordinaire pencher la balance envers l'ouvrier et prévenait, la plupart du temps, cette exploitation de l'ouvrier par l'égoïsme des maîtres, à la faveur de la libre concurrence, dont nous sommes souvent les témoins. Surtout elle remédiait fréquemment, au moins dans une certaine mesure, aux dépréciations passagères des salaires ordinairement si désastreuses pour les ouvriers. On a pu voir, de notre temps encore, des patrons chrétiens s'efforcer d'atténuer les suites cruelles des réductions de salaires dans les crises industrielles, par des institutions de prévoyance qui permettent de conserver aux ouvriers, réduits à un salaire insuffisant, au moins le nécessaire de la vie, au moyen des ressources extraordinaires que procurent les hauts salaires des temps de grande activité industrielle. Entre toutes les œuvres de patronage industriel, celle-ci est particulièrement louable et efficace.

De la justice due à l'ouvrier quant au salaire. — Il peut y avoir pour l'entrepreneur, ou patron, envers l'ouvrier, bien plus qu'une obligation de charité, il peut y avoir une obligation de justice, et de justice commutative.

Le souverain pontife, préoccupé des abus qui peuvent se commettre du côté des entrepreneurs d'industrie tentés de spéculer sur la détresse de l'ouvrier, a solennellement tracé, dans l'Encyclique *Rerum novarum*, des règles dont l'effet sera de ramener les patrons qui n'écoutent que les conseils de l'intérêt utilitaire, au sentiment de leurs devoirs envers l'ouvrier. Acceptées tout d'abord par les patrons chrétiens, ces règles s'imposeront insensiblement à tous ; elles formeront, à la longue, dans la société une opinion qu'on ne pourra point braver impunément.

Une définition manquait pour l'application positive et pratique du principe, constamment maintenu par la théologie catholique, quant au péché grave que commettent ceux qui privent l'ouvrier qu'ils emploient de son juste salaire. Cette définition, l'encyclique la donne. Voici le texte du document pontifical : « Le salaire, dit-on, une fois « librement consenti de part et d'autre, le patron en le « payant a rempli tous ses engagements et n'est plus tenu « à rien. Alors seulement la justice serait lésée si lui refu- « sait de tout solder, ou l'ouvrier d'achever son travail et « de satisfaire à ses engagements, auxquels cas, à l'exclu- « sion de tout autre, le pouvoir public aurait à intervenir « pour protéger le droit de chacun. — Pareil raisonnement « ne trouvera pas de juge équitable qui consente à y « adhérer sans réserve, car il n'embrasse pas tous les côtés « de la question, et il en omet un de fort sérieux.... Con-

« server l'existence est un devoir imposé à tous les
« hommes et auquel ils ne peuvent se soustraire sans
« crime. De ce devoir découle nécessairement le *droit de*
« *se procurer les choses nécessaires à la subsistance,* et que
« le pauvre ne se procure que moyennant le salaire de son
« travail. Que le patron et l'ouvrier fassent donc tant et de
« telles conventions qu'il leur plaira, qu'ils tombent d'ac-
« cord sur le chiffre du salaire ; au-dessus de leur libre
« volonté, il est une loi de justice naturelle plus élevée et
« plus ancienne, à savoir, que le salaire ne doit pas être
« insuffisant à faire subsister l'ouvrier sobre et honnête.
« Que si, contraint par la nécessité, ou poussé par la
« crainte d'un mal plus grand, il accepte des conditions
« dures, que d'ailleurs il ne lui était pas loisible de refuser,
« parce qu'elles lui sont imposées par le patron ou par
« celui qui fait l'offre du travail, c'est là subir une vio-
« lence contre laquelle la justice proteste. »

Il résulte, à l'évidence, de cet enseignement pontifical
que ce n'est pas, comme certains le prétendent, le taux
courant qui doit servir de règle absolue pour déterminer le
juste salaire.

L'encyclique pose un principe supérieur, et ce principe
est à concilier avec les causes particulières de déterminations du salaire exposées plus haut.

Le juste salaire, dont l'encyclique établit la règle, est ce
que les économistes appellent le salaire normal ou salaire
nécessaire. C'est la notion qu'il convient d'accepter, en laissant de côté les conceptions utilitaires et matérialistes qui,
chez plus d'un économiste, faussent la notion du salaire
normal. Les économistes chrétiens se sont toujours attachés à mettre en évidence le devoir, pour tous ceux qui

peuvent exercer quelque action sur la fixation des salaires,
de s'efforcer de les porter au taux normal. Le pape déclare
que c'est d'après la notion du salaire normal qu'il faut apprécier le juste salaire. Par cette déclaration, l'encyclique
nous fait voir sous un jour nouveau la question des rapports de l'ouvrier avec le patron, sans rien accorder néanmoins aux prétentions des socialistes.

Le salaire dû en stricte justice, le juste salaire, c'est
donc le salaire suffisant à la subsistance de l'ouvrier sobre
et honnête, dans les conditions ordinaires de la vie de
famille.

Les économistes s'accordent, lorsqu'ils analysent les
éléments qui doivent former le salaire suffisant ou normal,
à considérer l'ouvrier, non point isolément et en tant
qu'individu travaillant pour lui seul, mais comme père de
famille, travaillant pour faire vivre sa famille aussi bien
que lui-même. L'esprit de l'encyclique, les raisons par
lesquelles le Saint-Père explique sa doctrine, ne peuvent
pas, me semble-t-il, laisser de doute sur son intention de
comprendre dans le juste salaire les ressources nécessaires
pour faire vivre l'ouvrier et sa famille.

« Conserver l'existence, dit l'encyclique, est un devoir
« imposé à tous les hommes et auquel ils ne peuvent se
« soustraire sans crime. »

Pourquoi ce devoir, si ce n'est parce que l'homme a une
destinée supérieure à accomplir par le libre emploi de ses
facultés; parce qu'il est, dans le travail comme ailleurs,
une personne et non une force mécanique animée, une
personne tenue devant Dieu à réaliser sa destinée. L'homme
ne peut, sauf le cas de force majeure, renoncer au juste
salaire qui est, dans la vie terrestre, un moyen d'accom-

plir sa destinée. Et c'est pourquoi il y a, corrélativement au droit de l'ouvrier, le devoir du patron, de lui accorder, sauf le cas de force majeure, le salaire suffisant. Mais, pour l'accomplissement de cette destinée temporelle, qui est l'acheminement à sa destinée supérieure, l'homme peut-il être considéré exclusivement quant à sa vie individuelle? N'est-il pas suivant sa destinée naturelle, lorsqu'il ne s'est pas engagé dans les liens de la vie sacerdotale ou de la vie religieuse, de s'engager dans les liens du mariage, d'avoir une famille, des enfants, à l'existence desquels il doit pourvoir? S'il en est ainsi, le salaire normal ne doit-il pas comprendre les moyens d'existence d'une famille répondant par le nombre de ses membres à la moyenne des familles?

Le salaire pour être juste doit donc répondre, non seulement à la subsistance personnelle de l'ouvrier, mais encore à la subsistance d'une famille moyenne, rien de plus, rien de moins. Voudrait-on aller plus loin et prétendre que le salaire doit être familial, en ce sens que, pour être conforme à la justice, le salaire devrait être fixé en raison du nombre des membres de la famille, quel qu'il soit. Ce serait la prétention extrême du socialisme pur, attribuant à chaque travailleur une rémunération proportionnée à ses besoins.

Les exceptions. — Pour l'application de la règle du juste salaire, il y a lieu de tenir compte de certaines exceptions résultant des vicissitudes que subit le cours des affaires industrielles, ou bien des conditions mêmes du travail fourni par l'ouvrier.

Sans doute le patron doit à l'ouvrier le salaire normal lorsque l'état des affaires lui permet de le lui payer; mais il est des cas où le patron se trouve réduit, à raison de la situation générale du marché, à ne pouvoir payer le salaire normal sans entamer sérieusement son capital. En ce cas, on appliquerait l'axiome : *Nemo dat quod non habet.* Il peut arriver, en effet, aux époques de crise, que le produit brut de l'entreprise ne fournisse pas au patron de quoi payer l'ouvrier suivant le taux normal, et que lui-même soit privé du profit qui serait la rémunération légitime de son travail d'entrepreneur. Qui donc, en un tel état de choses, considérerait le patron comme obligé, en vertu de la justice commutative, à payer des salaires qui dépasse-raient le taux courant? Ce taux représente, en général, tout ce que comporte le rendement de l'industrie à un moment donné ; ce qui serait payé en sus par le patron serait de pur don, auquel cas il y aurait de sa part, non l'accomplissement d'un devoir de justice, mais l'accomplis-sement d'un devoir de charité dont l'encyclique elle-même établit les conditions et les limites.

Il faut d'ailleurs en cette question tenir compte du prix du travail, ainsi que je l'ai fait voir plus haut en parlant de la diversité des salaires d'individu à individu, dans la même profession et souvent dans le même atelier. Com-ment pourrait-on soutenir qu'à l'ouvrier, qui ne fait en une journée que la moitié de ce que fait, dans le même temps, un ouvrier ordinaire, le patron doit le même salaire qu'à ce dernier? Il faut compter, parmi les causes qui dispen-sent le patron de payer le salaire normal, la stérilité rela-tive du travail de l'individu à qui le salaire est dû. Il y a pour le patron une impossibilité de payer le salaire normal toutes les fois que l'ouvrier ne lui fournit pas le produit normal du travail. La plus simple arithmétique, l'arithmé-

tique du bon sens, nous dit que l'ouvrier paresseux, mala-
droit ou invalide, n'a pas le droit d'exiger autre chose
qu'un salaire correspondant au travail inférieur qu'il
fournit. C'est dans la puissance du travail de l'ouvrier que
le patron trouve de quoi le payer. Que cette puissance soit
réduite, d'une façon ou d'une autre, et le patron sera dans
l'impossibilité de payer un salaire dont la source est tarie.
Nemo dat quod non habet.

La justice due à l'ouvrier doit-elle aller jusqu'à faire
décréter par les lois un minimum de salaire répondant aux
besoins d'un ouvrier sobre et honnête? Le Pape n'étend
pas jusque-là l'obligation en matière de juste salaire. Voici
sur la question les termes de l'encyclique : « De peur que
dans ces cas les pouvoirs publics n'interviennent inoppor-
tunément, vu surtout la variété des circonstances, des
temps et des lieux, il sera préférable que la solution en soit
réservée aux corporations ou syndicats, ou que l'on recoure
à quelque autre moyen de sauvegarder les intérêts des
ouvriers, même, si la cause le réclamait, avec le secours
et l'appui de l'État. »

Dans bien des cas assurément, l'intervention des pouvoirs publics serait souverainement inopportune; elle
créerait des difficultés plus embarrassantes, plus sérieuses, au point de vue de la justice même, que celles
qui naissent d'une réduction fâcheuse des salaires. La
première, la plus grave de ces difficultés, et elle suffit
pour faire écarter les projets des écoles socialistes en la
matière, la plus grave de ces difficultés réside dans l'impossibilité d'établir une règle uniforme pour des situations
très diverses et toujours variables. Je me contenterai
de reproduire ici ce que j'ai dit sur la question dans ma

brochure : *L'Économie politique d'après l'encyclique* RERUM
NOVARUM.

« Supposons que la loi décrète un minimum général des
salaires, d'après une appréciation moyenne des besoins
d'un ouvrier sobre et honnête, sans tenir compte de
l'abaissement possible du taux courant des salaires. Quelle
sera, dans cette hypothèse, la position du patron, de l'em-
ployeur en général? Il pourra, d'après ce que nous avons
dit plus haut, se trouver dans la nécessité de prendre sur
son capital pour payer aux ouvriers un salaire que le
résultat définitif de sa production ne lui rembourse pas.
Or cette prétendue justice envers l'ouvrier ne serait-elle
pas une souveraine injustice envers le patron? Ce serait,
par l'usage arbitraire de la force des lois, prendre à l'un
pour donner à l'autre, ce qui constituerait une atteinte à la
propriété privée dont le droit est, comme le dit l'encyclique, antérieur et supérieur au droit de l'État. Ce serait,
à l'égard du patron qui est légitimement propriétaire de
son fonds industriel, une de ces violences que le socialisme
appelle justice, mais que le droit appelle spoliation et
contre lesquelles l'encyclique s'élève avec force. »

Tous les patrons ne se trouveront peut-être pas dans
cette situation; certains pourront n'avoir à donner, en
vertu de la loi, que ce qui revient vraiment à l'ouvrier,
sans être lésés dans leurs profits légitimes. Mais l'application des lois ayant nécessairement un caractère de généralité, la disposition légale frappera également sur les patrons qui en justice ne doivent que le salaire courant, et
il suffit qu'un certain nombre de patrons se trouvent sujets
à la spoliation dont je viens de parler, pour que la loi soit
taxée d'injustice et porte la marque du socialisme.

Lorsque, plus loin, j'aurai à parler du profit légitime de l'entrepreneur, nous retrouverons sous un autre aspect la question du juste salaire.

V

LE REVENU DES CAPITAUX

L'intérêt du capital. — L'intérêt est la forme sous laquelle se perçoit le revenu du capital circulant; or, c'est du capital circulant que provient le capital fixe, puisque les objets qui le constituent résultent de l'application du travail, soit directe, soit indirecte par l'emploi de certaines matières premières provenant du travail. L'intérêt est donc l'élément fondamental pour la détermination du revenu des capitaux. Quand nous en aurons reconnu la loi, nous aurons établi en son principe la loi qui règle le revenu du capital dans toutes les conditions où il s'emploie à la production. Il n'y aura plus alors à considérer que les circonstances qui, sans changer la nature des revenus, ajoutent certaines complications aux causes par lesquelles ils se fixent.

La loi de l'intérêt. — L'intérêt se détermine uniquement par l'offre et la demande des capitaux. Quand les capitaux sont rares relativement au travail qui les demande, l'intérêt est élevé; à l'inverse, quand les capitaux sont abondants relativement au travail, l'intérêt s'abaisse, et il s'abaisse d'autant plus que les capitaux abondent davantage. Je l'ai dit plus haut, le taux de l'intérêt n'exprime qu'une simple proportion; or la loi que nous venons d'énoncer est la seule par laquelle se règle cette proportion.

Pour l'intérêt des capitaux, de même que pour les salaires, il y a des causes générales et constantes qui déterminent, dans chaque pays, un certain état de choses duquel résulte le taux normal de l'intérêt. Mais outre ces causes générales, il y a des causes particulières dont l'action n'est que momentanée, et qui portent l'intérêt au-dessus ou au-dessous du taux normal.

Les causes particulières qui modifient ainsi le taux de l'intérêt sont en général les mêmes que celles qui agissent sur le taux des salaires. Il arrive même, par une contradiction qui n'est qu'apparente, que les mêmes causes qui font hausser les salaires font aussi hausser l'intérêt. Par exemple, quand on emploie des sommes considérables en préparatifs de guerre, la demande extraordinaire de capitaux que font les gouvernements, au moment où les capitalistes se montrent plus circonspects, élèvera le taux de l'intérêt, et en même temps la demande extraordinaire des bras fera hausser les salaires. Mais ce ne sera là qu'une situation exceptionnelle, conséquence des sacrifices exceptionnels que feront les gouvernements pour obtenir immédiatement les travaux que les circonstances réclament; une fois ces circonstances passées, les choses reprendront leur cours, et, tandis que l'intérêt restera élevé, à raison de la destruction des capitaux par la guerre, les salaires baisseront par suite de la réduction survenue dans la masse du capital.

Du reste; ce serait, en principe général, une erreur de ranger, parmi les causes qui agissent sur le taux de l'intérêt, l'abondance ou la rareté du numéraire. Le numéraire sert à transmettre et à évaluer les choses qui constituent le ca-

pital, mais il ne se confond point avec lui. L'accroissement
dans la quantité de numéraire n'augmente pas la masse
du capital; seulement, par suite de cet accroissement, le
numéraire se déprécie et les prix de toutes choses augmentent. Si l'on offre en prêt des sommes de numéraire plus
considérables, d'un autre côté, les entrepreneurs ont besoin,
pour une même opération productive, de sommes plus fortes,
puisque le prix de tous les objets qu'ils emploient dans la
production s'est élevé en proportion. Il résulte de là que
l'offre et la demande des capitaux restent dans la même
relation et que, par conséquent, l'intérêt n'est point modifié. Les opérations dont le capital est l'objet s'effectueront
sur des valeurs plus élevées, la masse des intérêts perçus
en argent se trouvera accrue, mais le rapport du revenu
du capitaliste au montant de son capital restera le même.
Toutefois il pourra arriver, dans les premiers moments,
quand l'accroissement de la masse du numéraire n'aura
pas encore pu agir pour en abaisser la valeur, que l'intérêt
baissera; mais cette baisse ne sera que passagère, les
choses reprendront bientôt leur cours naturel, et l'intérêt
remontera à son taux ordinaire.

Le loyer du capital fixe. — Dans le prêt à intérêt, le
capital s'offre sous la forme de choses que l'entrepreneur
consomme et remplace par d'autres choses de même nature
et de même valeur, ou plus souvent sous la forme d'une
valeur en numéraire. Mais très souvent le capital se présente sous une autre forme, il consiste en objets déterminés, destinés à être restitués à celui qui les loue, tels qu'ils
sont, et qui constituent le capital fixe. Alors, au lieu de rapporter un intérêt, le capital rapporte un loyer.

Le loyer comprend des éléments divers. Le plus impor-

tant est l'intérêt du capital circulant, employé à constituer
le capital fixe. Mais le capital fixe se détériore par l'usage ;
il exige, en outre, un entretien plus ou moins coûteux ; il
faudra donc que celui qui le donne en location retire, par
le loyer, outre l'intérêt de la somme que représente l'objet
loué, le montant des frais d'entretien, et une certaine
somme destinée à l'amortissement de la valeur de l'objet,
somme qui sera calculée sur la durée probable de cet objet.
Dans le cas où le producteur emploiera des capitaux fixes
qui lui appartiennent, il comptera ces sommes dans ses
frais de production, et il les prélèvera successivement sur
le prix de ses produits. Ces sommes ne seront pas comptées
dans le revenu proprement dit du capital, puisqu'elles ne
serviront qu'à rembourser un fonds successivement consommé par les opérations productives. Ces remboursements
devront être mis sur le même rang que les remboursements de la valeur des matériaux absorbés par l'opération
productive. Il restera donc, comme revenu du capital, l'intérêt des sommes employées à créer le capital fixe, et rien
par conséquent ne sera changé, par suite de l'emploi de
ces capitaux aux lois générales qui règlent le revenu du
capitaliste.

Il est toutefois à remarquer que, dans certains cas, par
cela même que le capital se trouve engagé de façon à ne pas
pouvoir être à volonté appliqué à un autre emploi, le loyer
des capitaux fixes pourra subir une dépréciation, parfois
d'assez longue durée, et qui se prolongera d'autant plus
que les capitaux surabondants seront plus longtemps à être
détruits par l'usage. L'effet contraire se produira dans le
cas où, la demande de ces capitaux s'accroissant, il faudra
un certain temps pour en augmenter le nombre.

Les risques du capital. — Dans tous les cas, qu'il s'agisse du capital circulant ou du capital fixe, toutes les fois qu'il y aura pour le prêteur des risques à courir, l'intérêt et le loyer du capital s'augmenteront d'une certaine somme par laquelle le capitaliste sera indemnisé des chances de perte auxquelles il s'expose en prêtant ou louant son capital.

Le prêt à intérêt est-il légitime? — Le revenu du capitaliste, pour le capital circulant comme pour le capital fixe, lorsqu'il est fixé suivant le cours naturel des faits qui règlent les valeurs, n'est pas autre chose que la rémunération d'un service rendu moyennant une certaine privation de la part de celui qui le rend. C'est en prenant les choses de cette façon que la doctrine de l'Église catholique a toujours déclaré légitime le prêt à intérêt, dans les cas où il ne porte avec lui aucun des caractères de l'usure, c'est-à-dire dans les cas où il n'est autre chose que le revenu correspondant, suivant les règles de l'équité, au prêt utile d'un capital destiné à un emploi productif.

Il est bien vrai qu'en même temps l'Église, par l'enseignement de ses docteurs, conservait au *mutuum* son caractère essentiel, qui est la gratuité. Mais en cela elle était dirigée par des vues éminemment favorables aux masses et par cette intelligence des vrais intérêts sociaux qui ne lui a jamais fait défaut.

Les abus du prêt à intérêt ont été, en tous les temps, extrêmes; l'usure a toujours été un des moyens les plus actifs et les plus odieux de l'exploitation des faibles par les puissants. Par la discipline de l'Église, qui limite le prêt à intérêt aux cas où la légitimité de la rétribution payée au capitaliste ne peut être contestée, l'usure est contenue dans

les bornes les plus rigoureuses possible; de plus, les capitaux sont portés de préférence vers les emplois les plus
sûrs et les plus profitables aux classes les plus nombreuses,
surtout vers les placements agricoles.

L'Église, en maintenant le principe de la gratuité du
mutuum, se fonde principalement sur l'obligation où sont
les chrétiens de se prêter mutuellement assistance. Il est
des cas, en effet, où le précepte de la charité exige le prêt
gratuit. La charité est une loi de la vie sociale aussi bien
que la justice, et la doctrine catholique a toujours fermement maintenu ce principe contre la doctrine rationaliste
qui place dans la justice toute la loi des relations sociales.
Là est, nous semble-t-il, le véritable sens des décisions de
l'Église touchant le *mutuum*. Mais à côté du prêt de charité,
il y a le prêt dont l'intérêt est le mobile, et qui a aussi,
suivant les circonstances, sa légitimité. C'est ainsi qu'à côté
du *mutuum*, contrat essentiellement gratuit, dans le droit
romain comme dans le droit canonique, la doctrine catholique autorise le prêt des capitaux circulants dans des
conditions telles qu'il reste toujours possible, lorsqu'il s'agit
d'employer sérieusement ce capital aux entreprises du
travail.

L'Église a toujours, par ses décrets et sa prédication,
condamné et flétri l'usure. Elle parle de nos jours comme
elle parlait au temps des Pères. Dans l'encyclique *Rerum
novarum*, le pape, en signalant les sources des maux qui
affligent les classes ouvrières, parle de « cette usure dévorante qui vient ajouter encore au mal. Condamnée à plusieurs
reprises par le jugement de l'Église, elle n'a cessé d'être
pratiquée sous une autre forme par des hommes avides de
gain et d'une insatiable cupidité ».

La répression de l'usure est considérée comme une nécessité dans toutes les législations qui s'inspirent de l'esprit chrétien. Elle ne nuit pas au crédit utile et vraiment profitable à la société. On peut l'établir de telle façon qu'elle laisse la liberté nécessaire au capitaliste qui applique sérieusement ses fonds à la production, et qu'elle n'entrave en rien, ni le mouvement naturel des échanges, ni le fonctionnement des banques par l'intermédiaire desquelles s'opère ce mouvement. J'ai examiné pratiquement cette question dans une dissertation sur l'usure que l'on trouvera à la fin du tome II de la troisième édition de la *Richesse dans les sociétés chrétiennes*.

Je l'ai dit plus haut : quand on traite du crédit, il est essentiel de distinguer. Il y a une espèce de crédit qui est éminemment avantageuse, qui est une des principales sources des grands progrès que fait la richesse dans nos sociétés. Il y a une autre espèce de crédit qui n'a pas les mêmes avantages et qui, au contraire, ne peut se développer qu'au détriment des véritables intérêts de la société. Le crédit qui consiste seulement à transporter le capital des mains de celui qui ne produit pas dans les mains de celui qui produit, s'il s'étend outre mesure, bien loin d'être utile à la société, lui est nuisible. Il est bon pour la société que ceux qui possèdent le capital coopèrent à la production, qu'ils accomplissent ainsi, dans toute son étendue, la loi éminemment chrétienne du travail, qui fait la force et l'honneur de nos sociétés. C'est dans les applications fausses et exagérées du crédit que réside une des principales causes de cette activité fébrile qui envahit par moment nos sociétés, et qui a pour conséquences, dans l'ordre matériel, la diminution des forces productives et les souffrances des classes

ouvrières, dans l'ordre moral l'abaissement et l'énervement
des caractères. C'est ce genre de crédit que les lois répres-
sives de l'usure peuvent gêner, et personne ne s'en plaindra
parmi ceux qui conservent le sentiment vrai des conditions
du développement normal et bienfaisant des forces économiques.

VI

LE PROFIT DE L'ENTREPRENEUR

Les éléments et le caractère du profit. — Le profit
de l'entrepreneur se compose d'éléments divers. Il peut
s'y rencontrer un *salaire*, un *produit* net et une *prime
d'assurance* pour les risques de l'entreprise. Si l'entrepreneur emploie ses propres capitaux, il en comptera l'intérêt
dans son profit. Les économistes anglais nomment le profit
ainsi compris, le profit brut. Mais, dans la réalité, l'intérêt
demeurera un revenu distinct; même quand il est perçu
par l'entrepreneur en qualité de capitaliste, il est déterminé
par une loi différente de celle qui régit les salaires.

Le revenu propre de l'entrepreneur est essentiellement
un salaire, seulement il se perçoit dans des conditions particulières qui lui donnent un caractère distinct, sans toutefois en changer la nature. C'est l'entrepreneur lui-même
qui se paye la rétribution de son travail, laquelle consiste
dans l'excédent du prix de ses produits sur les frais de
toute espèce qu'il a faits pour les créer.

La rétribution de l'entrepreneur est donc toujours éven-
tuelle, jamais positive et absolument certaine, comme celle

de l'ouvrier, qui travaille moyennant un salaire convenu. Dans certaines entreprises, assurées du marché par la nature de leurs produits et préservées d'une concurrence ruineuse par les conditions dans lesquelles elles s'exercent, les risques seront peu de chose et le profit ne recevra point d'accroissement de ce chef. Au contraire, dans les industries soumises à des chances périlleuses, le profit de l'entrepreneur atteindra un taux très élevé. Pour beaucoup d'industries, dans l'état présent de la société, les chances de ruine sont graves et multipliées, et c'est ce qui contribue à expliquer les grandes fortunes que, de temps en temps, on voit se former dans l'industrie.

Comment se détermine le taux du profit. — Le profit de l'entrepreneur peut se trouver modifié par des causes analogues à celles qui modifient les salaires, à raison des avantages ou des désavantages que présentent les diverses professions. Si l'entrepreneur possède des qualités exceptionnelles, une habileté spéciale, une moralité qui lui attire la confiance de tous, ces avantages personnels seront pour lui la source de bénéfices particuliers qui élèveront son profit au-dessus du niveau des profits perçus d'ordinaire dans les mêmes industries.

A part ces causes particulières qui agissent sur le taux des profits dans les différentes entreprises, il s'établira ici, comme pour les salaires et pour des raisons analogues, un certain taux, qui sera le taux habituel et général du revenu de l'entrepreneur, dans une société donnée, à un moment déterminé.

Le profit pourra comprendre aussi un produit net, si l'entrepreneur se trouve, par la force des choses ou par le privilège de la loi, détenteur exclusif de quelque procédé ou de quelque avantage industriel qui lui permette de produire à moindres frais des choses qu'il vendra au même prix que les mêmes choses qui, pour d'autres, coûtent davantage à produire. Souvent ce produit net restera distinct du profit, parce que l'entrepreneur ne fera qu'exploiter un procédé qui lui sera étranger, et dont l'auteur lui concédera l'usage moyennant une rétribution qui représentera le produit net dont ce procédé sera la source.

Fréquemment il arrivera que l'entrepreneur sera en même temps propriétaire, capitaliste et ouvrier. Telle est, par exemple, la condition du petit cultivateur qui laboure son champ et l'exploite avec son propre capital. En pareil cas, comme nous l'avons dit précédemment, bien qu'aucun de ces divers revenus n'apparaisse sous une forme distincte, d'ordinaire pourtant le revenu de l'entrepreneur, dans son ensemble, représentera la somme à laquelle ces revenus se seraient élevés, si tous les éléments de la production étaient restés dans des mains différentes. Mais il arrivera aussi que le désir légitime d'indépendance des petits entrepreneurs, les avantages qu'une exploitation à eux propre procure à leur famille, les détermineront à se contenter de bénéfices moins considérables ; car souvent, avec des revenus moindres, ces petits entrepreneurs auront plus de bien-être réel et une situation à tous égards meilleure que celle des travailleurs qui ne jouissent pas de la même indépendance.

Influence sur le profit des obligations de l'entrepreneur quant au salaire. — L'encyclique *Rerum novarum*, en imposant à l'entrepreneur la stricte obligation de régler le salaire suivant ce que réclame la subsistance d'un ouvrier sobre et honnête, a apporté une modification grave à la loi du profit.

D'après cette doctrine, l'entrepreneur a toujours droit au profit normal, c'est-à-dire à ce qui dans le profit brut, ou profit total, représente l'intérêt du capital, le salaire du travail de conception, de direction et de surveillance, ainsi que les risques sainement appréciés. C'est son juste profit. Ce profit peut lui manquer par la force des choses, comme le salaire à l'ouvrier; mais, en principe, il y a droit, comme l'ouvrier a droit à son juste salaire. Quant aux avantages qui dépassent la somme de ces divers éléments, l'entrepreneur n'a le droit de les percevoir qu'après avoir satisfait à son obligation de payer à l'ouvrier le salaire normal tel que l'encyclique le définit.

Les obligations du patron ne vont pas plus loin. On parle beaucoup aujourd'hui, quelquefois même dans les délibérations législatives, de la participation de l'ouvrier aux bénéfices. Cette participation ne peut jamais être pour lui un droit, aussi longtemps qu'il reste dans la situation de salarié. Si, de cette situation, il passait à celle d'associé, il prendrait alors naturellement sa part dans les gains, mais alors il prendrait aussi sa part dans les pertes. C'est un vieil axiome de droit, que celui qui perçoit l'avantage doit supporter la perte. C'est la sagesse pratique des nations qui parle ainsi, et, contre cette sagesse, le socialisme ne peut rien, même lorsqu'il se donne des airs de justicier chrétien. Certaines combinaisons de participation de l'ouvrier aux bénéfices peuvent être excellentes, mais c'est au patron à en faire la concession et à lui d'en fixer les conditions. C'est, de sa part, un acte de bienveillance patronale, louable, mais point obligatoire.

Le R. P. Fristot l'a dit très justement, en traitant la question, dans *les Études* des PP. Jésuites : « Les tentatives pour détrôner l'antique salariat et lui substituer la conception nouvelle de la participation n'ont obtenu jusqu'ici gain de cause, ni aux yeux de la raison, ni aux yeux de l'expérience. Le salaire, que l'on a appelé un concordat entre le capital et le travail, reste la condition actuelle de la coopération du labeur manuel à la direction de l'industrie. Il place la vie de l'ouvrier en dehors des fluctuations de la vente, en même temps qu'il permet à l'industriel d'établir avec certitude les prix de revient. Il n'admet de risques que pour celui qui peut les supporter, et il y soustrait celui qui a besoin de retrouver, chaque matin, des ressources assurées. C'est bien ainsi que l'a entendu le Saint-Père lorsque, traçant le tableau des desiderata de la condition de l'ouvrier, il a placé en tête des réformes un salaire qui suffise à l'entretien d'un ouvrier sobre et honnête. Toutes ses autres prescriptions vont à rendre plus entière cette sécurité en entourant la vie de l'ouvrier des institutions qui le mettent, avec sa famille, à l'abri des coups imprévus du sort. »

Pour fixer le juste profit, qu'on peut appeler aussi profit normal, où le patron doit trouver une rémunération qui réponde à des conditions de vie convenable pour lui et sa famille, pour fixer ce juste profit, il faut considérer, aussi bien que pour le juste salaire, ce qui constitue les moyens d'existence d'un patron sobre et honnête, réglant sa vie suivant son état, conformément aux règles de la modération chrétienne. Ce serait errer gravement que d'établir le nécessaire d'un chef d'industrie en y comprenant les dépenses d'un luxe qu'un trop grand nombre y font entrer, mais qui, en réalité, n'est qu'un de ces abus que la déviation générale des mœurs explique, sans jamais l'excuser.

Les bénéfices extraordinaires des chefs d'industrie pourront se trouver notablement réduits par l'application des principes de l'encyclique *Rerum novarum*. Mais il est à remarquer que ces bénéfices ne font point essentiellement partie du revenu de l'entrepreneur, si on le prend suivant l'esprit des sociétés chrétiennes et en conformité avec les habitudes qui doivent y régner. Faire rapidement une grande fortune n'est pas, dans les choses que le chrétien doive principalement rechercher. Le but que tous peuvent et doivent poursuivre, c'est de gagner largement la vie, pour eux et pour les leurs, par le travail, chacun dans la condition où Dieu l'a mis, et de s'assurer, par l'économie, une situation convenable pour l'avenir. Aux patrons qui l'écoutent et qui seraient tentés de trouver trop rigoureuse la doctrine de l'encyclique, à ceux-là l'Église dirait : Gagnez moins, mais gagnez honnêtement; vous avancerez moins vite sur le chemin de la fortune, mais vous avancerez sans fouler aux pieds vos frères qui, moins heureux que vous dans les affaires de ce monde, sont pourtant toujours vos égaux, puisqu'ils sont les enfants de Dieu, qui a créé, pour la même destinée finale, les pauvres et les riches.

Sur le salaire et le profit, il n'y a pas, me semble-t-il, dans l'encyclique, d'autres solutions que celles-là. Ce sont les solutions de l'économie politique et de l'expérience des affaires. Veut-on aller plus loin, au mépris des principes et des faits; on en viendra aux systèmes qui remettent à l'État le soin d'attribuer à chacun sa portion suivant ses besoins, c'est-à-dire au socialisme pur, tel que nous le proposaient, il y a bientôt cinquante ans, Louis Blanc et la commission du Luxembourg.

VII

DE LA DISTRIBUTION SECONDAIRE DES RICHESSES ET SPÉCIALEMENT DE L'IMPÔT

En quoi consiste la distribution secondaire. — Plus haut j'ai dit que, par l'emploi de la monnaie, l'importance des services rendus à la société s'apprécie suivant une mesure commune, en sorte que, dans le fonds commun des valeurs créées par le travail social, chacun prend une part proportionnée à ses services. C'est sur cette base que s'opère la distribution secondaire de la richesse.

Tous ceux qui, par leur travail, ont procuré à la société des utilités de l'ordre immatériel, perçoivent, sur la masse des richesses produites par les classes vouées au travail dans l'ordre matériel, une rétribution proportionnée d'ordinaire à l'importance, réelle ou factice, bien ou mal entendue, que la société attribue à ces utilités. Ainsi se déterminent les honoraires de l'avocat et du médecin, les bénéfices de l'homme de lettres et de l'artiste.

D'après quelle loi se fixe la rétribution des classes vouées aux travaux de l'ordre moral. — Grande serait l'erreur de ceux qui prétendraient soumettre absolument à la loi de la valeur la détermination du revenu des classes qui se vouent aux travaux de l'ordre moral. Nous touchons ici à un ordre de choses que ne règlent pas seulement les mobiles de l'intérêt, et dans lequel des raisons d'agir plus sûres et plus hautes exercent une influence considérable et souvent décisive.

Les militaires et les magistrats ne sont pas rétribués en proportion de l'influence des services qu'ils rendent à la société et des sacrifices qu'ils s'imposent à son profit. L'honneur, le sentiment énergique et élevé du devoir, le besoin de se dévouer dans les grandes choses, leur font accepter une situation matérielle qui ne répond pas au rang qu'ils tiennent dans l'ordre des intérêts supérieurs de la société. Et tous ceux qu'inspire la charité, les prêtres qui enseignent, consolent et fortifient le pauvre peuple de nos campagnes, les missionnaires qui, en propageant la foi jusqu'aux extrémités de la terre, apportent le concours le plus laborieux et le plus important au progrès de la civilisation, les ordres religieux qui, à tous les degrés de l'ordre social, parmi les grands et les riches comme parmi les petits et les pauvres, répandent les trésors de la science et les ineffables dons de la charité : tous ces soldats de la milice spirituelle qui, pour mieux se faire tout à tous, renoncent à toute joie extérieure et à toute liberté, esclaves volontaires dans les ministères les plus fastidieux ou les plus abjects, où donc est leur rémunération? Souvent ce n'est qu'à la charité qu'ils demandent une subsistance que leurs renoncements réduisent au plus strict nécessaire.

Gardons-nous donc d'appliquer, en pareil cas, exclusivement les lois par lesquelles se déterminent les valeurs. Nous sommes ici à ce point où le monde matériel confine au monde moral; à mesure que nous montons de l'un à l'autre, la loi de l'intérêt est de plus en plus effacée par la loi du sacrifice. Sans doute, même aux plus sublimes hauteurs de l'abnégation, l'ordre matériel conserve toujours, dans la vie présente, un certain empire et de certains droits; mais ces droits sont si restreints, qu'à peine tiennent-ils encore une place parmi les faits dont la science sociale a à constater l'influence. Lorsque le dévouement a sa source dans des motifs plus humains, les mobiles de l'intérêt et de l'ordre matériel pourront être plus puissants sans que leur action pourtant soit unique et décisive.

Dans tous les cas, aussi bien quand on envisage les faits de la production des richesses que lorsqu'on analyse les lois de leur répartition, on ne peut jamais admettre, entre les travaux de l'ordre moral et ceux de l'ordre matériel, qu'une simple analogie. Identifier les uns avec les autres, à quelque titre que ce soit, serait en soi une grande erreur et entraînerait aux plus fâcheuses méprises.

Caractéristique de l'impôt. — C'est de l'impôt que proviennent, en grande partie, les revenus secondaires. C'est sur les finances de l'État que sont rétribués un grand nombre des services rendus à la société dans l'ordre moral et dans l'ordre intellectuel. Une caractéristique sommaire de l'impôt, et un examen succinct des principes les plus généraux qui doivent présider à son établissement, doivent donc trouver ici leur place. Je ne dirai de l'impôt que ce qu'il est indispensable d'en dire pour compléter la rapide esquisse que je viens de donner de la répartition des richesses dans la société. Comme pour le système monétaire et le crédit, je renvoie aux traités spéciaux.

La part de l'impôt dans la masse des richesses produites par le travail de la société ne se fixe pas, comme les revenus privés, par le mouvement naturel de la valeur sous le régime de la libre concurrence. Cette part se fixe d'autorité.

C'est le pouvoir qui détermine la contribution qui sera prélevée sur les revenus privés pour former le revenu de l'État.

S'il n'y a pas dans le pouvoir un sérieux amour de la justice, un respect vrai des droits des faibles et, je n'hésite pas à ajouter, un sentiment sincère de charité envers les classes sur lesquelles pèse le plus lourdement le fardeau des misères de la vie, on ne peut dire à quel point la distribution de la richesse sociale pourra être altérée par l'exagération des impôts. Dans une société où les pouvoirs resteraient étrangers à ces sentiments de justice et de charité, et où les libertés publiques ne donneraient pas au peuple les moyens de les y rappeler, l'impôt serait le plus redoutable instrument d'exploitation des grands contre les petits, la source la plus féconde de misère pour les masses, la cause la plus active du dépérissement et de la ruine de la société.

Règles générales sur l'impôt. — Je résume en peu de mots les principes d'équité qui doivent présider à tout système d'impôt.

L'impôt a sa raison d'être dans la nécessité de pourvoir, au moyen de sacrifices faits par tous, aux intérêts de tous, c'est-à-dire aux besoins de la société. Il faut donc que le pouvoir qui lève les impôts s'attache à les restreindre dans les strictes limites des nécessités de la vie commune et de l'avantage de la société. Les membres d'une société ont le droit d'exiger que leurs intérêts publics soient gérés d'après les mêmes principes de sagesse et d'économie dont un père de famille prudent fait la règle de son administration privée. L'impôt, quand il dépasse les besoins de la société, est aussi fatal à la prospérité générale que le luxe à la prospérité des familles. Si l'État prélève cent millions d'impôts, alors qu'il pourrait, avec quatre-vingts millions, pourvoir suffisamment à tous les services publics, la société se trouvera appauvrie de vingt millions.

En vain prétendrait-on que ces vingt millions ne seraient pas perdus pour la société parce qu'ils lui feront retour sous forme de salaires payés par l'État ou de produits acquis par lui. Dans la réalité, rien ne sera restitué à la société, les dépenses de l'État constituant, non pas un don, mais un échange. Quand l'État rétribue des services, lorsqu'il achète des produits, d'une façon ou d'une autre, c'est toujours une peine qu'il rétribue : c'est une peine qu'il rétribue avec le produit d'une peine. L'impôt, en effet, représente une certaine part de la peine qu'ont prise d'une façon ou d'une autre, dans le travail commun, les membres de la société, et cette part de leur peine ne leur sera point rendue, puisqu'elle ne leur est cédée qu'en échange d'une autre peine. Les sacrifices que l'État exige des contribuables, quand ils ne sont pas nécessaires pour garantir la sécurité et pourvoir au progrès de la société, sont donc des sacrifices sans compensation. Ce sont des prodigalités d'autant plus fâcheuses et blâmables, qu'elles se font au moyen des ressources prélevées, souvent pour une grande part, sur ceux à qui manque le nécessaire.

Il y a, en fait de dépenses publiques comme dans la vie privée, un certain milieu à tenir entre la prodigalité et la parcimonie. L'État peut être appelé à prendre l'initiative de certains progrès dans la société, et il faut qu'il sache, en proportionnant les sacrifices aux ressources, pourvoir à la grandeur morale et matérielle des peuples qu'il régit.

Adam Smith a réduit les garanties fondamentales en

matière d'impôt à un petit nombre de maximes, qui résument tout ce qu'il y a d'essentiel à dire sur ce sujet. Voici ces maximes :

1° Les sujets d'un État doivent contribuer au soutien du gouvernement, chacun, autant que possible, en proportion de ses facultés, c'est-à-dire en proportion des revenus dont il jouit. Observer cette maxime ou s'en écarter constitue ce qu'on nomme égalité ou inégalité dans la répartition de l'impôt.

Par cette maxime Adam Smith pose le principe de la proportionnalité de l'impôt, universellement suivi dans les États libres ; c'est une règle de bon sens qui nous dit que, lorsque tous doivent contribuer à des sacrifices faits dans l'intérêt de tous, il faut, si l'on veut appliquer en réalité le principe de l'égalité, demander à chacun suivant ses ressources.

Cette règle est exclusive de l'impôt progressif, invention socialiste, qui doit avoir pour résultat, lorsqu'elle est admise comme principe général, d'opérer sous forme d'impôt l'expropriation des classes supérieures et d'épuiser insensiblement le capital dont le travail s'alimente.

M. de Parieu l'a fait très justement remarquer dans son *Traité des impôts :* « Comme les besoins de chaque homme sont, au fond, à peu près identiques, et que tout ce qui excède la somme nécessaire pour la satisfaction de ces besoins est une sorte de superflu, l'égalité absolue et socialiste s'accommoderait du retranchement par l'État de tout cet excédent; et si les formules d'impôt progressif ne proclament pas crûment ce résultat, si elles sont même, en général, impuissantes à l'opérer, elles y marchent en réalité et y arriveraient par une déduction libre de toute entrave. L'impôt progressif repose sur une fausse notion des relations de l'État avec la fortune privée et le travail des citoyens, et s'il a pu en être fait, chez quelques peuples modernes, des applications qui n'aient pas produit des inconvénients, c'est parce que l'extrême modération de la pratique a, en quelque sorte, pallié les conséquences du principe. »

2º La base ou proportion d'impôt que chaque individu est tenu de payer doit être certaine et non arbitraire ; l'époque du payement, le mode du payement, la quantité à payer, tout cela doit être clair et précis, tant pour le contribuable qu'aux yeux de toute autre personne. La certitude de ce que chaque individu a à payer est, en matière d'imposition, une chose d'une telle importance, qu'un degré d'inégalité très considérable, à ce qu'on peut voir par l'expérience de toutes les nations, n'est pas, à beaucoup près, un aussi grand mal qu'un très petit degré de certitude.

3º Tout impôt doit être perçu à l'époque et selon le mode que l'on peut présumer les plus commodes pour le contribuable. Tout impôt sur les choses consommables qui sont des articles de luxe est payé, en définitive, par le consommateur, suivant un mode de payement très commode pour lui : il paye l'impôt petit à petit, à mesure qu'il a besoin d'acheter les objets de consommation. Et puis, comme il est le maître d'acheter ou de ne pas acheter, ainsi qu'il le juge à propos, ce sera nécessairement sa faute s'il éprouve jamais quelque gêne d'un pareil impôt.

Cette règle d'Adam Smith est très juste lorsqu'il s'agit des impôts de consommation sur les articles de luxe. Elle ne le serait pas s'il s'agissait des impôts de consommation

sur les objets nécessaires à l'existence du grand nombre.
On n'est pas libre de ne pas consommer lorsqu'il s'agit de
choses nécessaires à la vie. On est souvent dans la nécessité de recourir à ces sortes d'impôts pour assurer à l'État,
sans épuiser le capital, les ressources indispensables; mais
il faut les multiplier le moins possible, et les tenir toujours à un taux très modéré, autrement on violerait le
principe de l'égalité proportionnelle en grevant outre
mesure les classes inférieures. Ces classes peuvent être
taxées, puisqu'elles profitent comme tout le monde des
avantages que l'État procure à la société, mais elles ne
doivent l'être que dans la mesure de leurs faibles ressources.

4° Tout impôt doit être conçu de manière qu'il fasse
sortir des mains du peuple le moins d'argent possible au
delà de ce qui entre dans le trésor de l'État, et, en même
temps, de manière qu'il tienne le moins longtemps possible cet argent hors des mains du peuple avant d'entrer
dans le trésor.

Adam Smith, en conséquence de cet axiome, rejette
les impôts dont la perception exige le concours d'un grand
nombre d'employés, de façon que leurs salaires absorbent
la plus grande partie de ce que payent les contribuables;
les impôts qui entravent l'industrie du peuple et le détournent de s'adonner à certaines branches de commerce ou
de travail qui fourniraient de l'occupation et des moyens
de subsistance à beaucoup de monde; les impôts qui se
prêtent trop facilement à la fraude, qui entraînent pour le
contribuable qui tente d'y échapper des châtiments rui-
neux, qui assujettissent le peuple à des recherches odieu-
ses, à des vexations, à des oppressions, car, si les vexations

ne sont pas des dépenses, elles équivalent, suivant la remarque d'Adam Smith, à la dépense au prix de laquelle on consentirait volontiers à s'en racheter.

Influence de l'esprit chrétien en matière d'impôts. — Que sont ces maximes, classiques en matière de finances, sinon une application des règles de la justice chrétienne aux rapports du gouvernement avec les gouvernés, dans l'ordre des intérêts matériels. Dans nos sociétés formées sous l'influence de l'esprit chrétien, la liberté et la propriété ont toujours été entourées d'un respect sincère et profond, contre lequel n'ont pu prévaloir les corruptions et les violences qui ont, par moments, ébranlé l'ordre social. C'est de la conviction de ce qui est dû à ces droits fondamentaux que naissent la modération et l'équité du pouvoir en fait de taxes publiques. Partout où ce sentiment est affaibli, aussi bien dans les États où règne le despotisme de la démocratie que dans ceux où règne le despotisme royal, l'arbitraire et la rapacité du fisc envahissent et dévorent la société. On sait que les combinaisons d'impôt sont le grand instrument par lequel les sectes socialistes essayent de substituer à la distribution de la richesse par la liberté, la justice et la charité, telle que nos habitudes chrétiennes nous la font concevoir, une répartition factice de la richesse, par laquelle, en prétendant garantir l'égalité dans le bien-être, on ne pourrait jamais réaliser que l'égalité dans la misère. La démocratie socialiste, qui présentement nous menace de sa domination, nous en fournit assez la preuve.

CHAPITRE VI

LA MISÈRE ET LA CHARITÉ

Remarque.

Traitant des principes et de la méthode de la science économique, dans le premier chapitre de cet écrit, j'ai fait voir que cette science, pour atteindre son but, devait comprendre l'étude des faits relatifs à la misère et l'exposé des principes de la charité par laquelle la misère peut être prévenue, secourue et allégée. Ces questions trouvent donc nécessairement ici leur place. Toutefois, compliquées de faits nombreux et divers, elles ne peuvent entrer dans un précis que pour les considérations générales qui les dominent, et pour les principes dont elles relèvent.

Je les ai traitées au long, après sérieuse enquête, au sixième et au septième livre de la *Richesses dans les sociétés chrétiennes.* Elles remplisent le troisième volume de cet ouvrage. Présentement je me contenterai de tracer les grandes lignes du sujet, d'en faire apercevoir les difficultés principales, en me bornant aux indications essentielles. Pour les

détails, qui sont de toute nécessité en pareille matière, le
lecteur se reportera à l'examen approfondi que j'en ai fait
dans l'ouvrage cité. La question en vaut la peine.

I

CARACTÉRISTIQUE DE LA MISÈRE

L'inégalité des conditions. — L'inégalité des conditions est un fait aussi ancien que les sociétés humaines ;
avec ou sans la liberté, on la rencontre partout, même dans
les sociétés où les petits sont le mieux garantis contre l'oppression des grands. Elle est la conséquence inévitable de
la diversité des aptitudes et des caractères. La supériorité
des vertus, de l'intelligence et des forces physiques, quelquefois même une combinaison fortuite de circonstances
heureuses, auront pour effet, dans tous les états de société,
d'élever certains individus, ou certaines familles, au-dessus
des autres individus et des autres familles, et de créer
dans la masse des différences de richesse, de culture intellectuelle et d'influence, qui aboutissent, même sous le
régime de l'égalité civile et politique la plus complète, à
des distinctions de classes parfois très tranchées.

Tant que la liberté et la propriété n'auront point fait
place au despotisme égalitaire de la communauté socialiste,
qui nous courberait tous sous un même niveau d'impuissance et de misère, on verra dans la société des classes
riches, des classes aisées et des classes pauvres. Il est
même à croire que les pauvres y seront toujours assez
nombreux. Pour assurer à tous les hommes, non pas la

richesse, mais simplement l'aisance, il faudrait changer en même temps les conditions du monde physique et les conditions de la nature humaine; n'est-ce point par là, en effet, qu'ont commencé ou fini tous les systèmes qui depuis trois mille ans ont tenté de réaliser dans la vie sociale l'utopie du bien-être universel?

La misère et la pauvreté. — L'humanité est condamnée à subir la pauvreté. C'est un fait que toute l'histoire atteste, l'histoire la plus reculée comme la plus récente. De ce fait j'ai donné la raison scientifique en traitant, au chapitre quatrième, des limites que la Providence a mises à la puissance de l'industrie humaine, et du rapport de la population avec les subsistances. Le socialisme, de quelque couleur qu'il soit, aura beau faire, il n'y changera rien. Mais si elle est condamnée à subir la pauvreté, l'humanité n'est pas condamnée à subir la misère. Celle-ci porte avec elle des caractères d'abaissement moral et matériel que n'a pas nécessairement la pauvreté.

La pauvreté consiste en un état de gêne, où les ressources, à la rigueur, suffisent aux besoins, mais à la condition que ceux-ci soient renfermés, par un acte continuel d'énergie morale, dans les limites les plus strictes. La pauvreté impose à l'homme des privations constantes et souvent assez rudes, mais elle ne lui ôte ni la liberté ni la dignité. Elle peut très bien s'allier à une remarquable énergie morale et, grâce à cette énergie, on voit souvent des populations pauvres, rendues ingénieuses par le besoin, se créer des ressources inattendues. La pauvreté n'exclut même pas les joies vraies de la vie, qui ont leur source dans les biens de l'âme bien plus que dans les avantages matériels.

La misère, au contraire, dégrade à la fois l'homme moral et l'homme physique. Dans l'ordre matériel, ce n'est pas seulement la gêne et la privation, c'est le dénuement, avec le dépérissement des forces, les maladies, la dégénérescence physique et la réduction de la vie, qui en sont les conséquences inévitables. Dans l'ordre moral, c'est le découragement, l'abandon de soi-même, l'indifférence aux choses qui peuvent élever l'âme, et trop souvent la dépravation et l'abrutissement.

La misère, quand elle prend certaines proportions, est une maladie du corps social, et une des plus pernicieuses dont il puisse être affecté. Elle est la conséquence naturelle et dernière de toute violation grave et persistante des lois sur lesquelles Dieu a établi l'ordre de la vie humaine. Toute société où on la voit s'enraciner et étendre progressivement ses ravages est une société menacée de mort. Quelque éclat qu'elle puisse avoir dans ses classes supérieures, la misère de ses classes inférieures lui creuse un abîme où tôt ou tard elle s'engloutira, s'il ne lui reste pas assez de forces morales pour triompher des vices qui sont les causes du mal.

La pauvreté n'a point ces désastreuses conséquences. Elle fait souffrir les peuples, mais elle ne les épuise ni ne les tue. Elle les laisse capables des vertus qu'exige la vie sociale. Elle leur laisse la vigueur nécessaire pour mettre à profit les circonstances qui leur permettront de s'élever à une condition matérielle meilleure; et, en tous cas, bien loin de leur ôter l'aptitude aux grandes choses, elle est souvent la source de l'abnégation et de l'énergie qui les accomplissent.

Si forte et si bien ordonnée que soit une société, il est

difficile qu'elle soit absolument exempte de toute misère. L'infirmité de notre nature est telle que les écarts individuels, dont la misère est la suite, auront toujours dans le monde une part malheureusement trop grande. Mais tant que la misère n'est qu'un fait individuel, tant qu'elle ne devient pas l'état normal d'une portion considérable de la société, elle reste toujours sans doute un mal, mais elle n'est point pour la société un péril. Quand la misère affectera le caractère que nous lui voyons de nos jours dans de grandes sociétés vouées à l'industrie, quand elle envahira des classes entières, et quand ses envahissements seront continus tellement que nul ne pourra dire s'ils s'arrêteront ni où ils s'arrêteront, alors la misère sera pour la société cette maladie mortelle dont on ne saurait trop redouter les fatales conséquences ; alors elle s'appellera d'un nom particulier, nom que les sociétés catholiques ne connaissaient pas, et qui est né de la terreur dont l'Angleterre protestante s'est sentie saisie à la vue des conséquences sociales de ses défaillances religieuses : la misère s'appellera le *paupérisme*.

La misère est principalement un fait d'ordre moral. — La misère procède de l'ordre moral et, bien qu'elle ait d'inévitables effets dans l'ordre matériel et que ce soit par ces effets qu'elle se manifeste au premier abord, elle a ses causes et ses signes autant, et plus même, dans l'ordre moral que dans l'ordre matériel. C'est une maladie de l'âme et, par cela, elle participe à la fois à ce qu'il y a d'absolu, de permanent, dans la vie morale de l'homme, et à ce qu'il y a de relatif, de variable dans ses affections. Il faut tenir compte, lorsqu'on l'étudie, d'abord des influences qui atteignent le fond même de l'âme et qui communiquent à la vie, dans ce qu'elle a d'essentiel et de plus élevé, des préoccupations et des affections diverses. Puis il faudra tenir compte encore des diversités qui se rencontrent en si grand nombre parmi les faits extérieurs et accessoires de l'existence humaine, et qui exercent, par les habitudes, une action considérable sur les joies et les peines de la vie, en tant que leur source peut être en ces choses extérieures et accessoires. Lorsque nous caractériserons succinctement, dans les pages qui vont suivre, les divers genres de misères et les causes auxquelles il faut les attribuer, on pourra se convaincre de la justesse de ces observations.

II

APERÇU DES CAUSES DE LA MISÈRE ET DES MOYENS DE LA COMBATTRE

La misère a des causes très variées. — La misère peut avoir pour causes, ou bien l'insuffisance des ressources, ou bien leur mauvais emploi.

Les ressources peuvent être habituellement, ou du moins fréquemment, insuffisantes pour la masse des classes ouvrières et, dans ce cas, on peut dire à coup sûr que l'ordre social porte en lui quelque vice qui paralyse le travail et en restreint la puissance productive.

Les ressources peuvent aussi n'être insuffisantes que pour un certain nombre d'entre les travailleurs, ou bien ne l'être pour le plus grand nombre que passagèrement; alors il faut accuser, non les vices de la société, mais les vices des individus, ou, ce qui n'arrive que trop, un de ces accidents inhérents à la condition humaine, que ni l'habileté, ni l'activité, ni la moralité des travailleurs ne sauraient détourner.

Le mauvais emploi des ressources est une cause de misère plus fréquente peut-être que leur insuffisance. La misère morale est, dans ce cas, la source de la privation et de la souffrance dans l'ordre matériel. A ce point de vue, on rencontre, entre des populations qui vivent dans les mêmes lieux et qui sont en possession de ressources égales, les différences les plus marquées. Aux uns l'esprit d'ordre et d'économie donne, avec de faibles ressources, une véritable aisance, tandis que, par l'effet de leur incurie ou de leurs désordres, les autres se trouvent, avec les mêmes revenus, réduites au dernier degré du dénuement et de l'abjection.

D'autres fois la misère, avec l'abaissement moral et matériel qui en est le caractère saillant, aura sa source dans les conditions mêmes où s'exerce le travail. L'atmosphère de l'atelier, l'asservissement à un genre de travail pénible et monotone, le mélange des âges et des sexes, l'entassement des populations ouvrières dans les lieux proches de la manufacture, toutes ces causes, et d'autres encore, énerveront à la fois l'homme moral et l'homme physique, et réduiront l'ouvrier à la condition de ces êtres chétifs et dégradés que nos grandes villes manufacturières renferment malheureusement en si grand nombre.

Classification des causes de la misère. — Envisagées d'ensemble, ces causes diverses de la misère peuvent être ramenées à quatre chefs principaux, dont je vais donner une notion sommaire.

1° L'état général de la société.

La première condition de l'aisance des populations, c'est que leur travail soit assez fécond pour leur assurer le nécessaire. Donc tout ce qui accroît la puissance du travail tend à restreindre d'autant le domaine de la misère, et tout ce qui diminue cette puissance tend à l'élargir.

La surabondance de la population est considérée par plusieurs, surtout par les économistes classiques, comme la première cause de la misère en notre temps. Cette appréciation ne me paraît pas fondée. Si la population peut sembler surabondante au premier aspect, on reconnaît, en creusant la question, qu'elle ne l'est que partiellement, sur certains points, par suite de circonstances propres à certains genres de travaux, et non d'une façon absolue. La plupart du temps, il y a plutôt déclassement des travailleurs que surabondance.

La durée excessive du travail est un des signes et une des causes les plus graves et les plus générales de la misère de nos classes ouvrières. Non seulement elle énerve l'ouvrier au physique, mais encore elle détruit en lui toute vigueur morale; en le tenant éloigné de la famille, elle lui ôte les douceurs et les salutaires influences du foyer, en même temps qu'elle lui rend impossible l'accomplissement de ses devoirs de père.

Les crises industrielles tiennent à l'état social et sont une des plaies les plus cruelles de notre temps. Non seulement elles réduisent l'ouvrier, au moment où elles sévissent, à la plus extrême misère, mais en lui ôtant toute certitude, toute sécurité quant au taux des salaires, elles jettent dans l'existence ouvrière un trouble dont les suites sont incalculables. L'incurie, la prodigalité, l'ivrognerie, tous les désordres sont la conséquence de l'impuissance où se sent l'ouvrier de régler sa vie.

A tous ces maux dérivant de l'état social, il faut ajouter

les habitudes et l'esprit de séparation où vivent trop souvent les classes ouvrières et les classes supérieures de
l'industrie. Du côté de celles-ci, on a malheureusement
trop souvent à signaler plus que de l'indifférence envers
l'ouvrier; il y a à déplorer des procédés de dureté, d'hostilité, un penchant à l'exploitation qui révoltent nos sentiments de justice chrétienne. Ce mal va en diminuant par
l'influence et les exemples des patrons chrétiens, mais il
n'a pas disparu, il s'en faut, de nos mœurs industrielles.

2° Les conditions dans lesquelles les industries s'exercent.

C'est dans la grande industrie que la misère exerce
particulièrement ses ravages.

Il y a d'abord les transformations rapides et fréquemment renouvelées des procédés de l'industrie. Opérées
tantôt sur un point, tantôt sur un autre, elles ont été pour
la société, depuis un siècle, un mal partiel et local, mais
permanent dans l'ensemble et parfois même assez étendu.
Toutefois elles ne peuvent pas être considérées comme une
cause constante et générale de misère; elles répondent à
une situation de révolution industrielle qui doit prendre
fin et ne doit pas être plus durable que ne l'ont été les
transformations du travail dans le passé.

L'agglomération des populations dans les grands centres
industriels a été signalée depuis longtemps comme un fait
regrettable au point de vue du bien-être des classes ouvrières. Le mouvement qui porte les populations des campagnes à affluer dans les villes est particulièrement à déplorer. C'est dans l'amélioration générale des mœurs, dans la
substitution de l'esprit de modération, de vie simple et
reposée, aux impulsions de l'esprit de jouissance et de luxe,

dans les influences moralisatrices du patronage, qu'il faut chercher le remède.

La concentration des ouvriers dans les grands ateliers est une autre source de désordres et de misères. Tous les vices fermentent dans ces grandes agglomérations de personnes de tout sexe et de tout âge. Si l'on y ajoute l'action énervante du travail manufacturier, on verra jusqu'où le mal peut aller. Deux mots résument cette situation : dégradation physique, dégradation morale. C'est là qu'en sont les ateliers où ne s'exerce aucune influence de patronage chrétien.

La division du travail, avec une durée excessive du travail divisé, conduit l'ouvrier, dont elle éteint l'intelligence et atrophie les forces physiques, à une véritable dégradation et, par la dégradation, à la servitude. Il est le serf de la machine, n'étant plus bon qu'à faire ce qu'elle lui commande, et incapable de chercher, par un autre emploi de ses forces, faute d'apprentissage, une condition meilleure. D'énergiques influences de patronage chrétien, de vie chrétienne, avec une réduction des heures de travail, pourraient seules porter remède au mal.

L'atelier, tel qu'il est organisé aujourd'hui, groupe autour de ses machines les femmes et les enfants. Il n'est pas nécessaire d'insister sur le dommage moral et physique qui en résulte pour les populations ouvrières. Que deviennent les races lorsque les femmes sont étiolées, épuisées dans le séjour et les travaux de l'usine? Que devient la famille lorsque la mère en est absente? Que deviennent les enfants dans le milieu de corruption morale et d'énervement physique où le travail manufacturier les plonge? Nulle question n'a plus attiré l'attention de ceux qui s'in-

téressent à la classe ouvrière, et nulle n'est plus difficile à
résoudre.

3° Les dispositions personnelles des travailleurs.

Les causes de misère qui appartiennent à cette catégorie
peuvent se résumer sous les chefs qui suivent : la paresse,
l'ignorance, l'imprévoyance, le luxe, l'inconduite sous
toutes ses formes, c'est-à-dire des vices ou des faiblesses,
l'immoralité ou un blâmable abandon aux sollicitations de
la vanité, de l'orgueil, de la sensualité; en un mot l'oubli
plus ou moins profond de la loi de la vie chrétienne, de
la loi du renoncement, de laquelle dérivent la modération
des désirs et la régularité des habitudes. Dans ces défaillances et dans ces désordres, il y a des degrés; mais toujours la condition des familles s'en trouvera affectée. La
gêne, en tous cas, la misère, lorsque les désordres auront
atteint un certain degré, en sortiront fatalement.

La conséquence dernière et la suite inévitable des faiblesses et des désordres de l'ouvrier, c'est l'imprévoyance
et ce vice qui met le comble à tous les autres, rend incurable la misère qui a sa cause dans les dispositions personnelles de l'ouvrier.

Les causes personnelles de la misère sont de beaucoup
les plus actives. Lors même qu'elles ne produisent pas à
elles seules la misère, elles s'ajoutent aux autres causes
pour en accroître la fâcheuse influence. Si les classes ouvrières étaient douées d'une sérieuse moralité, les autres
causes de la misère perdraient par là même la plus grande
partie de leur pernicieuse efficacité. Tel est l'avis de tous
ceux qui ont fait sur la situation des classes ouvrières de
sérieuses études.

4° Les accidents inséparables de la condition humaine.

Ces accidents qui frappent tantôt l'un, tantôt l'autre, traînent partout la misère à leur suite. Quelquefois ils frappent des populations entières, et répandent la souffrance, souvent même la détresse, sur de vastes contrées; ce sont alors des fléaux. Comme la volonté humaine ne saurait les prévenir et qu'elle ne peut en modérer l'action que dans une très faible mesure, c'est à la prévoyance et à la charité qu'il faut demander d'en atténuer les suites.

Comment on peut combattre la misère. — Dans les causes de la misère, comme dans les remèdes qu'on peut lui opposer, l'élément individuel tient une très grande place. Souvent, l'expérience en fait foi, la moralité de l'ouvrier suffirait pour écarter de lui la misère, dans ce qu'elle a de plus douloureux et de plus humiliant. Les enquêtes approfondies faites, depuis cinquante ans, par les hommes les plus compétents et les plus dégagés de parti pris, sur l'état des classes ouvrières, conduisent toutes à cette constatation. L'ouvrier laborieux et rangé pourra être pauvre, rarement il sera misérable. Alors même que la misère a sa source dans les conditions extérieures d'existence que l'ordre social et l'organisation industrielle font à l'ouvrier, il pourra, s'il a conservé toute son énergie morale, réagir, dans une assez forte mesure, contre les nécessités que lui impose le milieu où il vit.

Est-ce à dire pourtant qu'il faille tout abandonner à l'action individuelle, au travail de moralisation, de réformation spirituelle, auquel l'ouvrier peut se livrer sur lui-même et pour lequel les œuvres qui s'occupent d'améliorer son sort peuvent lui prêter leur aide? L'émancipation complète des travailleurs, qui est un des principes, je dirai plus, une des conquêtes de notre ordre social, a-t-elle pour consé-

quence obligée de laisser l'homme du peuple lutter isolément, par ses seules forces, contre les difficultés qui naissent de cette émancipation même? Admettre que notre
régime civil doit avoir une telle conséquence serait, me
semble-t-il, une grande erreur. Il y aurait là une dangereuse exagération d'un principe bon en soi, mais qui ne
peut rien avoir d'absolu, et auquel il faut apporter des
tempéraments suivant les circonstances. Cette exagération
tendrait à confondre l'individualisme avec la liberté et la
légitime indépendance des classes ouvrières.

Ces classes, à raison de leur défaut de lumière, et de l'infériorité de leur position, peuvent avoir besoin d'une protection et d'une tutelle particulières. Il est à souhaiter
qu'elles trouvent, dans l'usage régulier et contenu de leurs
propres forces par l'association, et dans le concours, librement offert et librement accepté, des classes supérieures,
sous la forme du patronage, l'appui qui leur est indispensable. Mais si, par le vice ou l'insuffisance des mœurs, cet
appui leur fait défaut, l'État pourra et devra intervenir
pour suppléer à l'impuissance de la liberté. Mais il ne peut
jamais intervenir qu'à la condition de limiter son action, de
façon à n'ôter à la liberté et à l'initiative individuelle que
ce qu'il serait impossible de leur laisser sans donner lieu
à de graves abus.

La réglementation légale du travail. — Il n'est pas
rare d'entendre accuser de socialisme ceux qui, prenant
l'attitude que je viens de caractériser, accordent à l'État certains droits de réglementation sur le travail industriel. D'un
autre côté, il n'est pas rare de les entendre accuser de libéralisme, parce qu'ils refusent de mettre dans les mains de
l'État la direction du mouvement économique par les lois

sur le minimum de salaire, sur la participation des bénéfices avec l'ouvrier, et autres mesures du mêr ; genre.

La vérité, pour moi, est entre les deux ex!rêmes. *Ni libéraux, ni socialistes*, me semble être la formule qui résume
les solutions appropriées à notre état économique.

Je m'en suis expliqué dans un article inséré, au mois de
novembre 1890, dans la *Revue catholique des institutions et
du droit*. Dans cet article, j'ai indiqué comme suit la mesure d'intervention de l'État qui me paraît répondre à
l'intérêt général, à l'intérêt de l'ouvrier aussi bien qu'à
l'intérêt du patron, intérêts qui ne doivent jamais être
séparés.

Le vrai socialisme, celui que réprouvent énergiquement
les actes pontificaux, peut être défini, en tenant compte des
mobiles qui le déterminent aussi bien que de son caractère
juridique : un système de réglementation communiste
inspiré par la passion utilitaire et la passion égalitaire.
Voilà le socialisme pur et simple. Le socialisme mitigé,
qu'on pourrait appeler le socialisme honteux, celui que
l'on décore de quelques épithètes destinées à dissimuler
ce qu'il a toujours au fond de répréhensible et d'inaccep-
table, ce socialisme mitigé se rallie au communisme par
la notion de l'État-Providence, disposant du bien des riches
en faveur des pauvres, prenant à celui qui a, ou qui est
censé avoir le superflu, pour donner à celui qui n'a pas, ou
qui est censé ne point avoir le nécessaire.

Les mesures légales dont je vais parler ne se rattachent
ni à l'un ni à l'autre de ces deux socialismes.

1° Les mesures nécessaires pour faire respecter dans les
ateliers la morale et l'hygiène, à supposer même que ces
mesures obligent les patrons à des sacrifices pécuniaires.

Ces mesures pourraient aller jusqu'à interdire un travail qui compromettrait gravement la santé des ouvriers. L'État ne fait alors qu'user de son droit de police en matière de morale et d'hygiène publiques, droit dont l'exercice a toujours pour conséquence certaines restrictions, soit à la liberté, soit à la propriété.

2º Les mesures qui interdisent le travail aux enfants jusqu'à un certain âge, et qui fixent une limite à la durée du travail pour les enfants à qui leur âge permet l'accès des ateliers.

3º Les mesures qui, en certaines circonstances ou dans certaines conditions, interdisent pour les femmes, soit le travail même, soit les journées de travail d'une durée excessive.

4º Les mesures qui mettraient une limite à la durée excessive du travail des adultes en général, dans les ateliers de la grande industrie. Il est bien entendu qu'il s'agit ici d'une *durée excessive*, telle que l'ouvrier ne pourrait plus prendre le repos corporel indispensable à la conservation de la vie, ou serait privé de ces communications avec la famille qui sont pour le père un devoir autant qu'un droit. Les raisons de conservation sociale qui justifient, dans ce cas-ci, l'exercice du droit de police de l'État ne s'appliqueraient pas à une réduction des heures de travail qui n'aurait pour but que de procurer à l'ouvrier des loisirs, souhaitables, sans doute, mais point indispensables à sa vie morale et physique. Ici la contrainte légale aurait pour objet d'attribuer aux classes ouvrières des avantages que le cours naturel des choses, sous l'empire de la loi de justice chrétienne, ne peut leur procurer. Dans ces conditions, la limitation des heures de travail aurait un caractère socialiste.

Appliquée seulement au cas où le travail excède manifestement les forces humaines, la limitation des heures de
travail ne produit que des effets limités ; elle peut être la
cause de certains embarras, mais ces embarras ne trou-
bleront pas l'équilibre général de l'ordre économique, la
restriction ne s'exerçant que pour des circonstances exceptionnelles ou pour des cas particuliers. Quant à la limitation
générale des heures de travail, elle bouleverserait l'économie générale de la société en modifiant tous les salaires, et,
par conséquent, toutes les conditions de la production.

On a proposé, à raison des obstacles que peut créer la
concurrence de pays à pays, de décréter la limitation des
heures de travail par des arrangements internationaux.
Pourvu que la limitation par entente internationale se renferme dans la mesure marquée plus haut, elle ne doit pas
soulever d'objection absolue. Elle offre incontestablement
des difficultés, surtout dans l'état présent de l'ordre inter-
national. On peut même la considérer, pour le moment,
comme peu pratique. Mais la solution ne serait plus impossible si l'on admettait, pour les difficultés de l'ordre inter-
national, l'intervention de l'autorité religieuse suprême, du
pape. Un changement dans les dispositions générales des
peuples, des événements imprévus, mais toujours possibles,
peuvent amener une situation où les résistances ne seraient
plus insurmontables. Les catholiques ne peuvent oublier
que si l'unité de la foi régnait dans le monde, l'observation du repos dominical serait imposée par l'autorité pon-
tificale à toutes les nations, et que de cette prescription,
religieuse en elle-même, découlerait de fait une réglementation économique, quant à la durée du travail que l'on peut
exiger d'un ouvrier en une semaine. En ces sortes de pro-

blèmes, il y a beaucoup à espérer du temps. C'est une question qui a besoin d'être mûrie et qu'il ne faut point écarter par une fin de non recevoir pure et simple.

Ces exemples suffisent pour faire comprendre comment on peut admettre, sans tomber dans le socialisme, une certaine réglementation du travail par la loi, lorsque les nécessités de la conservation sociale par le respect des bonnes mœurs, le maintien des relations de famille, la préservation morale et physique des jeunes générations, lorsque le soin de la santé publique compromise par la nature du travail, ou son excessive durée, font à l'État un devoir d'user de son droit de police.

Association et patronage. — Les deux grandes forces dont on peut espérer la reconstitution morale et professionnelle des classes ouvrières, sont l'association et le patronage. Résumées dans une même institution, ces deux forces constituent la corporation, dans la forme que comporte la situation actuelle du travail et des classes qui, à tous les degrés, se livrent au travail. C'est dans la corporation, dont l'encyclique *Rerum novarum* trace avec tant de soin les règles, que doivent se concentrer, s'unir et s'organiser toutes les activités, toutes les bonnes volontés qui s'emploient aujourd'hui à la solution pratique du problème social. Dans mon ouvrage sur *la Richesse dans les sociétés chrétiennes*, une étude sur l'association et le patronage forme la conclusion du sixième livre, où il est traité de la misère et des remèdes à y opposer. Dans le présent écrit, sous les n°s V et VIII du premier chapitre, j'ai parlé de ces deux grandes forces de toute société chrétienne. Les considérations qui s'y rapportent devaient trouver là leur place, vu que ce sont des institutions essentielles en tout régime économique bien constitué, tenant par la nature même des choses à ce qu'il y a de fondamental dans l'ordre du travail. J'en ai dit tout ce qu'il convient d'en dire, dans un écrit où l'on se borne à poser les principes et à tracer les grandes lignes d'une organisation chrétienne du travail. Je n'ai plus à faire ici autre chose que de renvoyer le lecteur à l'endroit du livre où, en traitant cette question, j'ai mis en évidence, dès le début, le vrai moyen de solution du problème de la misère, problème capital et dernier mot de l'économie politique.

III

NÉCESSITÉ DE LA CHARITÉ DANS L'ORDRE SOCIAL

La charité nécessaire dans l'ordre économique. — Dès le début j'ai dit, en posant les principes, qu'en toute société fondée sur la liberté et l'égalité, la charité a son rôle nécessaire, même dans l'ordre matériel, parce que toujours, à raison de l'imperfection et de l'infirmité des choses humaines, il se rencontrera des dénuements et des souffrances auxquels seule elle peut remédier.

Dans toute organisation sociale où l'esclavage n'est pas la condition des masses, la charité est une nécessité. Sans elle que deviendrait cette foule de malheureux que les défaillances de leur volonté, les accidents de la vie, les révolutions ou les complications du travail, privent de leurs moyens de subsistances? Dans toutes les sociétés, même les mieux ordonnées, la pauvreté a toujours une grande place, et la misère même une part trop considérable ; d'où il suit que la charité doit nécessairement entrer dans toute organisation sociale régulière. Sans la charité, la distribution de la richesse resterait imparfaite et vicieuse, puisqu'une notable partie des membres de la société resteraient privés de ce nécessaire, dans l'ordre matériel, qui est une des conditions de l'accomplissement de notre destinée terrestre.

Rôle social de la charité. — La charité a, tout à la fois, un but spirituel et un but social. Ici comme toujours, la perfection dans l'ordre spirituel amène naturellement la perfection dans l'ordre des intérêts temporels.

Le but spirituel, c'est d'unir plus étroitement l'homme à Dieu par le sacrifice, c'est de le rendre plus semblable à son auteur, dont la bonté et la miséricorde sont les attributs par excellence.

Le but social, c'est de rattacher intimement les uns aux autres les membres de la grande famille humaine et d'accomplir en eux la loi de justice, par une égale distribution des biens et des épreuves de la vie ; c'est d'opérer cette équitable répartition, non par une loi fatale qui ne laisse point de place à la vertu et au mérite, mais par un acte de la liberté qui donne à l'homme la grandeur du sacrifice volontairement accompli, en même temps qu'il lui assure les avantages de l'ordre régulier de la société.

La communauté par la charité. — L'inégalité des conditions, qui accompagne inévitablement la propriété, a sa raison dernière dans la loi du perfectionnement par le sacrifice, qui est elle-même la raison dernière de toute l'organisation de notre vie sociale. La pauvreté est la condition de l'homme déchu. Tous nous avons été condamnés, en punition de la faute de notre premier père, à manger notre pain à la sueur de notre visage. Il y a dans la pauvreté une vertu d'expiation qui lui donne le caractère d'un bienfait en même temps que d'un châtiment.

Ce bienfait de la pauvreté, Dieu n'a voulu en priver personne de nous. A ceux à qui il n'impose pas la pauvreté dans sa réalité, il offre la pauvreté volontaire et le dépouillement libre par les renoncements de la charité. Par un de ces secrets qui ne peuvent appartenir qu'à l'auteur des choses, Dieu a fait l'humanité tout ensemble riche et pauvre. C'est par la richesse et par les riches que se révèle et s'exerce particulièrement cette domination sur le monde matériel que Dieu, par les bénédictions du premier jour, avait départie à l'humanité. L'humanité avait été créée riche, elle s'est faite pauvre par son péché. Elle n'est plus riche que dans quelques-uns de ses membres, mais ceux-là même ne peuvent échapper à la loi générale qui a fait du besoin et de la souffrance la condition commune. C'est par la solidarité avec les pauvres, par la participation libre ou obligée aux épreuves de la pauvreté, que le riche prendra sa part de l'expiation générale.

La charité établit donc entre le riche et le pauvre une véritable communauté. Cette communauté de la charité est une nécessité. Sans elle la propriété serait une institution contre nature, ce serait le plus intolérable des abus et la plus criante des iniquités. Toutes les attaques dont le principe de la propriété a été l'objet, et tous les systèmes qui ont pour but de substituer le régime du communisme au droit de propriété, ont leur source dans une fausse application de l'idée de la communauté. Au lieu de la communauté par la liberté, qui est la charité, on prétend établir

la communauté par la loi, qui est le communisme. Il n'y a
en effet de choix qu'entre les deux ; car jamais l'humanité
n'acceptera comme légitime la propriété égoïste, constituée
au profit du propriétaire seul et pour ses jouissances exclu-
sives.

Propriété et charité. — Par suite du progrès de la
liberté civile et de l'indépendance de plus en plus grande
de l'individu dans nos sociétés démocratisées, la propriété,
dans le chef de l'individu, se concentre, et les droits qui
constituent la liberté du propriétaire deviennent de plus
en plus absolus. La communauté de l'usage disparait de
plus en plus des lois; elle fait place à l'appropriation exclusive avec ses conséquences juridiques les plus rigoureuses.
Mais comme la propriété et la communauté sont deux principes qui ne sauraient être séparés sans que l'ordre essentiel de la vie sociale soit altéré, et comme la communauté
ne peut se concilier avec le droit absolu de propriété que
par la charité, il faut conclure que, dans une société où la
propriété individuelle étend ses droits, il est nécessaire que
la charité étende son action dans une mesure égale, et que
la communauté, fondée sur l'usage charitable que le propriétaire fait de son droit, reçoive de plus en plus son
application.

Si cette puissance de la communauté libre fait défaut à
la société, on y verra se développer, sous une forme ou sous
une autre, la communauté obligée de la loi. La servitude
reparaîtra, par le fait que la propriété se trouvera forcément restreinte dans ses droits légitimes. Ce ne sera plus
la servitude de l'individu envers l'individu, ce sera la servitude de tous envers l'État. Mais qu'importe la forme si, au
fond, l'atteinte à la liberté est la même ?

Égalité et charité. — Tout ce qui tient de la Révolution et de l'esprit radical est hostile à la charité. De ce
côté on se plaît à dire que la charité humilie et asservit
celui à qui elle s'adresse, que le droit doit être la seule
règle des rapports sociaux dans les sociétés libres, que le
régime du droit est le seul dont puisse s'accommoder la
dignité d'un peuple en possession de l'égalité civile et
politique.

Bien loin que la charité détruise l'égalité, elle l'établit,
au contraire, sur les bases les plus solides. La charité, et
quand je dis charité c'est toujours de la charité chrétienne
que je parle, la charité fait descendre les grands vers les
petits, en même temps qu'elle élève les petits à la hauteur
des grands. Tel est l'effet de l'esprit de renoncement sur
les relations sociales, lorsqu'il est entré profondément dans
les mœurs. Dans le christianisme, l'homme n'est grand que
par ses renoncements.

Le riche se sentira d'autant plus grand que, par la charité, il s'abaisse davantage au niveau du pauvre, et le
pauvre qui accepte chrétiennement sa pauvreté, qui fait de
ses souffrances la matière d'un libre sacrifice, se verra
porté, dans la pensée du riche lui-même, au plus haut
degré de la dignité humaine. Le christianisme ne nous fait-
il pas voir, dans le pauvre, Jésus-Christ lui-même, et ne
nous dit-il point, par la bouche de ses plus grands docteurs,
que les riches n'ont de place dans l'Église qu'à raison des
pauvres qui en forment véritablement le corps? Conçoit-on
que la charité qui s'inspire de ces sentiments abaisse le
pauvre et détruise l'égalité? On peut le dire sans exagération et l'histoire est là pour le prouver, c'est de la charité
qu'est née l'égalité dans nos sociétés modernes.

La charité est tout à la fois liberté, égalité, fraternité.
Sans elle ce sera toujours et partout la guerre de tous
contre tous : on l'a vu dans les sociétés païennes de l'antiquité, et on commence, hélas! à le voir dans nos sociétés,
que le paganisme est en train de ressaisir. Avec la charité,
c'est la paix et l'harmonie universelles.

On peut dire que c'est dans la charité que se résume
tout l'ordre social sorti du christianisme. La charité est le
trait distinctif entre les sociétés qui obéissent au christianisme et les sociétés qui repoussent sa loi. N'a-t-il pas été
dit aux chrétiens : « On vous reconnaîtra à ce signe, que
vous vous aimerez les uns les autres? »

IV

DES CONDITIONS D'EFFICACITÉ DE LA CHARITÉ

Le principe générateur de la charité. — Rechercher
les conditions d'efficacité de la charité, c'est demander comment le principe qui est l'essence même de la charité s'applique aux relations du riche et du pauvre, de façon que la
charité puisse, non seulement remédier à la misère en pro-
curant au pauvre le nécessaire qui lui manque, mais encore
et surtout, prévenir l'action de la misère en l'attaquant dans
ses causes.

La charité est essentiellement le don de soi et de ce que
l'on possède, offert et reçu en esprit de mutuelle affection
et de mutuel sacrifice. La charité a donc sa source, sa
condition la plus générale, dans une force morale assez
puissante sur la volonté pour déterminer l'homme à préfé-

rer le bien d'autrui à son propre bien. L'Église catholique donne aux hommes cette force. En leur inculquant l'esprit de renoncement, elle réalise toutes les conditions de la véritable charité. Nous avons sous les yeux la preuve vivante de cette vérité. La supériorité de l'Église catholique et sa fécondité dans les œuvres de la charité sont parmi les faits les moins contestables de notre état social.

Il faut que, dans son action, cette force qui engendre la charité se révèle, non seulement par l'ardeur qu'elle apporte à l'accomplissement des œuvres, mais encore par l'intelligence et le soin qu'elle y met. Il faut qu'elle se règle sur les inclinations naturelles et légitimes de l'homme et sur les nécessités de la vie sociale. De là les conditions particulières de l'efficacité de la charité, que l'on peut déterminer ainsi qu'il suit.

Caractère moralisateur de la charité. — Comme la misère provient, la plupart du temps, des vices ou des imperfections du pauvre, ce sont ces vices et ces imperfections que la charité doit combattre d'abord.

Sans doute il est des cas où des accidents plus forts que la volonté de l'homme, une situation générale de la société, sur laquelle il ne peut rien, le réduisent à la misère, sans qu'on puisse rien lui imputer. Mais ces cas ne sont pas les plus nombreux, et les misères dont les accidents de la vie et les difficultés sociales sont la cause seraient singulièrement atténuées si les familles qu'ils affligent ne s'étaient jamais écartées, dans leur conduite, des règles tracées par la loi morale et par la prudence humaine.

Dans les cas où la misère provient de la faute de l'homme, et ce sont les plus fréquents, c'est à réformer les habitudes du pauvre que la charité doit viser. Sans cela, ses secours, au lieu de remédier à la misère, ne feraient que l'encourager et la perpétuer, en donnant aux pauvres le moyen de persévérer dans leurs habitudes vicieuses, sans en éprouver les fâcheuses conséquences.

Ce n'est pas à dire que si la charité vraie, la charité catholique, distribue ses aumônes avec intelligence et circonspection, elle accepte les principes de la charité restrictive à laquelle Malthus a attaché son nom.

L'Église possède l'esprit d'amour et de sacrifice, et elle a toujours profondément répugné à ce système d'assistance avare et presque haineuse, par lequel l'école utilitaire voudrait faire de la charité un des instruments de la guerre qu'elle a déclarée au pauvre et à la pauvreté. « La charité, dit saint Ambroise, ne pèse pas si sévèrement les mérites ; avant tout elle subvient aux nécessités. » Saint Jean-Chrysostome parle dans le même sens : « Qu'un pauvre se présente à ta porte, manquant de pain, tu lui reproches sa paresse, sans penser que toi aussi tu es oisif, et que cependant Dieu te comble de biens.... Si nous scrutons si curieusement les titres de nos compagnons de service, Dieu en fera autant avec nous, car selon que nous aurons jugé, il nous jugera. » Une circonspection intelligente, mais toujours unie à la miséricorde et tempérée par elle, telle est la règle de la charité catholique, et telle est aussi la règle de la charité dans sa vérité, de la charité secourable au pauvre sans être nuisible à la société.

Il y a un milieu à tenir entre la prodigalité des dons, provoquée par une pitié irréfléchie, et l'étroite et froide circonspection que certains voudraient faire considérer comme nécessaire, pour éviter que des pauvres indignes n'abusent de la charité. Que la charité soit sévère envers les pauvres vicieux et rebelles aux conseils, qu'elle cherche dans cette sévérité un moyen de se faire écouter, c'est souvent une nécessité; mais que cette sévérité ne soit employée que lorsque toutes les autres voies ont été inutilement tentées, qu'elle ne fasse jamais taire le sentiment de la miséricorde sans lequel il n'y a plus de charité, et qu'elle cesse aussitôt qu'elle n'est plus nécessaire ou que l'on a acquis la conviction de son inefficacité.

La charité doit être intelligente et affectionnée au pauvre. — Pour être efficace il faut que la charité ne se borne pas au don matériel, il faut qu'elle console, soutienne, relève et réforme l'homme. Telle est l'aumône, dans son sens vraiment chrétien. Les premiers biens pour le chrétien sont les biens de l'âme, et ce sont ces biens-là surtout qu'il est empressé de donner à ceux vers qui sa charité le porte.

Il faut que celui qui fait la charité entre avec le pauvre dans une véritable intimité. Il faut qu'il acquière une connaissance détaillée de sa situation et de ses besoins, de ses besoins moraux comme de ses besoins matériels ; qu'il se fasse en quelque sorte de la famille du pauvre. Celui qu'anime vraiment l'esprit chrétien ne conçoit pas autrement la charité. Il voit Dieu dans les pauvres, et il les aime en Dieu comme Dieu lui-même. Toujours soutenu de cette pensée, il apportera à son action charitable un soin et un scrupule proportionnés à l'importance que le pauvre possède aux yeux de sa foi. Il aura vraiment l'intelligence du pauvre et de ses besoins.

Ce n'est pas le don matériel qui constitue la charité, ce n'en est qu'une partie, souvent la moindre, et s'il n'était accompagné de l'action morale, il pourrait être plus nuisible qu'utile. Ce qui fait la charité, c'est le don de l'homme lui-même, avec toutes ses supériorités intellectuelles et morales. C'est ce don de soi qui établit la vraie communauté entre le riche et le pauvre.

La charité demande une autorité tempérée d'affection. — Il faut que celui qui fait la charité acquière sur le pauvre, non seulement de l'influence, mais encore de l'autorité. L'intelligence peu éclairée du pauvre, sa volonté souvent incertaine, ont besoin d'être guidées, soutenues, contenues par une intelligence plus élevée et une volonté plus ferme. A qui se présente au nom de Dieu, et par l'impulsion de l'amour de Dieu, il sera facile d'acquérir cette autorité : posséder la connaissance sérieuse et détaillée de la vie du pauvre, prendre sur lui cette autorité toute de confiance et de persuasion, n'est pas l'œuvre d'un moment. Ce n'est pas non plus une œuvre qui puisse se faire sans peine. Ainsi comprise, la charité exige vraiment le sacrifice de l'homme tout entier, et ce n'est que lorsqu'elle est ainsi comprise qu'elle accomplit sa mission sociale. C'est la charité qu'inspire l'esprit de renoncement chrétien et que seul il peut inspirer.

La charité doit respecter le pauvre. — Mais si, dans l'exercice de la charité, une certaine autorité est nécessaire, cette autorité ne peut jamais être que morale; il faut qu'elle soit librement acquise et jamais imposée; il faut que, dans tous les cas, elle respecte l'indépendance et la dignité du pauvre. La charité qui les méconnaîtrait ne serait plus la charité; ce ne serait, du côté du riche, qu'un despotisme aussi injuste qu'insolent, et, du côté du pauvre, qu'un trafic honteux de tout ce qui fait la force et l'honneur de la vie humaine. D'ailleurs, ce n'est que lorsque la cha-

rité respecte le pauvre qu'elle exerce sur lui une véritable
puissance, parce que ce n'est qu'à cette condition qu'elle
s'ouvre et s'attache son cœur.

La charité est tenue de respecter la liberté, les affections,
dans une certaine mesure même les goûts du pauvre. Il
faut surtout qu'elle respecte ce qu'il y a de plus profond
et de plus élevé dans les affections de l'homme, les affections de la famille. La vie de famille est un des plus puissants préservatifs contre tous les désordres, contre toutes
les faiblesses et contre tous les avilissements. Faire de
l'éloignement de la famille une condition de la charité, ce
serait non seulement attenter à l'un des droits les plus
sacrés de l'homme, mais ce serait encore manquer le but
de la charité, qui est principalement un but de perfectionnement moral.

**Les bonnes dispositions du pauvre doivent répondre
aux bonnes dispositions du riche.** — Les bonnes dispositions du pauvre à qui l'on fait la charité ne sont pas
moins nécessaires à son efficacité que les bonnes dispositions
du riche. Si le pauvre, en recevant l'assistance du riche, se
raidit dans son orgueil et s'enferme dans son égoïsme; s'il
ne voit dans celui qui secourt sa misère qu'un privilégié de
la fortune dont le bonheur immérité ne fait que soulever
ses jalousies; s'il reçoit cette assistance comme une humi-
liation nécessaire mais impatiemment supportée, le bienfait de la charité ne sera-t-il pas perdu pour lui? Il est
donc indispensable que la charité soit reçue comme elle est
donnée, qu'il y ait des deux côtés un égal esprit d'abnégation et d'affection fraternelle.

Il faut au pauvre de l'abnégation pour supporter sans
murmure le contraste de l'aisance des classes supérieures

avec sa misère, de leur bonheur avec ses souffrances. Il lui en faut encore pour accepter les conseils du riche, pour avoir foi dans la supériorité de ses lumières, et se soumettre avec une confiante déférence à sa direction. Il faut au pauvre la charité envers le riche, laquelle lui fera comprendre les sacrifices que celui-ci fait pour lui. En rendant au riche charité pour charité, le pauvre s'attachera à lui; il répondra d'autant mieux à ses soins, il sera d'autant plus docile à ses avis, qu'il appréciera mieux, par ses propres dispositions, les sentiments qui l'inspirent.

Le pauvre qui a reçu les enseignements de l'Église n'éprouve aucune de ces révoltes qui font obstacle à l'efficacité de la charité. Il sait ce que valent devant Dieu la richesse et la pauvreté. Il sait, car l'Évangile a pris soin de le lui dire à toutes ses pages, que sa position est meilleure, quant à l'ordre spirituel, que celle du riche. Il n'éprouvera donc aucune de ces défiances et de ces jalousies qui soulèvent le pauvre contre le riche, dans les sociétés qui ont perdu l'intelligence de la loi du sacrifice. Il sait que le riche vient à lui avec les dispositions d'un frère pour son frère. Tandis que les riches voient dans les pauvres les membres de Jésus-Christ, les pauvres voient dans le riche le ministre de la bonté de Dieu, l'homme à qui Dieu a imposé, en lui donnant la supériorité des richesses et des lumières, le devoir d'assister, d'éclairer et de guider ses frères déshérités de la fortune et de la science. Dans les sociétés chrétiennes, entre le riche et le pauvre, le respect, l'amour et la confiance sont réciproques; d'où il suit que l'autorité en son sens le plus vrai, l'autorité qui s'appuie sur la libre conviction et la libre adhésion de ceux qu'elle dirige, se trouve réalisée, dans leurs rapports, à son plus haut point de perfection.

Les sociétés chrétiennes possèdent des institutions dans lesquelles se conservent le culte de la pauvreté et l'amour du pauvre, et qui sont, en même temps que des foyers de charité, des écoles où l'on enseigne à tous les secrets de la pratique charitable. Par son clergé et ses ordres religieux, l'Église a créé des serviteurs des pauvres tels que n'ont jamais pu en avoir les sociétés où le renoncement chrétien a cessé d'avoir empire sur les mœurs. C'est une constante expérience que, pour aimer les pauvres et les servir, il faut être pauvre, sinon en réalité, du moins de cœur. Ce sont les pauvres qui donnent aux pauvres. Ces prêtres et ces religieux qui se font pauvres pour l'amour du Christ, aiment les pauvres et sont aimés d'eux, les comprennent et en sont compris, comme jamais ne pourront l'être les hommes du monde, si détachés qu'ils soient en esprit des biens de la fortune. Recrutés en même temps dans les rangs supérieurs et dans les rangs inférieurs, également honorés de tous à cause de leur caractère, ils sont les intermédiaires naturels entre les riches et les pauvres. C'est surtout à leur intervention que les sociétés, vivant de la vraie vie catholique, doivent d'échapper à cette séparation profonde des classes, à cette hostilité des petits contre les grands, qui dévore les sociétés livrées aux instincts utilitaires.

Liberté de la charité. — Toutes ces conditions d'efficacité de la charité, que je viens d'exposer, en supposent une autre sans laquelle elles seraient vaines : c'est la liberté de la charité.

La charité ne se conçoit pas sans la liberté. Qui dit

charité dit en même temps et nécessairement liberté. Cela résulte de la considération de la charité dans sa nature intime. En effet, ce don de soi et de ce que l'on possède, déterminé par l'esprit de sacrifice et de fraternelle affection, peut-il être autre chose qu'un acte de pleine liberté? et ne perdrait-il pas son caractère essentiel, et par là même sa vertu, si l'obligation légale remplaçait le mouvement spontané de la volonté sous la seule impulsion de la conscience; si, d'une façon ou d'une autre, la loi traçait à la charité ses limites et réglait son mode d'action? Vous pourrez instituer ce qu'on appelle la charité légale, lever, de par la loi, des contributions sur les classes aisées et répartir entre les pauvres, à titre de supplément de moyens d'existence, ce que vous aurez ainsi pris au riche; accorder aux ouvriers sans travail ou chargés de famille des subventions sur les revenus de la paroisse, comme en Angleterre; attribuer, comme le voudrait le socialisme d'État, avec le concours du trésor public, des pensions de retraite aux ouvriers âgés ou infirmes, ce qui est bien de la charité légale; rien dans ces largesses faites par l'autorité de l'État, et suivant les règles nécessairement fixes et uniformes de la loi, ne ressemblera à la charité. Ce qui fait la principale force de la charité, l'action morale, n'aura dans de pareilles pratiques aucune place; toutes les conditions particulières d'efficacité de la charité que je viens de rappeler se trouveront par là même méconnues ou violées. Sur les faits, sur les conséquences désastreuses de la charité légale, on peut voir ce que j'ai dit au chapitre IV du livre VII de la *Richesse dans les sociétés chrétiennes.*

C'est à la conscience que la charité doit s'adresser pour réformer les mœurs du pauvre; or quelle autorité aura sur les consciences celui qui ne parle qu'au nom de la loi ? La loi gouverne les actes extérieurs, mais il ne lui est pas donné de pénétrer dans le sanctuaire de la conscience.

La dernière raison de la loi est la contrainte matérielle ; si la loi ne fait pas appel à la contrainte, elle est sans force, elle n'est plus rien, car elle n'a point, par sa nature, mission pour parler dans l'ordre spirituel. Or, rien ne ferme plus les âmes à la confiance que l'intervention de la contrainte. Comment gagnerez-vous la confiance du pauvre, quand, sous vos exhortations, apparaîtra toujours la menace de la loi ? Il faut, sans doute, que la charité s'appuie sur une autorité, mais il faut que cette autorité soit de l'ordre spirituel et qu'elle tire sa force de l'adhésion spontanée des consciences. Sans cette adhésion libre et souveraine des volontés, point de moralité sérieuse ; vous aurez tout au plus de l'hypocrisie, et vous n'opérerez point de réformes véritables dans les mœurs.

D'ailleurs, si vous agissez sous la règle stricte du droit, tous vos actes participeront du caractère de l'obligation légale, et vous aurez devant vous, non point un homme sur qui le bienfait que vous lui apportez vous donne par lui-même une certaine autorité, mais un créancier qui exigera avec hauteur ce que la loi vous oblige de lui accorder. Or, si les pauvres peuvent compter sur le secours comme sur un droit, au lieu d'aider à réformer leurs mœurs, ce secours servira à alimenter leurs vices. Où sera alors l'action morale de la charité ? En perdant la liberté, n'aura-t-elle pas perdu toute puissance pour l'accomplissement de sa mission sociale ?

En même temps que la contrainte de la loi ôtera à la charité toute action efficace sur les mœurs, cette contrainte tarira les sources où elle s'alimente. C'est d'affection que la charité s'exerce : si l'affection n'est pas libre de se porter vers les objets de sa prédilection, elle se replie sur elle-même et elle s'éteint sous le poids de la contrainte qui prétend la diriger. Tentez de soumettre les inspirations de la charité aux règles de la loi, de lui assigner d'autorité l'œuvre qu'elle aura à accomplir, et plus vous mettrez d'insistance à provoquer son action, plus vous la verrez se dérober à vous et vous fermer ses trésors.

Liberté quant au don en lui-même, liberté quant à la manière de donner, telle est la condition sans laquelle il n'y a véritablement plus de charité.

Même quand la charité revêt la forme d'institution, encore faut-il qu'elle reste libre.

Comme toutes les forces nécessaires à la vie sociale, la charité, pour être en possession de sa pleine puissance, doit pouvoir s'appuyer sur la tradition et prendre le caractère de la perpétuité. Ses œuvres, qui répondent à des besoins universels et constants de la société, ont droit à être assurées, par la protection des pouvoirs publics, d'une durée indépendante de la vie bornée et de la mobile volonté des individus. Mais, pour que les œuvres charitables se fondent suivant ces conditions, et pour qu'elles conservent dans leur action toute leur efficacité, il faut que le principe de la liberté leur soit appliqué. Il faut qu'il y ait liberté de fonder et liberté de tracer les règles de l'administration des fondations; de telle sorte que l'institution, bien que vivant sous la garantie et sous la surveillance des pouvoirs publics, puisse conserver, pour l'application des secours, la spontanéité et l'indépendance indispensables à l'efficacité de sa mission charitable.

L'esprit catholique et les institutions de l'Église répondent parfaitement à cette nécessité d'une organisation des œuvres de charité qui ne nuise pas à la liberté de l'action charitable. L'Église a pour cela une aptitude que ne possède aucune autre puissance; seule elle est en mesure d'organiser la charité sans l'asservir.

En effet, l'Église est une puissance de l'ordre spirituel. Quand elle parle et quand elle agit, c'est à la conscience qu'elle s'adresse, et ce sont les sanctions de l'ordre spirituel qu'elle invoque. Les pouvoirs civils pourront lui prêter leur concours, pour lui assurer la possession des biens qui serviront à perpétuer les œuvres de la charité; mais quand ces œuvres seront sous la direction de l'Église et s'exerceront sous son initiative propre, ce ne seront jamais que des œuvres de la charité libre. Elle a des principes dirigeants qui supposent toujours en elle une pleine et souveraine liberté d'action.

L'Église ne peut se dispenser d'exiger toujours, comme condition de ses aumônes, l'obéissance à ses lois, c'est-à-dire la pratique des préceptes qui assurent la régularité de la vie et la fécondité du travail. C'est le salut des âmes que l'Église cherche avant tout; c'est le principal objet de sa charité, et les secours matériels sont surtout pour elle des moyens de soumettre à ses influences spirituelles ceux sur qui elle les répand.

Comme l'Église n'est point pouvoir civil, on n'a rien à réclamer d'elle au nom du droit. Jamais elle ne consentira à se faire la dispensatrice des dons de la charité si elle ne conserve une entière indépendance pour leur répartition. Elle n'y consentira pas, parce qu'elle ne le pourrait sans manquer à son premier devoir, qui est de gagner les hommes par la charité à la loi du Christ. Elle n'y consentira pas parce que, dans sa conviction, les dons destinés aux pauvres sont destinés à Dieu lui-même, et qu'en les répandant sur des pauvres indignes elle ferait abus de ce que saint Jérôme appelait « la substance du Christ ». Le pauvre qui sollicitera ses dons saura donc toujours qu'il ne les obtiendra qu'à la condition de les mériter, et cette conviction assurera l'efficacité morale de la charité.

Mais cette liberté que l'Église se réserve ne nuira pas à l'organisation régulière, au contrôle sérieux que réclame toute bonne administration des fondations charitables. L'Église possède, au plus haut degré, l'intelligence de l'association, ainsi que de la distribution hiérarchique des fonctions. Nul ne sait faire mieux qu'elle la part de l'autorité et de la liberté. En fait d'organisation, l'Église a depuis longtemps montré ce qu'on peut attendre d'elle. Nous tenons de son infatigable et maternelle sollicitude presque toutes nos grandes institutions sociales, et tous les jours, sous nos yeux, partout où on lui en laisse la liberté, surtout pour les œuvres de charité, elle fonde et elle organise avec une admirable sagesse et un merveilleux succès.

FIN

TABLE ALPHABÉTIQUE

—

A

Agents naturels. — Leur rôle dans la production, 85. — Importance des avantages naturels pour le développement de la production, 98.

Agriculture. — L'agriculture occupe le premier rang dans le travail national, 150. — La grande et la petite culture, 153. — L'agriculture et l'industrie sont solidaires dans leur développement, 157. — Le progrès de l'agriculture par rapport au progrès de la population, 211 et suivantes.

Association. — Ses caractères généraux, ses conditions d'efficacité, 144 et suiv. — Sa puissance dans l'ordre du travail, 145. — Elle ne peut être étendue indéfiniment à tous les genres d'industries, 147. — L'association des producteurs peut tempérer les abus de la concurrence, 133.

Association ouvrière. — L'influence qu'elle peut exercer sur le taux des salaires, 201. — Les sociétés coopératives de production ne réussissent que dans certaines conditions, 148.

Aumône. — La véritable aumône est le don de soi-même, 318, 319.

B

Banques. — Leurs avantages, les dangers qu'elles peuvent offrir, 187 à 189. — Les banques accroissent la puissance du crédit; bien dirigées, elles rendent de grands services, 189 et 190. — Les banques les plus puissantes sont les banques de circulation qui émettent les *bil'ets de banque* et font les escomptes dans les plus grandes proportions, 187. — L'imprudence des banques peut provoquer les crises les plus graves, 188, 180.

C

Capital. — Sa fonction dans l'ordre général de la production, 86. — Il se con-omme reproductivement, 88. — Comment il se forme, 113. — Il procède de la puissance du travail et de l'économie, 114. — Il se conserve de même qu'il se forme, par l'économie et la modération des désirs, fruits de la pratique du renoncement chrétien, 114 à 118. — Rapport du capital avec le travail quant au salaire, 277 à 279, 281 à 286. — Voyez *Intérêt* et *Loyer du capital fixe*.

Célibat. — Comment le célibat égoïste recommandé par l'école utilitaire est une cause de dépopulation et de décadence sociale, 231 à 237. — Comment le célibat du clergé et des ordres religieux est une source de fécondité et de prospérité économiques, 211 à 249.

Charité. — Caractéristique de la charité dans l'ordre social, 341, 345, 353. — Elle doit s'allier, dans l'ordre social, à la justice, 38. — Elle est un élément nécessaire de l'ordre social chrétien, 340. — La charité introduit la communauté des biens par la liberté, 341 à 343. — La charité établit entre les hommes la vraie égalité, 344. — Caractère moralisateur de la charité, 346. — Les conditions d'efficacité de la charité, 345 à 353. — La liberté de la charité doit être respectée par les pouvoirs publics, 352. — Les fondations charitables sont nécessaires à la pleine efficacité de la charité, 354 à 357. — Influence de la charité sur la répartition des richesses, 252, 208. — La charité légale, 353.

Collectivisme. — Il est au fond de tous les systèmes socialistes, 126. — Un projet d'organisation collectiviste, 126 à 128. — Ses inconvénients et ses impossibilités, 128. — Voyez *Socialisme*.

Commerce. — Le travail du commerçant est productif d'utilité; dans quelle mesure, 173 et 174.

Concurrence. — Ses avantages au point de vue de la production, 131. — Ses côtés faibles et périlleux, 135. — Les correctifs aux abus dont elle peut être l'occasion, 135. — Les remèdes proposés par le collectivisme sont pires que les inconvénients, 126 à 120. — Comment on cherche à se préserver de la concurrence, dans la question de la limitation des heures de travail, par des arrangements internationaux, 338.

Contrainte morale. — Elle résume les solutions utilitaires de Malthus sur la question de la population, 233 à 236.

Coopération. — Pour la production les sociétés coopératives ne réussissent que dans des conditions particulières, on peut même dire aujourd'hui exceptionnelles, 148. — Les sociétés coopératives de consommation peuvent offrir de grands avantages si les ouvriers y apportent de bonnes dispositions, 174.

Corporation. — C'est un élément essentiel pour la solution du problème économique, 45. — C'est la meilleure forme de l'association professionnelle, 47. — Ses conditions d'organisation; comment elle rapproche et unit les patrons et les ouvriers, 48. — On y peut trouver un moyen de tempérer les abus de la concurrence, 136.

Crédit. — En quoi il consiste, 180 à 183. — Il se fonde principalement sur la moralité et les habitudes d'honneur commercial, 190. — Il ne multiplie pas les capitaux, il ne fait que les déplacer, 185. — Il accroît la puissance productive de la société en mettant le capital dans les mains qui l'appliquent au travail, *ibid.* — Les divers papiers de crédit ou titres fiduciaires, 184 à 187. — Comment ils facilitent les échanges, *ibid.* — Un bon système de crédit est une des premières conditions à réaliser pour développer la prospérité matérielle d'une nation, 190.

Crises économiques. — Elles ont pour causes immédiates une perturbation dans l'équilibre des échanges, 203. — L'équilibre des échanges peut être rompu : par une année de mauvaise récolte, par l'exagération de certains genres de production, par les guerres et les révolutions, 201 à 206. — Comment on peut y obvier ou en réduire l'intensité, 206 à 208.

D

Démocratie. — La démocratie pure, qu'il ne faut pas confondre avec l'amour et la recherche d'une saine liberté, a pour principe essentiel l'individualisme, c'est une force de subversion sociale, dans l'ordre économique comme ailleurs, 40.

Distribution de la richesse. — Voir *Répartition des richesses.*

Division du travail. — C'est une loi providentielle dans l'ordre du travail, 137, 142. — Division générale et division spéciale du travail, 139. — La division spéciale du travail en augmente singulièrement la puissance, 139. — La division du travail ne peut être étendue indéfiniment, ses limites, 140.

Dogmatisme. — La méthode dogmatique a été adoptée par un groupe considérable d'économistes; elle égare et fausse la science économique, 20, 25.

E

Échanges. — La loi qui régit les échanges, 60 et suiv. — Les moyens de simplifier les échanges, 172. — Le crédit facilite les échanges; c'est un de ses principaux avantages, 172. — Les complications de l'échange, 199. — Le libre échange, voir *Liberté des échanges.*

Écoles. — Les diverses écoles d'économie politique, 3 et suiv. — L'école dogmatique, 20, 25 à 27. — L'école historique, 22 à 25.

Économie politique. — Définition, 2, 57. — Ses caractères, *ibid.*

Émigration. — Elle est dans les vues de la Providence et fournit un des moyens de solution du problème de la population, 228.

Entrepreneur d'industrie. — Quelle est, dans le travail, la fonction de l'entrepreneur d'industrie appelé aussi patron, 90.

Épargne. — Elle est la source du capital, 114. — L'esprit d'épargne et l'esprit de travail proviennent de la même source, 118.

Esclavage. — Il dégrade le travailleur et énerve le travail, 121.

État. — Ce qu'il doit être dans l'ordre économique, 35 et suiv. — L'État providence est une conception socialiste, 336.

F

Famille. — L'ordre matériel ne peut se passer des vertus de la famille, 34.

Forces productives. — Quelles sont-elles et quel est leur rôle dans le travail, 83.

I

Impôt. — Caractéristique de l'impôt, 316. · · C'est par l'influence de l'esprit chrétien que les impôts sont contenus dans les limites de la justice et de l'intérêt social, 317, 318, 322. — Règles de justice et d'équité qu'il faut observer dans l'établissement et la répartition des impôts, 319 à 322. — Caractère socialiste de l'impôt progressif, 319.

Individualisme. — Il est la conséquence des principes de la démocratie pure, 40. — C'est par l'association que l'on peut lutter contre les funestes conséquences de l'individualisme, 42.

Industrie. — Le terme *industrie* est pris souvent par les économistes comme synonyme de travail; le travail social se répartit entre quatre catégories d'industries : l'industrie extractive, l'industrie agricole, l'industrie manufacturière, l'industrie commerçante; le terme *industrie* employé absolument s'applique souvent, dans le langage des affaires et de la science économique, aux industries extractives et manufacturières, par opposition à l'agriculture et au commerce, 85, 150. — L'agriculture et l'industrie sont solidaires dans leur développement, 157. — La grande et la petite industrie, 151 à 153. — L'esprit chrétien peut remédier aux périls de la grande industrie, 150.

Inégalité des conditions. — C'est un fait constant dans la vie sociale, 321.

Intérêt propre. — L'intérêt, lorsqu'il est contenu par l'esprit de renoncement, est une force utile dans la société, 120.

Intérêt du capital. — Rapport de l'intérêt avec les salaires, 276. — Comment se détermine le taux de l'intérêt, 301 à 303. — Le prêt à intérêt est-il légitime, 305 à 308.

Intermédiaires. — Comment ils sont utiles dans les échanges, 173. — Trop nombreux ils chargent la production de frais inutiles, 174. — La facilité plus grande des communications permet d'en réduire le nombre, 175.

J

Justice et Charité. — L'alliance de la justice et de la charité donne la vraie solution du problème économique, 38, 310 à 313. — La justice est impuissante à donner à elle seule la solution du problème économique, 73, 353 et 354. — Le socialisme demande tout à la justice à l'exclusion de la charité, confondant l'une et l'autre, ce qui est un de ses traits distinctifs, 30, 42. — Voyez *Collectivisme*.

L

Laisser faire, laisser passer. — C'est le principe capital du libéralisme économique; voir ce mot ci-après.

Libéralisme économique. — Dans le problème économique, il demande tout à la liberté, tandis que le socialisme demande tout à l'État et à la loi, 30. — C'est une application du principe de l'individualisme, 4, 334 à 336. — Ses conséquences en matière d'échanges, 198.

Liberté civile. — La liberté et la propriété sont dans une étroite relation, 119. — La liberté et la dignité du travailleur sont une des conditions principales de fécondité du travail, 122.

Liberté politique. — Elle favorise l'expansion du travail et contribue à lui donner toute sa fécondité, 124.

Liberté du travail. — C'est la liberté de travailler comme on veut, où l'on veut et avec qui l'on veut. Prise absolument, c'est un principe révolutionnaire. Elle comporte des limites, mais elle est, en elle-même, naturelle et légitime, 37.

Liberté des échanges. — Par quel principe elle se justifie, 102. — Elle comporte des exceptions à raison du principe des nationalités, 104. — Les exceptions s'appliquent aux droits mis sur les produits étrangers en tant qu'impôts, 106. — Comme prime à des industries qui ont besoin de protection pour réaliser tout le développement auquel elles sont naturellement appelées, *ibid.* — Comme protection à des industries en décadence susceptibles de se relever, 107. — La protection accordée à des industries sans avenir, sauf le cas de nécessité pour la défense nationale, ne peut se justifier, 108. — La théorie du laisser faire, laisser passer, qui est la théorie absolue du libre-échange, est inadmissible en principe et en fait, *ibid.*

Loi d'offre et de demande. — C'est la loi générale de la détermination des valeurs, 63. — Elle comporte des atténuations et des exceptions, 64, 204, 314.

Loyer du capital fixe. — D'après quelles règles se fixe le loyer de ce capital, 303 à 305.

M

Mariage. — La vie dans le mariage est l'état normal de l'ouvrier, 241 à 243, 296.

Misère. — Caractéristique de la misère, 324. — Elle est principalement un fait d'ordre moral, 327. — Comment elle diffère de la pauvreté, 325. — Les causes de la misère, 328 à 334. — Les moyens de la combattre, 334 à 340. — Importance de l'association et du patronage pour combattre la misère, 39, 42 à 51, 330.

Monnaie. — Ce qu'est la monnaie, quel est son rôle dans les échanges, comment elle accroît la puissance productive du travail en facilitant les échanges, 177 à 180.

Monopole. — Il est naturel ou légal; il spécialise le produit net, 166 à 169. — Il est une des conditions déterminantes de la rente de la terre, 269.

Morale. — Comment la morale doit entrer dans l'économie politique, 54.

N

Nationalité. — Le principe de la nationalité nécessite des restrictions au principe du libre-échange, 104. — La différence des nationalités n'est pas un obstacle absolu à une réglementation générale de la durée du travail, 338.

O

Offre et demande. — Fait général dans l'ordre économique, voyez *loi d'offre et de demande.*

Ordre économique. — Ce qu'il comprend, 56 et suiv. — Ses rapports avec l'ordre politique, 13. — Il faut tenir compte dans cet ordre des principes et des faits, 17 à 19.

Ordre matériel. — C'est l'ensemble des intérêts qui se rapportent aux conditions matérielles de la vie humaine; comment il est connexe à l'ordre moral, 10 à 13. — Comment on conçoit l'ordre matériel au point de vue chrétien, 28.

Ordre moral. — Il domine l'ordre économique, 18. — Influence des faits de l'ordre moral sur la détermination des valeurs, 64.

Ouvrier. — Quelle est sa fonction dans l'ordre du travail, 90.

P

Participation de l'ouvrier aux bénéfices. — L'ouvrier ne peut pas la réclamer comme un droit, 311 et 312. — En tant que concession de la bienveillance patronale, elle est à louer et à souhaiter, 311.

Patron. — Sa fonction dans l'ordre du travail, 90. — Importance de cette fonction, 91. — Modes divers des relations du patron avec ses ouvriers, 93. — Solidarité du patron avec ses ouvriers, ce qu'il doit être pour eux, 48 à 51. — Les profits du patron, 308 et suiv. — Les patrons doivent s'associer pour remédier aux abus de la concurrence, 156.

Pauvreté. — Caractéristique de la pauvreté, comment elle diffère de la misère, 325 à 327. — La pauvreté est une des conséquences de la loi de la vie pénible imposée à l'homme après la chute, 225, 226, 341 à 343.

Population. — Comment la question se pose, quant au rapport de la population avec les subsistances, 209. — La puissance productive du sol par rapport à la population, 211 à 219. — La loi de la popula tion, 219, 222 à 227. — L'accroissement de la population est un bien, 221 à 225. — Tous les progrès de la société sont liés au pro- grès de la population, lequel est la source, la fin et le signe d tous les progrès, 237. — La solution sensualiste, proposée par Malthus et les économistes utilitaires, est inefficace ; elle aurait pour consé- quence la ruine morale et matérielle de la société, 231 à 237. — La solution catholique préserve les sociétés de deux périls opposés : la surabondance de la population et la dépopulation, 238 à 240.

Positivisme. — L'école positiviste a ses représentants parmi les éco- nomistes, 20, 22.

Pouvoir. — Il ne peut pas être écarté de l'ordre économique, comme le voudrait le radicalisme ; il y a son rôle naturel et sa place néces- saire, 39.

Principes scientifiques. — Quel est le principe supérieur de la science économique, 5 à 9.

Prix. — Le prix est la valeur en échange des choses exprimées en monnaie. Dans le langage des affaires, le prix se prend pour syno- nyme de valeur en échange et c'est sur *le prix* que s'établissent toutes les appréciations, 179.

Problème économique. — Vue générale de ce problème, dans lequel se résument toutes les difficultés de l'ordre matériel, 66 à 78.

Problème du travail. — Vue générale des difficultés que comprend ce problème, 11, 14.

Production. — Caractère général de la production, 83. — Relation entre la production et les échanges, 199. — L'accroissement de la production peut être avantageux ou désavantageux, 199 à 102. — La surabondance générale des produits, 202.

Produits matériels et produits immatériels. — On ne peut pas les confondre, comme l'ont fait certains économistes, si, au lieu de considérer le travail en lui-même, on considère les objets auxquels s'applique l'activité de l'homme, 80 à 82. — Il faut qu'il s'établisse dans la vie sociale un certain équilibre entre les travaux des deux ordres, 82.

Produit net. — Comment il se détermine, 166 à 169. — Le produit net du propriétaire foncier, 269. — Le produit net de l'entrepreneur ou patron, 308 à 313.

Profit. — C'est sous cette dénomination que les économistes désignent le revenu de l'entrepreneur d'industrie ou patron, 308. — Ce que comprend le profit, 308 à 310. — Comment se détermine le taux du profit, 309 et 310. — Les obligations de l'entrepreneur quant au salaire influent sur le profit, 310 à 314. — L'entrepreneur a droit à son juste profit comme l'ouvrier à son juste salaire, 311. — Ce qui constitue le juste profit, 312.

Propriété. — La propriété et la liberté sont inséparables, 119. — Sans la propriété le travail perd son énergie, 119 à 121. — Comment le socialisme d'État ruine indirectement la propriété, 129. — Relation de la propriété avec la charité; la communauté par la charité, 341 à 345.

Protectionnisme. — Voir *Liberté des échanges.*

Puissance productive du travail. — Importance de la question, 50. — Ce qui est à considérer quant à la puissance productive, 96 à 98. — C'est un élément qu'on ne peut négliger quand on traite de la répartition de la richesse, 247. — Comment il faut en tenir compte pour fixer le juste salaire, 208, 209.

Q

Question sociale. — Envisagée dans toute son étendue, la question sociale comprend toutes les difficultés de la vie sociale, dans les relations politiques comme dans les relations économiques : nous ne la considérons ici que dans l'ordre économique. Ce qu'elle comprend dans cet ordre, 11 à 14.

R

Rareté. — Elle est une des conditions constitutives de la valeur en échange, 61.

Réglementation légale du travail. — Il est des cas où cette réglementation est légitime et où l'État a le devoir de l'établir, 335 à 339. — En règle générale la liberté du travail doit être respectée par l'État, 36 à 38.

Renoncement chrétien. — C'est un principe capital dans l'ordre social et dans la science économique, 7 à 10.

Rente de la terre. — Définition, 267. — La rente sur les propriétés exploitées par l'industrie agricole, 268. — Sur les propriétés exploitées par l'industrie extractive, 273. — Sur les propriétés affectées à des exploitations manufacturières ou commerciales, 274. — Sur les immeubles affectés à l'habitation, 275. — Sur les propriétés bâties en général, *ibid.* — Quelle est la loi générale suivant laquelle la rente se détermine, 275. — Des causes qui font monter la rente 268. — Des causes qui la font décroître, 270.

Répartition des richesses. — Le mode de répartition des richesses répond à l'état social de chaque peuple, 247 et suiv. — Dans les sociétés chrétiennes, la répartition des produits du travail s'opère sous l'empire des principes de liberté et de propriété, 250. — Difficultés de la question, 253. — Loi générale de la distribution, ou répartition des richesses, c'est-à-dire des produits créés par le travail, 258, 265. — Distinction entre la distribution primitive et la distribution secondaire : la rente, les salaires, l'intérêt, le profit, appartiennent à la distribution primitive ; la distribution secondaire comprend les revenus des classes qui créent les produits immatériels, 265. — La distribution générale s'opère entre les travailleurs de tout ordre, par l'application de la loi générale de la valeur, 265 à 267.

Richesse. — Caractéristique de la richesse, 27 à 30. — Conception chrétienne de la richesse, 52 et suiv.

S

Salaires. — Caractéristique du salaire, 270. — Le rapport des salaires avec l'intérêt du capital, 276. — Le taux normal et le taux courant des salaires. 280. — Ce qui fait les hauts salaires, 280 à 283. — Ce qui détermine le taux habituel des salaires, 283. — Ce qui détermine les fluctuations dans le taux des salaires, 284 à 286. — A quoi tient la diversité qui se remarque entre les salaires de profession à profession ou d'inidvidu à individu dans la même profession, 287 à 290. — Rapport du taux des salaires avec le prix des subsistances, 290. — Les salaires sont-ils plus élevés dans l'association ouvrière de production? 291. — Influence des mœurs et de la coutume sur le taux des salaires, 293. — L'ouvrier a droit, à l'égard du patron, au juste salaire, 294. — Le salaire normal ou salaire nécessaire, 295, 296. — En quoi consiste le juste salaire, 295 à 297. — Dans quelle mesure l'ouvrier peut-il exiger le juste salaire, tel que le définit l'encyclique *Rerum novarum*, 297 à 299. — Le minimum légal de salaire, 299 et 300. — Le salaire familial, 296 et 297. — La rémunération du travail accompli dans l'ordre moral ne se fixe pas suivant les règles générales qui régissent les salaires, 314 à 316.

Socialisme. — Ce qu'est le socialisme et comment il faut distinguer entre le socialisme pur et le socialisme mitigé, 336. — Le socialisme demande tout à l'État et à la loi pour la solution du problème économique, 39. — Conception du socialisme sur la répartition de la richesse, 250. — Le socialisme apparaît là où la charité faiblit, 311 à 313. — Comment le socialisme d'État procède, par voie indirecte, à la spoliation du propriétaire, 130. — Caractère socialiste des lois fixant d'autorité un minimum de salaire, 300. — L'impôt progressif est un des procédés spoliateurs du socialisme, 310. — Voir *Collectivisme*; voir aussi *Justice et Charité*.

Science économique. — Ses caractères, 2 et suiv. — Elle a pour objet la solution du problème du travail; comment se pose ce problème, 11, 14.

Subsistances. — Rapport des subsistances avec la population, 209 à 225. — Rapport du taux des salaires avec le prix des subsistances, 290. — Les subsistances destinées aux travailleurs font partie du capital, 113.

T

Travail. — Caractère général du travail; il s'exerce dans l'ordre moral et dans l'ordre matériel, 79, 82, 83. — Le travail a le caractère d'un fait social, mais il n'est point une fonction sociale, 16, 31. — Le travail chrétien est moralisateur, 104. — Principe général de la liberté du travail, 36. — Quelles sont les diverses fonctions du travail, 89. — De quel principe provient l'énergie du travail et par conséquent sa puissance, 101. — Influence de la diffusion des connaissances sur la puissance du travail, 107 à 112. — La réglementation du travail peut être une nécessité d'ordre social, 339. — L'État procède à cette réglementation en vertu de son droit de police, 37 à 39. — Exemples de cas où cette réglementation est légitime et constitue pour l'État un devoir, 336 à 339.

U

Usure. — L'usure a toujours été réprouvée par l'Église, 306. — Toutes les législations qui s'inspirent de l'esprit chrétien la répriment, 307.

Utilitarisme. — L'esprit utilitaire ne saurait donner à l'homme une constante énergie dans le travail, 103. — Il est impuissant à former le capital, 110. — Conséquences de la doctrine utilitaire quant à la population; universellement mise en pratique, elle conduirait à la dépopulation, 231 à 237.

Utilité. — C'est une des conditions essentielles de la valeur en échange, 61, 163 à 169. — Distinction capitale entre l'utilité gratuite et l'utilité onéreuse, 163.

V

Valeur. — La loi de la valeur est une loi générale de l'ordre économique, 60, 161. — Il faut distinguer la valeur en usage de la valeur en échange; l'une et l'autre doivent être prises en considération pour la solution des questions économiques, 61. — C'est d'après la loi d'offre et de demande que se fixent généralement les valeurs, 63, 165. — La valeur en échange des choses, déterminée par la loi d'offre et de demande, coïncide le plus souvent avec les frais de production, 163 à 165. — Le produit net apporte une exception à cette règle, 166 à 169. — En général on peut dire que la valeur en échange est le rapport de deux services échangés, 163. — Le prix prend, dans la pratique, la place de la valeur en échange, 179. — Influence des faits de l'ordre moral sur la détermination des valeurs, 64. — Comment les valeurs peuvent se mesurer, 169.

Voies de communication. — Comment la facilité des communications accroît la puissance du travail, 175. — Les perfectionnements dans les voies de communication étendent le domaine de l'utilité gratuite, 176.

TABLE GÉNÉRALE

Pages.

AU LECTEUR   v

CHAPITRE I. — **Définitions, méthode, vues générales.** . . .   1

    I. — Préliminaires.   1

    II. — Le principe supérieur de la science économique.   5

    III. — Les principes et les faits dans la science écono-
          mique, l'école dogmatique et l'école historique.   10

    IV. — Notion de la richesse et de l'ordre économique,
          suivant la conception chrétienne de la vie in-
          dividuelle et sociale.   27

    V. — Comment procède le travail pour la réalisation
         de la destinée sociale de l'homme quant à la
         richesse. — La famille et l'État, la liberté et
         la propriété dans l'ordre économique.   30

    VI. — Quel but les sociétés doivent se proposer en dé-
         veloppant leur richesse. — Nécessité de faire
         entrer dans la science économique les préceptes
         de la morale sur l'emploi des richesses.. . . .   51

    VII. — Tableau succinct de l'ordre économique et de la
         science qui en expose les lois.   56

    VIII. — Vue générale du problème économique considéré
         dans les résultats que donne l'activité de
         l'homme sous l'empire des règles de la vie
         chrétienne.   66

CHAPITRE II. — **De la production des richesses**. 79

   I. — Du travail en tant qu'il a pour but la création des
richesses. — Lois générales de la production. 79

   II. — De la puissance productive du travail en général. 95

   III. — Comment les conditions de la nature influent
sur la puissance du travail. 98

   IV. — De quoi dépend principalement l'énergie du travail producteur. 101

   V. — Comment il faut, pour accroître la puissance du
travail, répandre les connaissances dans la société et développer l'aptitude des travailleurs. 107

   VI. — De la formation et de la conservation du capital. 113

   VII. — La propriété, la liberté et la dignité du travailleur par rapport à la puissance du travail. . 119

   VIII. — Influence de la concurrence sur la puissance du
travail. 131

   IX. — La division du travail. 137

   X. — L'association. 144

   XI. — Des divers genres d'industrie et des divers
modes d'exploitation. 150

CHAPITRE III. — **De l'échange des richesses**. 161

   I. — De la valeur des choses et du produit net. . . 161

   II. — Les moyens de faciliter les échanges : la monnaie, le crédit. 171

   III. — La liberté des échanges. 192

   IV. — Des complications qui peuvent se produire dans
les échanges. 199

CHAPITRE IV. — **Des bornes dans lesquelles la Providence
a renfermé la puissance de l'industrie humaine** 209

   I. — Le progrès des subsistances par rapport au
progrès de la population. 209

   II. — Comment les hommes peuvent croître en nombre
sans que le travail perde de sa puissance . . 221

   III. — Les solutions utilitaires. 231

   IV. — La solution catholique. 238

CHAPITRE V. — **De la répartition des produits du travail** . 247

   I. — De la distribution des richesses en général. . . 247

II. — La rente de la terre   267

III. — Du rapport des salaires avec l'intérêt du capital.   276

IV. — Les salaires   279

V. — Le revenu des capitaux.   301

VI. — Le profit de l'entrepreneur   309

VII. — De la distribution secondaire des richesses et
       spécialement de l'impôt.   314

CHAPITRE VI. — **La misère et la charité**   323

I. — Caractéristique de la misère.   324

II. — Aperçu des causes de la misère et des moyens
      de la combattre . . . .   32?

III. — Nécessité de la charité dans l'ordre social . . .   3?

IV. — Des conditions d'efficacité de la charité. 3 5

TABLE ALPHABÉTIQUE.   359

TABLE GÉNÉRALE.   375

Imprimerie LAHURE, rue de Fleurus, 9, à Paris.

www.ingramcontent.com/pod-product-compliance
Lightning Source LLC
Chambersburg PA
CBHW052105230326
41599CB00054B/4002